ein Ullstein Buch

W0343161

ÜBER DAS BUCH:

Statistisch gesehen ist unter den Menschen, die einen Mord begehen, jeder sechste eine Frau. Daß Frauen töten, steht eigentlich im Widerspruch zu ihrer Natur, und doch greifen sie immer wieder zu Gift, Messer oder Pistole, wenn ihre innersten Gefühle verletzt werden oder Krisen sie dazu treiben. Die Frau erlebt ihre Umwelt emotionaler und darum konfliktreicher als der Mann. Max Pierre Schaeffer hat zehn Fälle ausgesucht und aufgezeichnet, um die verschiedensten Aspekte zu beleuchten, warum Frauen Verbrechen begehen. Neben sorgfältig recherchierten Fakten werden vor allem die psychologischen Hintergründe der Fälle durchleuchtet und die seelische Situation der Täterinnen analysiert. Dieses spannende und informative Buch öffnet den Blick in die Motive und Abläufe von Verbrechen, die in den vergangenen Jahrzehnten – bis hin zum Fall Monika Weimar – Aufsehen erregten und zu Schlagzeilen wurden.

DER AUTOR:

Max Pierre Schaeffer, Publizist, bereiste als Chefreporter großer deutscher Zeitungen die Welt. Er schreibt Romane, Sachbücher und Filmdrehbücher. Seine kriminalpsychologischen Arbeiten wurden häufig in großen Prozessen – so z. B. im Bartsch-Prozeß – zitiert. Seine Kriminalromane, die sich eng an die Wirklichkeit anlehnen, wurden zum Teil verfilmt *(Der Fall Vera Brühne)* und in mehrere Sprachen übersetzt.

Max Pierre Schaeffer

Wenn Frauen töten

Berühmte Kriminalfälle unserer Zeit

ein Ullstein Buch

ein Ullstein Buch
Nr. 22672
im Verlag Ullstein GmbH,
Frankfurt/M – Berlin

Ungekürzte Ausgabe

Umschlagentwurf:
Hansbernd Lindemann
unter Verwendung eines Filmfotos aus
Dance with a Stranger
tele – München
Alle Rechte vorbehalten
Taschenbuchausgabe mit
Genehmigung der F. A. Herbig
Verlagsbuchhandlung GmbH
© 1989 by F. A. Herbig
Verlagsbuchhandlung GmbH, München
Printed in Germany 1992
Druck und Verarbeitung:
Ebner Ulm
ISBN 3 548 22672 8

Februar 1992

Vom selben Autor
in der Reihe
der Ullstein Bücher:

Zum Nachtisch Zyankali (20713)
Mörder aus gutem Hause (20760)
Die teuflischen Paare (20837)

Die Deutsche Bibliothek –
CIP-Einheitsaufnahme

Schaeffer, Max Pierre:
Wenn Frauen töten: berühmte
Kriminalfälle unserer Zeit / Max Pierre
Schaeffer. – Ungekürzte Ausg. –
Frankfurt/M; Berlin: Ullstein, 1992
(Ullstein-Buch; Nr. 22672)
ISBN 3-548-22672-8
NE: GT

Inhalt

Einleitung

Starr blicken ihre eisblauen Augen an mir vorbei. Ihre Hände versteckt sie unter einer Tüte auf ihrem Schoß. Die drei Falten auf ihrer Stirn sind tief eingegraben. Sie verraten die schwere seelische Last, die sie zu tragen hat. In wenigen Minuten wird über Monika Weimar, 29, der ich im Schwurgerichtssaal von Fulda gegenübersitze, das Urteil gesprochen.

Nur fünf Meter trennen uns voneinander. Ich spüre die tiefe Angst dieser Frau. Die Stimmung gegen sie ist aufgeheizt.

Eine Frau, die ihren Mann betrogen hat, die unter der schweren Anklage steht, als Mutter ihre beiden Kinder ermordet zu haben – für solche Frauen errichtet der Volkszorn häufig genug eilfertig Scheiterhaufen, noch ehe ihre Schuld nachgewiesen ist.

»Die reinste Hexenjagd!« sagte mir vor der Urteilsverkündigung Monika Weimars Verteidiger Wolf-Rüdiger Schultze, empört über die Beschimpfungen und das Spießrutenlaufen, dem seine Mandantin auf dem Weg zum Gerichtssaal ausgesetzt war.

Ähnliches habe ich in anderen »großen« Indizienprozessen, in deren Mittelpunkt Frauen standen, erlebt. So in den Fällen Vera Brühne, Eva Mariotti und Maria Rohrbach. Was sich dabei abspielte, hatte vieles von den fatalen Zügen der mittelalterlichen Inquisition und des Hexenwahns. Damals galt oft schon ein gutaussehendes »sinnliches, möglichst rothaariges Weib«, das die Begierden der Männer verführerisch weckte und ihre Geschlechtsgenossinnen abstieß, als »Teufelsbraut«, die es – ob schuldig oder unschuldig – zu vernichten galt. Vieles von diesem Wahn, das zeigen die Gerichtsverfahren gegen junge, attraktive Frauen, hat sich bis heute erhalten.

Frauen, die töten, geben uns große Rätsel auf. Solche Taten stehen einerseits im Widerspruch zu ihrer Natur, die ja Leben geben und beschützen soll. Andererseits können sie – gefangen im Zwiespalt zwischen Wollen und Müssen – Konflikte manchmal nur so lösen wie die Frauen, deren aufsehenerregende Fälle ich in diesem Buch zusammengetragen habe.

Nach der Statistik ist heute unter den Menschen, die morden, jeder sechste eine Frau. Der hohe Anteil der Frauen an Gewaltverbrechen, der unmittelbar nach dem Kriege zu beobachten war, ist längst wieder zurückgegangen. In unseren Tagen beherrschen jene negativen »Heldinnen« die Kriminal- und Gerichtsszene, die aus Leidenschaft und irregeleiteter »Liebe« Menschenleben auslöschen.

Die Frau erlebt ihre Umwelt emotionaler und darum konfliktreicher als der Mann. Ihre stärkere Bindung an den Partner und die Menschen ihrer Umwelt, ihre biologischen Schwankungen und die daraus resultierende labile Gefühls- und Gemütslage bringt sie zwangsläufig in Krisen, die sie manchmal spontan und auf eine für andere unfaßbare Weise zu lösen versucht.

Die zerstörende Macht der Eifersucht verwickelt besonders die Frau, die mehr mit dem Herzen entscheidet als mit dem Verstand, häufig in ausweglose Gefühlsverwirrungen, die dann zu blutigen Tragödien führen können. Typisch dafür ist der Fall der Londoner Barfrau Ruth Ellis, die ihren treulosen Geliebten tötete und dafür hingerichtet wurde. Oder

der Fall der Pauline Dubuisson aus Dünkirchen, die ihren Freund erschoß, um ihn keiner anderen zu gönnen, und die nur knapp dem Todesurteil entging.
Schwerwiegende Konflikte können sich für eine Frau auch ergeben, wenn sie einem Mann hörig, ihm blind und bedingungslos geistig und sexuell verfallen ist. Der jungen Bankangestellten Paula Hettchen aus Düsseldorf schien die Tötung ihres älteren Geliebten der einzige Ausweg zu sein, um sich aus den Fesseln der Hörigkeit zu befreien.
An die Grenze menschlichen Verstehens aber führen uns Fälle irregeleiteter Mutterliebe. Der Urinstinkt der Mutter kann grausam in die Irre gehen, wenn Kinder ihre Mutter nicht mehr brauchen. Nicht jede Frau, die Kinder geboren und großgezogen hat, wird schließlich damit fertig, verzichten zu müssen, wenn ihr Kind sich von ihr lösen, ein eigenes Leben aufbauen will. Bei der Griechin Styllou Christofi schlug die Angst, ihren Sohn an die deutsche Schwiegertochter zu verlieren, in Haß, in grausamen Vernichtungswillen um. Ihr Ende: der Tod am Strang. Gertrud Werhan aus Nürnberg tötete ihren Sohn kurz vor dessen Hochzeit, um ihn nicht mit einer anderen teilen zu müssen – den Menschen, den sie »über alles liebte«. Wie soll man das verstehen?
Rätselhaft auch der Fall der Monika Weimar, den ich am Anfang des Buches schildere. Nach dem Urteil des Schwurgerichtes Fulda, das sie zu »lebenslänglich« verurteilte, hat sie ihre beiden Töchter Melanie, 7, und Stefanie, 5, ermordet. Angeblich, um für ihren Geliebten frei zu sein. Die Kammer – so sagte der Richter in der Urteilsbegründung – hatte aber keinen Zweifel daran, »daß diese Frau ihre Kinder geliebt hat«.
Die psychologischen Motive der Frauen, die töten, sind oft nur schwer zu ergründen. Selbst der hartgesottenste Reporter kann mancher von ihnen, die in einer für sie aus-

weglosen Situation nur so und nicht anders handeln konnte, sein Mitgefühl nicht versagen.
Ich war froh, daß ich über jene Frauen, denen ich im Gerichtssaal gegenübersaß, nur berichten und nicht richten mußte.

Max Pierre Schaeffer

1

Der Fall Monika Weimar

Die vermißten Kinder

Von weitem sieht es aus wie eine Puppe. Eine Puppe mit roten Zöpfen. Sie schimmert durch das meterhohe Brennnesselgestrüpp. Allem Anschein nach eine größere Puppe. Werner Bode, Fahrer eines Zweistockbusses, hat auf dem Parkplatz an der Landesstraße 3255 beim Kilometer 015/86 zwischen den Orten Hefa und Wölfershausen in Nordhessen eine Rast eingelegt. Es ist glühend heiß an diesem Nachmittag des 7. August 1986. Auf seinem erhöhten Fahrersitz raucht Bode eine Zigarette, wischt sich den Schweiß von der Stirn. Zufällig entdeckt er das, was wie eine Puppe aussieht, in den Brennesseln.
Er steigt aus, bahnt sich einen Weg durch das hochgeschossene Unkraut. Nach wenigen Metern bleibt er stehen, blickt nach unten. Er erschrickt. Es ist keine Puppe.
Kurz darauf ruft er die Polizei an. »Ich habe ein Mädchen gefunden«, sagt er. »Etwa sechs oder sieben Jahre alt – tot.«
»Rothaarig?« fragt der Beamte.
»Rothaarig.«
»Weißes T-Shirt?«
»Weißes T-Shirt.«
»Wir kommen!«
Schneller als erwartet sind Polizisten in Uniform und Zivil zur Stelle. Sie haben blasse, übernächtigte Gesichter. Betroffen und erleichtert zugleich stehen sie vor dem toten

Kind, das wie eine Puppe aussieht. Kunstvoll geschlungene rote Zöpfe mit Haarspangen, frisch gebügeltes T-Shirt, rote Frotteehose, geradegezogene Söckchen.
Einer der Beamten vergleicht das Mädchen mit einem Foto in seiner Hand. Er nickt, sagt: »Melanie!« Seit vier Tagen wird die Siebenjährige mit ihrer fünfjährigen Schwester Karola vermißt.

Am 4. August gegen 13.30 Uhr hatte eine Brigitte E. aus der Ausbacherstraße 3 in Röhrigshof-Nippe, einem Stadtteil des Industrieortes Philippsthal, die Polizei alarmiert: die beiden Töchter ihrer Schwester Monika Weimar seien vom Spielplatz verschwunden.
Der Vater der Kinder, Reinhard Weimar, gab an: »Als ich sie vom Spielplatz neben unserem Haus zum Mittagessen holen wollte, waren sie nicht mehr da.«
Die Eltern zeigten den Polizisten Fotos der Mädchen. Es waren hübsche, aufgeweckte Kinder. Rothaarig die eine, blond die andere. Beide mit offenen Gesichtern und mit großen lachenden Augen.
Bis abends gab es keine Spur von ihnen. Da es folgsame Kinder waren, die sich noch nie solange, ohne sich abzumelden, vom Elternhaus entfernt hatten, konnte es nur zwei Gründe für ihr langes Wegbleiben geben: ein Unglück oder ein Verbrechen.
Eine großflächige Suchaktion nach ihnen lief an. Hundertschaften der Polizei und des Bundesgrenzschutzes, US-Soldaten, selbst Feuerwehrleute und Hundeführer von der Zollfahndung durchkämmten das Gebiet rings um das Elternhaus der vermißten Mädchen. Dieses Gebiet liegt östlich der Autobahn Kassel–Frankfurt. Der Werra-Meißner-Kreis und der Landkreis Hersfeld-Rotenburg stoßen hier zusammen. Das Geräusch von Hubschraubern, die über die Wälder und Felder flogen, erfüllte die Luft.

Autofahrer wurden befragt, ob jemand die Kinder mitgenommen hätte. Das Kanalsystem rund um Röhrigshof wurde mit Sonden durchforscht. Die Mädchen konnten beim Spielen hineingeraten und dabei ums Leben gekommen sein. Vielleicht – so eine andere Befürchtung – waren sie ermordet worden, und der Täter hatte sie hier versteckt. Doch die Sonden stießen ins Leere.
Nach zwei Tagen und zwei Nächten wurde die Suche ergebnislos abgebrochen. Die Kinder waren wie vom Erdboden verschwunden.
Erst jetzt, durch den zufälligen Fund des Busfahrers, klärt sich das Schicksal eines der beiden Mädchen. Wo aber ist das andere?
Noch einmal wird die Suche aufgenommen. Hunderte Helfer treten wieder an. Diesesmal haben sie Erfolg. Sie finden die fünfjährige Karola 3,9 Kilometer vom Fundort Melanies entfernt an einer Waldeinfahrt im sogenannten Bengendorfer Grund, an der Landstraße Heringen–Hönebach beim Kilometerstein 038300. Unter einem Himbeerstrauch. Auch sie ist tot. Auch sie wurde wie ein totes Tier im Gebüsch abgelegt.
»Karola ist behutsam erwürgt, Melanie sanft erstickt worden«, heißt es später im Obduktionsbericht. Behutsam, sanft – eine merkwürdige Art zu töten.
Gibt es das überhaupt: einen *sanften* Mörder? Die Jagd nach dem Unbekannten beginnt.

Über Nacht rückt Philippsthal, der Schauplatz des Geschehens, in die Schlagzeilen. Kein besonderer Ort, eine abgeschiedene Grenzgemeinde im Werratal, aus sechs früheren Ortschaften gebildet. 5500 Einwohner, 50 Vereine. Der Wind stäubt das Salz der Kali-Bergwerke in die Luft. Man schmeckt es auf den Lippen. 1800 Bergleute arbeiten bei der Firma Kali und Salz, dem Hauptarbeitgeber, bei Temperaturen bis zu 40 Grad, in 800 Meter Tiefe unter Tage. Trotz der sauber herausgeputzten Fassaden der Fachwerkhäuser ist Philippsthal ein trister Ort. Fabrikschlote, Fördertürme und riesige Abraumhalden bestimmen das Bild. Die nahe Grenze zu Thüringen ist mit Stacheldraht und Wachtürmen befestigt. Ein Reporter schreibt: »Hier könnte das Ende der Welt sein, so abgelegen, so einsam ist es hier direkt an der Grenze zur DDR.«

Aufsehenerregende Morde töten auch immer ein Stück von dem Ort mit, in dem sie geschehen. Die Menschen und ihre Gewohnheiten werden der öffentlichen Neugier preisgegeben, ohne Rücksicht auf mögliche Verletzungen. Jeder rückt plötzlich in den Verdacht, den Mörder vielleicht zu kennen oder doch etwas von dem Verbrechen zu wissen. Über Nacht leben selbst Unbeteiligte plötzlich wie Insekten unter einem Brennspiegel, begafft und ausgespäht, wenn sie sich nicht, wie einige Scheue das tun, hinter heruntergelassenen Rolläden verschanzen.

Viele Frauen hier sind auffallend dick. Sie kaufen im *Glück-auf-Markt* in Röhrigshof ein oder im *Grubenladen* am Schachteingang des Kalibergwerks. Ihre Kühlschränke sind immer voll, die in Mengen eingekauften Süßigkeiten schnell zur Hand. Was haben die nicht berufstätigen Frauen hier auch sonst schon? Ihr Lebensinhalt ist Kinderhüten, kochen, putzen, nähen und auf die Männer warten, die entweder zur Schicht gehen oder von der Schicht kommen.

Das Lebensgefühl der Männer von Philippsthal charakterisiert der Redakteur einer Lokalzeitung so: »Zusammenhalten unter Tage, viel Aktivitäten über Tage.« Sie kicken oder kegeln nach Feierabend in einem der vielen Vereine. Wenn sie nicht nach der wirklich schweren Arbeit müde zu Hause auf dem Sofa liegen, große Mengen Bier trinken und in die Fernsehröhre starren.

So eintönig, so eingezwängt in den immer selben Trott leben auch die Eltern der ermordeten Kinder, die Eheleute Weimar.
Fotoreporter lichten sie auf dem Spielplatz ab, auf dem die Kinder vor ihrem Verschwinden noch gespielt haben. Reinhard Weimar, 34, hält auf dem Foto ein wenig verloren einen Ball in der Hand. Er ist 1,86 Meter groß, kräftig, mit rotbraunem, gewellten Haar, Schnauzbart und Bierbauch. Er wirkt in sich gekehrt, schwerfällig. Untertage-Schlosser auf der Kali-Zeche, Werk Hattorf. Ein Bauernsohn aus dem Nachbardorf Ransbach.
Monika Weimar, 27, sitzt neben der leeren Sandkiste auf einem Kinderfahrrad. Sie ist mittelgroß, schlank. Mit scharfer Nase, kurzgeschnittenem braunen Haar und auffallend hellen blauen Augen. Trauer prägt ihr breitflächiges Gesicht. Sie hat eine Hauswirtschaftsschule besucht und ließ sich dann zur Krankenpflegehelferin ausbilden.
1977 lernten die beiden sich kennen. 1978 heirateten sie. 1979 kam Tochter Melanie, 1981 Tochter Karola zur Welt. Sie bewohnen die Parterrewohnung in der Ausbacherstraße 3 im Ortsteil Röhrigshof-Nippe. Ein schmuckloses, gelbrot gestrichenes Haus, hinter dem der Garten steil auf einer Abraumhalde ansteigt, die an manchen Tagen die Sonne zu verdunkeln scheint.
Bis zur Entdeckung ihrer toten Kinder führen die Weimars ein ziemlich unauffälliges Leben. Er fährt zur Schicht, kegelt, spielt Tennis, trinkt sein Bier. Sie arbeitet im Hünfelder Krankenhaus als Teilzeitkraft im Nachtdienst. Tagsüber kocht sie und hütet die beiden Kinder.
Noch ehe Melanie und Karola begraben sind, werden die Weimars aus ihrer Anonymität gerissen, werden zur Zielscheibe der Neugier. Über ihre Ehe wird gemunkelt, da stimme es schon lange nicht mehr. Monika Weimar

habe ein Verhältnis mit einem amerikanischen Soldaten. Das setzt sie in der Meinung ihrer Umwelt herab, macht sie in der Provinzialität von Philippsthal zur Verfemten. Das böse Gerücht kommt auf, daß die *Ami-Hure* etwas mit dem Tod ihrer Kinder zu tun hat.

Bei der Beerdigung der Mädchen am 10. August ruft Pastor Jochen Weinrich am offenen Grab: »Hüten wir uns vor allen vorschnellen Reden, vor Spekulationen und Erklärungsversuchen!«

Doch alles, was Monika Weimar tut, wird plötzlich eingekreist, überprüft, auf mögliche Schuld abgeklopft. Wie zum Beispiel ist der Sinnspruch zu verstehen, den sie der Todesanzeige in der *Hersfelder Zeitung* beigefügt hat: »Vater, wenn die Mutter fragt, wo sind unsere Kinder, dann sage ihr, daß sie im Himmel sind...«

Merkwürdig auch das Verhalten der beiden Eheleute am Grab. Eltern, die um ihre toten Kinder trauern, klammern sich aneinander, versuchen sich Halt und Trost zu geben. Als die weißen Särge mit den Mädchen in die Tiefe gelassen werden, schiebt Monika Weimar die Hand ihres Mannes, die ihren Arm zu stützen versucht, brüsk weg. Sie klammert sich an einen anderen, ihren Schwager. Wie ein Fremder steht Reinhard Weimar daneben.

Am Abend zieht er aus der ehelichen Wohnung aus. Er kehrt auf den Bauernhof seiner Eltern zurück. Mit dem Tod der Kinder, so scheint es, ist auch die Ehe der Weimars zerbrochen.

Ihm, dem als fleißig und ehrbar geltenden Mann, traut kaum jemand in Philippsthal zu, daß er etwas mit der Mordsache zu tun hat. Seine Frau aber, die ihn mit einem amerikanischen Soldaten betrügt, die abends ausgeht, statt zu Hause zu bleiben, kann dem Verdacht, der sich allenthalben um sie auftürmt, nicht entfliehen. *So einer* traut man alles zu. Auch Mord.

Aber ist das überhaupt vorstellbar: daß eine Mutter etwas mit dem Mord an ihren eigenen Kindern zu tun hat?

Am 9. August, fünf Tage nach der Tat, wird die *Soko Weimar* gebildet. Für die 19 Kripobeamten dient eine frühere Zollbaracke in Philippsthal als Quartier. Wo sollen sie mit ihrer Suche nach dem Mörder ansetzen?
Die Boulevard-Presse listet eine Reihe von Gewaltverbrechern auf, die als Täter in Frage kommen könnten. Dabei übersehen die Zeitungen eins: Nach dem Obduktionsergebnis ist an keinem der Mädchen ein Sexualverbrechen verübt worden. Morde ohne sexuelles oder sonst erkennbares Motiv aber sind in über 90 Prozent aller Fälle *Beziehungstaten*. Der Täter oder die Täterin ist in der Familie oder derem engsten Umkreis zu suchen.
Erfahrene Kriminalisten wissen das. Beamte der Sonderkommission ermitteln deshalb auch gegen die Eheleute Weimar. Allerdings, wegen deren Trauer, »schonend und rücksichtsvoll«. So verlieren sie wertvolle Tage.
Bei ihrer ersten Vernehmung gibt Monika Weimar zu Protokoll: »Ich habe am Morgen des 4. August noch mit meinen Kindern gefrühstückt. Gegen 11 Uhr fuhr ich weg, um Besorgungen bei der Post und Bank zu machen. Da sah ich sie noch auf dem Spielplatz spielen.« Erst nach ihrer Rückkehr und nachdem sie gekocht und ihren Mann rausgeschickt habe, um Melanie und Karola zu holen, habe sie deren Verschwinden bemerkt.
Reinhard Weimar sagt, er habe bis etwa gegen 10.30 Uhr geschlafen. Er habe die Kinder zuletzt am Vorabend gesehen, als er sie nach einem gemeinsam angesehenen Fernsehfilm gegen 22.10 Uhr ins Bett brachte. Seine Frau sei an diesem Abend mal wieder mit ihrem Freund unterwegs gewesen. Was sich am Morgen abgespielt habe, wisse er nicht. Seine Frau habe ihn mittags gebeten, die Kinder vom

Spielplatz zum Essen zu rufen. Da seien sie aber nicht gewesen. Nur noch eine rote Schaufel habe im Sandkasten gelegen.
Die erste Vermutung der *Soko Weimar:* Ein Fremder hat die Kinder entführt, während die Mutter ihre Besorgungen machte.
Nachbarn aus Röhrigshof-Nippe sagen: »Der Kerl, der das getan hat, muß sich hier verdammt gut auskennen!« Eltern aus der Umgebung machen eine Unterschriftensammlung. Sie wollen ihre Kinder solange nicht zur Schule schicken, bis der Schulbus vor ihren Häusern hält. Angst geht um. Geschürt wird die allgemeine Hysterie noch durch einen Vorfall im Haus Ausbacherstraße 3. Am 12. und 15. August findet Monika Weimar zwei Schreiben in ihrem Briefkasten. Sie haben keinen Absender. In dem einen heißt es mit Füllhalterschrift: »Das ist die Strafe! Es tut mir leid um die Kinder. Aber es mußte sein!« Und in dem anderen Schreiben steht: »Erst die Kinder nur zur Qual. Jetzt bist du bald dran! Von wem der Auftrag kam, kannst du dir wohl denken!«
Stammen die anonymen Briefe vom Mörder? Als sie die Briefe las, sagen Monika Weimars Verwandten, sollen ihre Hände gezittert haben. Wie es aussieht, fürchtet sie nun um ihr Leben. Jedesmal, wenn sie zur Garage geht, läßt sie sich von einem ihrer Verwandten, die mit im Haus wohnen, beobachten.
Dann lenkt ein Zeuge die Arbeit der *Soko* in eine für die Beamten überraschende Richtung.
Der Mann gibt an, daß er den Wagen der Familie Weimar, einen weißen Kombi-Passat, am Vormittag des 4. August, kurz nach elf Uhr, auf dem Parkplatz gesehen hat, an dem die siebenjährige Melanie drei Tage später gefunden wurde.
Die Beamten fragen: »Irren Sie sich auch nicht?«

Der Zeuge schüttelt den Kopf. »Ich kenn' den Wagen doch!«
Das ist höchst merkwürdig: der Wagen der Weimars am Tatmorgen am späteren Fundort einer der beiden Leichen!
Jetzt endlich geben die Kriminalbeamten ihre Zurückhaltung gegenüber den Eheleuten auf. Sie ermitteln nun hart.
Mitte August wird der Kombi-Passat der Weimars beschlagnahmt. *Soko*-Beamte fahren ihn zum Landeskriminalamt Wiesbaden. Hier wird der Wagen kriminaltechnisch untersucht. Dabei finden die Spezialisten zwei Spuren, die für die Aufklärung der Mordsache Weimar von entscheidender Bedeutung sein werden:
1. Rote und gelbe Textilfasern auf den Fußmatten im Fahrgastraum
Ein Vergleich ergibt: Die Fasern stammen von der roten Frotteehose Melanies und der gelben Strickhose Karolas. Damit waren die Kinder am Tag ihrer Ermordung bekleidet.
2. Klettfrüchte unter dem Fahrersitz
Ein Vergleich mit dem botanischen Register, das die Kripobeamten an den Fundorten der Leichen von den dort wachsenden Pflanzen angelegt haben, ergibt: Die gleichen Klettfrüchte wie die, die im Auto gefunden wurden, wachsen auch an den Fundorten der Kinder. Außerdem: An den Haaren und Kleidern Melanies sind Hunderte solcher Klettfrüchte gefunden worden – zum Teil mit Faserbüscheln der Sitzfelle aus dem weißen Passat umwickelt.
Das läßt nur einen Schluß zu: Die tote Melanie ist im Familienauto der Weimars transportiert worden!
Der gesuchte *sanfte Mörder* ist also kein Fremder. Einer der beiden Eltern muß – unfaßbar noch – die scheußliche Tat begangen haben.
Aber wer: Der Vater? Die Mutter? Gegen die Mutter spricht, daß sie am Morgen der Tat mit dem weißen Passat-

Kombi unterwegs war. Hatte sie die ermordeten Kinder bei sich?

Am Nachmittag des 29. August durchsuchen Polizisten die Wohnung des Ehepaars in der Ausbacherstraße 3, aus der Reinhard Weimar inzwischen ja ausgezogen ist. Sachen von ihm aber hängen noch in den Schränken.
Die Beamten packen die Kleidungsstücke ein, die Monika und Reinhard am Tag des Verschwindens der Kinder getragen haben. Darunter eine gelbe Bluse. An den Haaren und im Fingernagelschmutz der toten Melanie fanden sich Fasern dieser Bluse.
Nacheinander werden die Eheleute im Polizeipräsidium von Bad Hersfeld von den ermittelnden Beamten in ein hartes Verhör genommen. Aus den Eltern sind Verdächtige geworden, Mordverdächtige. Das schafft eine spannungsgeladene Atmosphäre. Es geht vor allem um die Funde im Auto.
Reinhard Weimar wird gefragt: »Wie erklären Sie es sich, daß in Ihrem Wagen Kletten vom Fundort der Kinder gefunden wurden?«
ANTWORT: »Ich kann mir das nicht erklären.«
FRAGE: »Wann wurde der Wagen zuletzt außen und innen gereinigt?«
ANTWORT: »Meine Frau hat das Auto gewaschen, an einem Montag. Ich glaube, sie hat es an diesem Tag auch von innen gesaugt.«
FRAGE: »Sie selbst haben es nicht sauber gemacht?«
ANTWORT: »Nein. Höchstens mal die Fußmatten abgeschüttelt.«
Die Fragen, so harmlos sie auch klingen mögen, haben ein bestimmtes Ziel. Der Mörder könnte den PKW gereinigt haben, um die Kletten, die sich beim Transport der toten Melanie im Sitzfell verfangen hatten, zu entfernen.

Monika Weimar wittert die Gefahr. Versucht sie eine falsche Spur zu legen oder sagt sie die Wahrheit, als sie die Aussage ihres Mannes entschieden zurückweist. Nicht sie, *er* habe nach dem Verschwinden der Kinder den VW-Passat gründlich gereinigt. Gründlicher als es sonst seine Art gewesen sei. Sie selbst habe den Wagen seit Montag, dem 4. August, nach der Rückkehr von ihren Erledigungen nicht mehr angefaßt.
Einer von beiden lügt. Versucht, mit der Belastung des anderen den eigenen Kopf aus der Schlinge zu ziehen.
Während im weiteren Verlauf der Vernehmungen Reinhard Weimar schwerfällig und brummig immer dasselbe sagt, verwickelt Monika Weimar sich in immer neue Widersprüche. Zu der Zeugenaussage, nach der der von ihr gefahrene Wagen am Mordtag dort gesehen wurde, wo später eines der Kinder tot im Gebüsch lag, kann sie keine plausible Erklärung geben. Die kleine blasse Frau mit dem meist unfroh, jetzt verbissen wirkenden Gesicht steckt tief in der Klemme. Es wäre nun an der Zeit, mit einem einzigen klärenden Satz das Gespinst des schweren Verdachtes gegen sie wie mit einem Messerhieb zu durchschlagen. Aber sie kennt diesen Satz nicht.
»Frau Weimar«, erklärt schließlich Staatsanwalt Sauter, der sich mit in die Vernehmungen eingeschaltet hat, »ich erkläre Sie hiermit für festgenommen! Sie stehen unter dem Verdacht, Ihre beiden Töchter ermordet zu haben!«
Zum erstenmal ist das kaum Glaubliche damit ausgesprochen. Und die Reaktion der jungen Mutter? Kein Aufschrei der Unschuld. Nur Tränen. Schluchzend wird Monika Weimar in eine Zelle gebracht.
Der Fall scheint gelöst.

Morde von Eltern an ihren Kindern sind für uns unfaßbar. Daß sie ihr eigenes Fleisch und Blut umbringen können,

entzieht sich unserer Vorstellungskraft. Daß Mütter hoffnungslos kranke oder verkrüppelte Kinder töten, um ihnen Leid und Schmerzen zu ersparen, kann man noch verstehen. Unglaublich aber die Motive, die in unseren Gerichtssälen von mordenden Müttern oder Vätern bekannt wurden: Unsauberkeit, Bettnässen, Lärm, Ungehorsam, eine neue Beziehung, der die Kinder im Wege standen, weil sie zuviel Geld kosteten, weil sie beim Fernsehen störten.
So kaltherzig schätzt niemand die Frau in der Zelle im Polizeigefängnis ein. Sie soll sich wie eine gute Mutter um ihre Kinder gekümmert, sie soll sie geliebt haben. Wenn sie sie dennoch ermordet hat, muß etwas Ungeheuerliches vorangegangen sein, etwas, das sie total veränderte. Ist der Auslöser dazu in ihrer Ehe, in deren Scheitern zu suchen? Die Polizeibeamten fragen sie nach ihrer Beziehung zu Reinhard Weimar aus. Polizisten sind keine Psychologen. So streifen ihre Fragen nur die Oberfläche, die Seele der Beschuldigten entzieht sich ihnen. Weil die Beamten ihre Ohnmacht erkennen, weil die Beschuldigte sich von ihnen zu Unrecht als Lügnerin, Betrügerin und Mörderin an den Pranger gestellt sieht, wird der Ton der Vernehmungen immer gereizter. Schließlich ist Monika Weimar nicht mehr bereit, sich ausfragen zu lassen. Es ist schwer, ihr klärende Antworten abzuringen.
Aus Bruchstücken ihrer Vernehmung und dem, was sie schließlich den psychologischen und psychiatrischen Gutachtern anvertraut, fügt sich allmählich ein Mosaik ihrer Persönlichkeit. Eine Tat, wie man sie ihr vorwirft, ist ihr eigentlich wesensfremd. Aber das entläßt sie nicht aus dem schweren Verdacht. Manche Menschen wundern sich nach einem schweren Verbrechen ja selbst darüber, daß sie neben der guten auch eine böse Seele in sich haben, die im entscheidenden Moment die Oberhand über sie gewann.

Als Monika Weimar mit 19 Jahren heiratete, tat sie es nicht aus Liebe. Einem Gutachter sagt sie später: »Ich hatte Angst, sonst keinen Mann mehr zu bekommen.« Prinzen kommen in dem abgelegenen Industrie-Nest eben nicht vorbei. Sie nahm den Schlosser, wie all die Frauen des Ortes vor ihr Handwerker und Bergleute geheiratet hatten. Die beiden Kinder werden geboren und verändern ihre Welt. Doch Monika verweigert sich dem Schicksal der anderen Mütter von Philippsthal. Sie rebelliert dagegen, daß sie alleine für die Kinder da sein soll, während ihr Mann abends seinen Vergnügen in den Vereinen nachgeht. Immer häufiger streiten sie sich. Er schlägt sie, als sie verlangt, er solle abends zu Hause bleiben.

Sie sucht nach Auswegen. Im Hünfelder Krankenhaus nimmt sie einen Teilzeitjob an. Achtmal im Monat macht sie Nachtdienst. Die Kinder werden dann von ihrer Mutter versorgt. Ihrem Mann paßt das nicht. Daß sie mitverdient verletzt seinen Stolz. Streit und Schläge häufen sich.

1985 kommt es zu einigen merkwürdigen Vorfällen. Reinhard Weimar hat plötzlich Gedächtnislücken. Er vergißt Dinge, die er kurz vorher getan hat. Einige Male bricht er ohnmächtig zusammen. Die Ärzte stehen vor einem Rätsel. Erst Urinproben können es schließlich lösen – eine Medikamentenvergiftung. Im Urin werden Spuren von Schlafmitteln und Stoffe gefunden, die im Valium enthalten sind. Weimar begreift das nicht. Er sagt, er habe weder solche noch andere Medikamente genommen. Er hat nur eine Erklärung: Jemand will ihn vergiften. Nur einem ist das möglich – seiner Frau.

Er glaubt, daß sie das Gift aus dem Krankenhaus mitbringt und ihm heimlich ins Essen und seine Getränke mischt. Oft schmeckt ihm alles *bitter*. Ehe er ißt, läßt Weimar eine seiner beiden Töchter oder die Schwiegermutter vorkosten. Dann lockert sich während einer Fahrt ein Rad an seinem

Auto, das sie ihm zur Zeche gebracht hat. Auch dahinter vermutet er einen Mordanschlag seiner Frau.
Aber merkwürdig: Obwohl er bei ihr um sein Leben fürchtet, bleibt er bei Monika. Sie dagegen wird seiner immer mehr überdrüssig, spricht von Scheidung. Sie lehnt es ab, weiter mit ihm zu schlafen. Schließlich bricht sie aus ihrer Misere aus. Mit ihrer jüngeren Schwester Brigitte, deren Ehe mit einem GI gerade gescheitert ist, besucht sie ab Februar 1986 abends die Bad Hersfelder Discothek *Musikparadies*, Treffpunkt der hier stationierten US-Soldaten und deutscher Mädchen.
In der Disco lernt sie den amerikanischen Berufssoldaten Kevin Pratt kennen. Er ist vier Jahre jünger als sie, hat eine gewisse Ähnlichkeit mit ihrem Mann: Bärtchen, Brille, Größe. Aber der durchtrainierte Kevin ist ein ganz anderes Kaliber als der schwerfällige, phlegmatische Reinhard: ein unbekümmerter Draufgänger, der nichts anbrennen läßt. Mit ihm, sagte sie später, »war alles anders«. An seiner Seite sei sie vollkommen gelöst gewesen, fröhlich, jung. Und mit ihm hatte sie ein Erlebnis von unerhörter Neuheit, etwas, was sie total durcheinanderwirbelte. Ein Augenblick, auf den sie in ihrer Ehe vergeblich gewartet hatte.
Sie kannten sich drei Wochen, als sie ihren weißen VW-Passat nach dem Tanz im *Musikparadies* auf eine Anhöhe über Bad Hersfeld steuerte. Sie hielt auf einer Schneise neben einer Teermischanlage. Als sie geparkt hatte, liebten Kevin Pratt und sie sich auf den Vordersitzen. Und zum erstenmal erlebte sie bei ihm den sexuellen Höhepunkt. So geduldig, so zärtlich war ihr eigener Mann in der Liebe nie gewesen. Es war, als sei ein Feuerwerkskörper in ihrem Körper explodiert.
Die Polizeibeamten auf der Suche nach einem Motiv haken hier ein. War es Hörigkeit?

Hörige, sagen Psychologen, geben ihr eigenes Ich beim Partner ab. Sie identifizieren sich mit dessen Wünschen und Wollen. Aber tut das Monika Weimar?
Ihr Liebhaber, der ihr verschwiegen hat, daß er selbst noch verheiratet ist, drängt sie, sich scheiden zu lassen. Er hat in Amerika drei Kinder, hat die Scheidung eingereicht. Monika Weimar ist hin- und hergerissen. Sie wird mit der neuen Situation nicht fertig. Sich endgültig von ihrem Mann lösen – bedeutet das nicht vielleicht auch, sich von ihren Kindern lösen zu müssen, die ihm bei einer Scheidung vielleicht zugesprochen werden?
Kevin Pratt mag die hübschen, lebhaften Mädchen. Er spielt mit ihnen, gewinnt ihre Zuneigung. Er kann sich gut vorstellen, Melanie und Karola nach seiner Zurückversetzung in die Staaten mit nach drüben zu nehmen. Obwohl er gerade um das Sorgerecht für seine drei eigenen Kinder kämpft. Vielleicht denkt er den Gedanken nicht zu Ende, daß dies mit Monika Weimar in den USA dann einen Neubeginn mit fünf Kindern bedeuten würde.
Monika Weimar hält ihn hin. Immer wieder fragt er: »Hast du die Scheidung eingereicht?« Immer wieder ist ihre Antwort: »Nächste Woche.« Als er sie weiter bedrängt, sagt sie: »Warte noch ab, bis Melanie eingeschult wird.« Er erwidert: »O.K. – aber das ist die letzte Frist!«
Und Reinhard Weimar? Er ist wütend, als er erfährt, daß seine Frau einen amerikanischen Soldaten als Liebhaber hat. Aber er zieht keine Konsequenzen. Als ein Freund zu ihm sagt: »Der Ami sitzt bei dir zu Hause. Schmeiß ihn raus!« sagt er: »Dann sind alle weg, und ich bin wieder der Dumme.« Ehe bedeutet für ihn vor allem: versorgt werden, die Wäsche gewaschen, das Essen vorgesetzt bekommen.
Wenn Monika Weimar die Mörderin ihrer Kinder ist, wie es nach dem jetzigen Stand der Ermittlungen den Anschein

hat, muß das Motiv dazu nach Meinung der Kripoleute in ihrer Beziehung zu ihrem Mann oder zu ihrem Liebhaber liegen. Wie manchmal geringfügige Anlässe eine Katastrophe auslösen können, ist der Auslöser zur Explosion in ihr womöglich ein an sich belangloser Vorfall mit Kevin Pratt gewesen.

Am Samstag, dem 2. August, kommt Monika Weimar verspätet in die Disco *Musikparadies*. Sie hat vorher noch ihre Mutter im Krankenhaus besucht. Als sie im Tanzlokal eintrifft, flirtet ihr Freund mit einer anderen, der neunzehnjährigen Schülerin Petra. Er hat das Mädchen gefragt, ob sie nicht seine Freundin werden, mit ihm später in die Staaten gehen will. Sie ist nicht abgeneigt, verlangt von ihm aber, daß er erst mal mit Monika Weimar Schluß macht. Monika Weimar weiß das nicht. Sie sieht nur, wie Kevin die andere umarmt, mit ihr knutscht.

Um ihn zu ärgern, tanzt Monika mit einem anderen Soldaten. Das wiederum gefällt Kevin nicht. Es kommt zum Streit. Kevin wirft das goldene Halskettchen, das sie ihm geschenkt hat, vor ihr auf den Tisch. Wütend rennt er aus der Disco. Sie läuft hinter ihm her. Es kommt zur Aussprache. Abermals verlangt er von ihr die Scheidung. Seine Geduld ist nun zu Ende. Er sagt: »Ich warte noch eine Woche. Dann ist Schluß mit uns!«

Sie trinken, versöhnen sich, fahren später wieder zu ihrem einsamen Platz an der Teermischmaschine. Wie gewöhnlich lieben sie sich auf den Vordersitzen von Monikas Auto. Vielleicht wünscht sie sich in diesem Augenblick, daß ihre Liebe zu ihm ewig dauern und sich nie ändern möge. Vielleicht spürt sie dabei aber zugleich die Angst, ihn für immer zu verlieren, wenn sie sich jetzt nicht endlich und endgültig für ihn entscheiden würde. Die Angst auch, dann nie mehr der Misere ihrer Ehe, der Enge ihrer tristen Umwelt entfliehen zu können. Sie hatte ja gesehen, wie schnell er bereit war, mit einer anderen anzubandeln, eine neue Verbindung einzugehen. Reift nach dem Vorfall mit der neunzehnjährigen Rivalin in ihr der Entschluß, ihm ein *Opfer* zu bringen, indem sie sich für ihn freimacht – frei auch von ihren Kindern?

Wie gesagt: Polizisten sind keine Psychologen. Sie schürfen nicht in der Seele. Sie interessieren sich für Fakten. Sie nehmen zu Protokoll, was Monika Weimar ihnen über diesen Samstag erzählt. Und über den folgenden Sonntag, den 3. August, der Tag, der dem Verbrechen vorausging.

An diesem Tag macht Monika Weimar zusammen mit Kevin Pratt und den Kindern einen Badeausflug. Abends hilft sie den beiden Mädchen noch beim Waschen und beim Ausziehen. Als sie um 20.15 die Wohnung verläßt, um sich wieder mit Kevin Pratt zu treffen, sitzen Melanie und Karola mit Reinhard Weimar vor dem Fernseher. Sie wollen sich zusammen mit dem Vater noch einen Film ansehen, bevor sie ins Bett gehen.

Das weitere Schicksal der Kinder ist voller Rätsel. Wie kamen die Kletten vom späteren Fundort der Leichen in den Wagen, den Monika Weimar am nächsten Morgen, dem 4. August, gesteuert hat? Und wie kam der Wagen an diesem Morgen an den späteren Fundort der kleinen Melanie?

Nach der Festnahme von Monika Weimar am 29. August glaubt keiner der Beamten der *Soko Weimar*, daß die Beschuldigte ihren Kopf noch aus der Schlinge ziehen kann. Die Männer warten nur noch auf eins – auf ihr Geständnis.

Am nächsten Morgen ist es so weit. Die Untersuchungsgefangene erklärt, sie sei aussagebereit, will ein Geständnis ablegen.

Aber was sie den Beamten nun erzählt, hat niemand erwartet. Es stellt alle Theorien und Kombinationen von Täter und Tatablauf auf den Kopf.

»Es ist richtig«, sagt sie, »daß kein Fremder Melanie und Karola getötet hat. Aber nicht ich war es – es war mein Mann!« Sie belegt ihre aufsehenerregende Behauptung mit Einzelheiten, die durchaus plausibel klingen. Danach hat sie die Tragödie, die sie durch ihr Verhältnis mit Kevin Pratt heraufbeschworen hatte, nicht mehr aufhalten können.
Wörtlich gibt sie zu Protokoll: »Ich kam in der Nacht zum 4. August zwischen drei und halb vier nach Hause. Mein Mann saß am Fußende des Bettes von Karola. In gebeugter Haltung. Er war total verstört und weinte. Als ich ihn so sah, habe ich sofort vermutet: Mit den Kindern muß was passiert sein.
Zuerst ging ich zu Melanie. Ich packte sie am Arm, schüttelte sie. Sie lag da und bewegte sich nicht... Dann ging ich rüber zum Bett von Karola. Auch sie habe ich am Arm gepackt und geschüttelt. Sie lag genauso regungslos. Mir wurde klar, daß die Kinder nicht mehr lebten...«
Immer wieder unterbricht sie sich, schluchzt.
Man fragt sie: »Wie haben Sie reagiert?« Ob sie, die gelernte Krankenpflegehelferin, nicht versucht habe, die Kinder wiederzubeleben? Eine Mutter würde doch nicht so einfach dastehen. Eine Mutter würde sich doch über ihre Kinder werfen, versuchen, sie ins Leben zurückzuholen. So ähnlich fragen die Beamten jedenfalls.
»Nein«, sagt sie. »Wie ich sie so da liegen sah, dachte ich, ich könnte ihnen nicht mehr helfen.«
Ob sie denn nicht wenigstens aufbegehrt, geschrien, ihren Mann beschuldigt, zur Rechenschaft gezogen habe? Ob sie nicht an den Leichen der beiden Mädchen zusammengebrochen sei?
»Nein«, sagt sie. »Ich lief ins Schlafzimmer. Dabei stieß ich eine Flasche Bier um, die neben meinem Mann auf dem Boden stand. Ich war in diesem Moment völlig durcheinander. Ich setzte mich aufs Bett und weinte.«

Draußen habe sie ein Auto wegfahren hören. Sie hielt es nicht für ihr Auto. Nach einer Weile seien die Autogeräusche zurückgekehrt. Ihr Mann betrat das Schlafzimmer. Er habe gesagt: »Jetzt kriegt keiner von uns beiden die Kinder!« Darin habe sie sein Tatmotiv gesehen: Mit dem Doppelmord habe er verhindern wollen, daß ihr bei einer Scheidung Melanie und Karola zugesprochen würden.
Sie habe gefragt: »Wohin hast du die Kinder gebracht?« Er habe geantwortet: »Auf den Parkplatz Richtung Wölfershausen.« Ihr Mann sei dann ins Bett gegangen, sie noch mal auf die Toilette. »Danach ging ich ins Kinderzimmer, weil ich es einfach nicht fassen konnte.« Anschließend habe sie sich neben ihren Mann ins Bett gelegt.
Einer der Vernehmer fragt: »Neben den Mörder Ihrer Kinder?«
Sie blickt ihn halb abwesend an. Zuckt mit den Schultern. Ihr Mann habe fest geschlafen, erzählt sie weiter. Er habe geschnarcht. Sie selbst habe kein Auge zugemacht. Nach ihrer Schilderung stand sie zwischen 10 und 10.30 Uhr auf. Sie fuhr zur Post, um für ihre Mutter Geld einzuzahlen – und dann zu dem Parkplatz, wohin ihr Mann die toten Kinder gebracht hatte.
»Das hatte ich mir schon vorgenommen, als ich aufstand«, diktiert sie ins Protokoll. »Ich sah Melanie auf der rechten Seite liegen. Ich habe sie an ihren roten Haaren erkannt. Sie lag mit dem Gesicht nach oben. Die Karola habe ich aber nicht entdeckt.«
Mittags habe sie dann ihre Schwester Brigitte gebeten, die Polizei anzurufen und die Kinder als vermißt zu melden.
Man fragt sie: »Warum ließen Sie Melanie unter freiem Himmel liegen? Warum lieferten Sie Ihren Mann nicht der Polizei aus?«
Sie sagt: »Ich wollte ihn schützen. Irgendwie fühlte ich

mich mitschuldig. Wegen Kevin hatte ich ihn ja nicht gut behandelt.«
Damit erklärt sie auch ihre Lügen, deren man sie überführt hat. Und auch die anonymen Briefe an sich selbst, als deren Schreiberin sie von einem Schriftexperten entlarvt worden ist. Ihr Argument: »Ich wollte durch die Briefe erreichen, daß man mich zur Aussage zwingt. Dann wollte ich endlich die Wahrheit sagen.«
Die Beamten der Sonderkommission fragen sich: Was ist von diesem Geständnis der Monika Weimar zu halten? Ist es glaubwürdig? Oder eine neue Lüge?
Möglich ist durchaus, was sie da schildert. Ihr Mann war mit den Kindern bis zu ihrer Rückkehr allein, er hatte die Gelegenheit und ein Motiv, sie umzubringen. Vielleicht ist er in der Nacht durchgedreht, hat seine Aggressionen an den Kindern ausgelassen. Monika Weimars neue Aussage liefert auch eine Erklärung dafür, warum ihr Wagen am Morgen des 4. August am späteren Fundort von Melanie gesehen wurde. Auch die Spuren, die die tote Siebenjährige im Passat-Kombi hinterlassen hat, sind mit diesem Geständnis zu erklären.
Trotz ihres merkwürdigen Verhaltens in der Nacht hält der Staatsanwalt ihre Schilderung, die sie entlastet, für ihren Mann aber vernichtend ist, für »psychologisch stimmig«. Er setzt sie auf freien Fuß, läßt Reinhard Weimar festnehmen.
Die Ermittler sehen sich kurz vor ihrem Ziel, das Rätsel um den Tod der Mädchen zu lösen. Reinhard Weimar, von der eigenen Frau so beschuldigt, hat in ihren Augen kaum noch eine Chance.

Zu zweit nehmen sie den ruhigen, etwas stumpf wirkenden Mann in die Zange.
Einer von ihnen sagt: »Da kommen Sie nicht raus, Herr

Weimar! Ihre Frau hat uns alles erzählt. Wie Sie am Bett der toten Kinder saßen. Wie Sie die beiden in der Nacht wegbrachten ...«

Reinhard Weimar schüttelt den Kopf. »Das ist doch alles nicht wahr.«

»Warum sollte Ihre Frau lügen?«

»Weiß ich nicht.«

Die Beamten versuchen, ihm eine Brücke zu bauen. Da seien doch 1985 seine merkwürdigen Anfälle gewesen, seine *Blackouts*. Ob es nicht denkbar sei, daß er die Kinder während eines solchen Anfalls getötet habe, und er könne sich nicht mehr daran erinnern?

Der Mann denkt angestrengt nach. Soviel Phantasie hat er nicht. So etwas übersteigt seinen Horizont. Immer wieder kreisen die Fragen um diesen Punkt. Schließlich quält Weimar sich eine Antwort ab, mit der er dem Druck dieser Fragen ausweichen will. Wenn er etwas mit der Sache zu tun haben sollte, dann könnte es nur mit den beschriebenen Ausfällen zusammenhängen. Erinnern könne er sich an eine solche Tat oder den Abtransport der toten Kinder aber nicht.

Diese Erklärung besagt eigentlich gar nichts. Für die Kripoleute in ihrem Drang, Reinhard Weimar zu überführen, ist das aber ein Beinahe-Geständnis. Einer der beiden Vernehmer sagt zu Staatsanwalt Sauter: »Der war es!«

In Handschellen wird Weimar dem Bad Hersfelder Amtsrichter Hermann Tuchow vorgeführt. Der Richter soll auf Wunsch von Sauter einen Haftbefehl gegen den Schlosser ausstellen. Tuchow, der nicht von der Überführungs-Hysterie der Ermittler angesteckt ist, kann nach einer sachlich-kühlen Vernehmung einen dringenden Tatverdacht nicht erkennen. Für ein *Blackout* Weimars in der fraglichen Nacht gebe es kein Anzeichen. Der Richter läßt ihn frei.

Eine Blamage für die Staatsanwaltschaft, für die Kriminalpolizei. Oberstaatsanwalt Rudolf Matzke läßt sich davon nicht beeindrucken. Gegenüber Presseleuten erklärt er: »Der Fall ist kriminalistisch gelaufen. Es fehlt nur noch der justizförmige Nachweis.« Man habe zwei Verdächtige und müsse nur noch klären, wer von den beiden der Täter sei. Theoretisch könnten Vater und Mutter die Kinder auch gemeinsam getötet haben. Das sei aber am wenigsten wahrscheinlich.

War es der Vater? War es die Mutter? Darüber gehen die Meinungen der Ermittler weit auseinander. Diejenigen unter ihnen, die in Monika Weimar die Täterin sehen, nehmen ihr nicht ab, daß sie nach dem Auffinden der toten Kinder in der Nacht so teilnahmslos reagiert hat, wie das ihrer Schilderung zu entnehmen ist. Warum hat sie nicht einmal ihre Verwandten im Haus verständigt?
Dann ihre Lügen und Ausflüchte.
Als sie am Morgen des 4. August mit dem Passat-Kombi von ihren Besorgungen nach Hause kam, war ein Loch in der Windschutzscheibe. Ihrem Mann sagte sie: »Mir ist ein Stein in die Scheibe geflogen, als ein LKW mich überholte.« Diese Erklärung gab sie auch der Polizei.
Als Spezialisten feststellen, daß das Loch nicht von außen verursacht worden sein kann, ändert sie ihre Aussage: »Ich habe mich so geschämt, die Wahrheit zu sagen. Das Loch entstand, als ich in der Nacht zum 4. August mit meinem amerikanischen Freund im Auto geschlechtlich verkehrte. Dabei bin ich mit dem Fuß gegen die Scheibe gestoßen.«
Im Hof des Polizeigebäudes in Bad Hersfeld muß Monika Weimar bei einer Demonstration den Geschlechtsverkehr simulieren. Als sich dabei herausstellt, daß auch ihre zweite Version nicht stimmen kann, liefert sie die dritte:

»Ich weiß nicht, wie das Loch in die Scheibe gekommen ist.«
Die Polizei glaubt die wahre Ursache zu kennen: Das Loch entstand, als sie ihre Kinder tötete. Als eines der beiden Mädchen sich in Todesangst gegen das Erwürgen oder Ersticken wehrte.
Für die Gruppe der Ermittler, die sie für die Mörderin hält, ist ihr Motiv klar: Sie entledigte sich der Kinder, um für den Geliebten frei zu sein.
Raimund Sauter, der leitende Staatsanwalt bei der *Soko Weimar* hält dagegen Reinhard Weimar für den Mörder. Seiner Ansicht nach hat er das klarere Motiv: Er wollte sich für die Untreue seiner Frau an ihr rächen. Und verhindern, daß sie die Kinder – nach der Scheidung – mit zu ihrem Freund nach Amerika nehmen könnte.
Besonders belastend für ihn – nach Meinung Sauters – sein Beinahe-Geständnis, bei dem er ein mögliches *Blackout* für die Tatzeit einräumte. Auch Weimars schwerfälliges Reagieren auf die Fragen der Vernehmer macht ihn dem Staatsanwalt verdächtig. »Bis zu zehn Minuten«, habe er manchmal für eine Antwort gebraucht.
Zwei Tote, zwei Verdächtige – und zwei gegensätzliche Meinungen der Ermittler.
Zwischen der Kripo in Bad Hersfeld und der Staatsanwaltschaft in Fulda entwickelt sich – so der *Spiegel* – »ein in der jüngsten deutschen Kriminalgeschichte beispielloses Gezerre um die Bewertung und Einordnung von Indizien und Erkenntnissen. Karrieren bekamen einen Knacks.«
Staatsanwalt Sauter muß die Mordsache 105 Js 8247/86 am 21. Oktober abgeben. Nach Meinung seines Vorgesetzten, des leitenden Oberstaatsanwaltes Karl Baumann, hat er sich zu sehr in die Theorie von der Schuld des Vaters verrannt und dabei die sich verstärkenden Hinweise auf die Täterschaft der Mutter ignoriert. Staatsanwalt Hans Wach-

ter übernimmt den Fall. Kühl und sachlich macht er sich an die Arbeit, während die Beschuldigten, Vater und Mutter, in Interviews und vor laufenden TV-Kameras abwechselnd ihre Unschuld beteuern.
Ein Ehedrama als Medienspektakel – ein *Mörderspiel* aus dem richtigen Leben. Millionen nehmen Anteil. Man weiß: Einer der beiden Eheleute lügt, ist der Mörder – aber wer?
Monika Weimar fährt jeden Mittag zum Grab der Kinder. Mit ihrem neuen roten Austin Mini, den sie sich nach dem Tod der Mädchen gekauft hat. Einem Reporter sagt sie: »Ich muß jeden Tag hin. Es ist wie ein Zwang.« Der Reporter fragt: »Beten Sie am Grab?« Ihre Antwort: »Ja, ich bete. Aber ich bettle nicht um Hilfe beim lieben Gott. Ich halte Zwiesprache mit den Mädchen. Ich frage sie, wer sie umgebracht hat. Sie sind die einzigen, die die Antwort wissen ...«
Das klingt sehr pathetisch. Monika Weimar kann sich ausdrücken. Ihr Mann kann es nicht. Auf die bohrenden Fragen der Journalisten hat er meist nur ein hilfloses Schulterzucken. Aber niemand ist allein schon deshalb schuldig, weil er sich nicht richtig ausdrücken kann.

Monika Weimar sitzt am Morgen des 27. Oktober 1986 zusammen mit ihrer Mutter beim Frühstück, als es an der Tür ihrer Wohnung in der Ausbacherstraße 3 in Philippsthal-Röhrigshof klingelt. Die Mutter öffnet. Draußen stehen vier Polizisten, drei Männer und eine Frau.
Einer von ihnen sagt: »Wir wollen zu Frau Weimar!«
So wie er es sagt, verheißt es nichts Gutes, und die Mutter kann ihre Tränen nicht zurückhalten.
Im nächsten Moment klicken Handschellen. Monika Weimar wird zum zweitenmal festgenommen. Liegt es an der Angst in ihren Augen, an den undurchdringlichen Gesich-

tern und an der Anzahl der Polizisten – irgendwie hat es etwas Endgültiges, als sie aus dem gelbrotgestrichenen Siedlungshaus geführt wird.
Im Landgericht Fulda, Zimmer 307, eröffnet ihr Richter Schaumburg den Haftbefehl. Wie abwesend nimmt sie ihn zur Kenntnis. Wie abwesend sitzt sie in dem Polizeiwagen, der sie nach Frankfurt bringt. Frauengefängnis Preungesheim, Station E 2, Zelle 212. Der Himmel ist jetzt für sie nur noch so groß wie das Gitterfenster.
Im Gefängnis weiß man manchmal nicht genau, wann der Tag zu Ende geht und wann die Nacht beginnt. Es ist eine endlose Zeitspanne, nur unterbrochen von Mahlzeiten, Ausgängen, Anziehen, Ausziehen und den Besuchen des Verteidigers. In den Nächten scheinen Körper und Geist voneinander getrennt zu sein, das Gehirn arbeitet unaufhörlich. Monika Weimar vertraut ihrem Tagebuch an: »Wenn der Gedanke an den Beweis meiner Unschuld nicht wäre, hätte ich mich schon längst aufgegeben.«
Für Staatsanwalt Hans Wachter ist sie schuldig. Für ihn ist sie die kaltblütige Mörderin ihrer Kinder. Er klagt sie in einem 36 Seiten umfassenden Skript an, Melanie und Karola heimtückisch und aus niedrigen Beweggründen getötet zu haben. Weil sie ihrem Geliebten Kevin Pratt »sexuell hörig« gewesen sei.
Der Prozeß beginnt am 23. März 1987. Schon am frühen Morgen drängen sich die Menschen im Hof des barocken Stadtschlosses von Fulda. Hier im Schloß sprachen bis 1803 die Fürstäbte Recht. Heute residiert im linken Flügel des alten, prunkvollen Gebäudes das Landgericht.
Monika Weimar auf der Anklagebank wirkt blaß und zerbrechlich. Die drei Notfalten quer über ihrer Stirn sind tief eingegraben. Kein Zweifel: Diese Frau ist in Not.
Nach wie vor bestreitet sie die Tat. Nach wie vor bezichtigt sie ihren Mann des Doppelmordes. Mit Hilfe von 59 Zeu-

gen und 13 Gutachtern will Staatsanwalt Wachter sie überführen. Er lächelt, als das Gericht unter Vorsitz von Richter Klaus Bormuth Platz genommen hat. Er ist sich seiner Sache sicher.

Die beiden Verteidiger Wolf-Rüdiger Schultze und Ulrich Dähn blicken ernst. Auch sie sind sich ihrer Sache sicher. Sie halten die Anklage für nicht überzeugend begründet. Sie wollen die junge Frau freipauken.

Wer wird gewinnen?

Eins ist von vornherein klar: Kann Monika Weimar nicht überführt und verurteilt werden, kann gar ihre Unschuld bewiesen werden, wird ein anderer sich wegen der Tat vor einem neuen Schwurgericht verantworten müssen – ihr inzwischen von ihr geschiedener Mann. Reinhard Weimar ist als Nebenkläger zugelassen. Sein Anwalt Göb beobachtet für ihn den Prozeß.

Am dritten Verhandlungstag tritt Reinhard Weimar, lange Zeit selbst als Mörder verdächtigt, gegen seine Frau als Zeuge auf. Irgendwie ist er verwirrt über die Rolle, die er hier spielen soll – als wichtiges Glied in der Beweiskette des Staatsanwaltes.

Der bärenhaft starke Mann wirkt linkisch. Er vermeidet es, seine Frau anzusehen. Wenn er gefragt wird, muß er lange überlegen. Die Worte kommen wie schwere Brocken aus seinem Mund. Zunächst geht es um das frühere Verhältnis zu seiner Frau.

VORSITZENDER: »Waren Sie zufrieden mit Ihrer Ehe?«

REINHARD WEIMAR: »Im großen und ganzen ja.«

VORSITZENDER: »Hielten Sie Ihre Ehe für normal?«

REINHARD WEIMAR: »Ja, bis aufs Bett. Da hat es nicht gestimmt. Aber das wissen ja inzwischen alle.«

Gelächter im Saal.

VORSITZENDER: »Als Ihre Frau das Verhältnis mit dem Amerikaner Kevin Pratt anfing, wie reagierten Sie da?«

Reinhard Weimar: »Ich hab' nicht so ernsthaft drüber nachgedacht.«
Vorsitzender: »Hat Sie das nicht gekümmert?«
Reinhard Weimar: »Nicht ernsthaft. Ich hab' ja nicht mal gewußt, wie er heißt.«
Vorsitzender: »Das hätte Sie doch nicht gehindert, zu fragen, was los ist.«
Reinhard Weimar, voller Groll: »Sie hat gemacht, was sie wollte. Ich hab' ihr gesagt, daß ich sie in der Wohnung einsperre, wenn sie abends ausgehen will. Darauf sagte sie, sie würde mich aussperren, wenn ich von der Schicht komme.« Lange Pause. »Da stand ich wieder dumm da!«
Vorsitzender: »Ist über Scheidung gesprochen worden?«
Reinhard Weimar: »Sie wollte sie. Ich sagte ihr, dann soll sie die Scheidung einreichen.«
Vorsitzender: »Sie wollten keine Scheidung?«
Reinhard Weimar, schüttelt langsam den Kopf: »Ich wußte ja nicht, wo ich hinsollte.« Pause. »So war es besser als vorher.« Er meint damit sein Elternhaus.
Nach einigen Fragen über tätliche Auseinandersetzungen mit seiner Frau und seinem Verhältnis zu seinen kleinen Töchtern dringt Richter Bormuth, der die Verhandlung ruhig und ohne jede Voreingenommenheit leitet, zum Kernpunkt des Prozesses vor.
Vorsitzender: »Herr Weimar, glauben Sie, daß Ihre Frau die Kinder getötet hat?«
Im Saal ist es still nach dieser Frage. Die Augen aller Anwesenden sind auf die beiden Menschen gerichtet, von denen einer die Antwort weiß. Weiß sie die Frau in der Anklagebank? Weiß sie der Mann im Zeugenstand? Ihm ist keine Feindseligkeit anzusehen, nur tiefe Verworrenheit, als er nach langer Zeit schwerfällig antwortet.
Reinhard Weimar: »Ich weiß es bis heut nicht. Ich weiß nur, daß ich es nicht war.«

Der Richter hält ihm vor, daß er das nicht immer gewußt habe. Er kommt auf seine Aussage vor der Polizei zu sprechen, wo Weimar ein mögliches *Blackout* nicht ausdrücklich ausgeschlossen habe.
VORSITZENDER: »Warum haben Sie damals ein Fast-Geständnis abgelegt, wenn Sie unschuldig sind?«
REINHARD WEIMAR: »Ich war damals fix und fertig. Ich wollte die Polizei loswerden.«
Seine geheimnisvolle Krankheit kommt zur Sprache. Seine Zusammenbrüche 1985, als er mehrmals ohnmächtig wurde, sich später an bestimmte Vorgänge nicht mehr erinnern konnte. Spuren von Schlaf- und Beruhigungsmitteln wurden in seinem Urin gefunden. Weimar behauptete, seine Frau habe ihn vergiften wollen.
Verteidiger Schultze erhebt sich.
VERTEIDIGER: »Warum sind Sie denn bei Ihrer Frau geblieben, wenn Sie meinten, sie wolle Sie vergiften?«
REINHARD WEIMAR, langsam: »Erst hab' ich's nicht geglaubt. Dann hab' ich's doch geglaubt.«
Um diese *Blackouts* kreisen noch mehrere Fragen der Verteidiger. Ihre Strategie wird erkennbar: Sie wollen ihn auf seine frühere Aussage festnageln, nach der er eine Verbindung mit der Tat, ohne sich allerdings daran erinnern zu können, nicht ausgeschlossen hat. Was ihn belastet, muß ihre Mandantin entlasten. Richter Bormuth erkennt das und reagiert entsprechend.
VORSITZENDER: »Herr Weimar, haben Sie geistige Ausfallerscheinungen?«
REINHARD WEIMAR: »Nein.«
Seine unterschiedlichen Zeitangaben für die Tatnacht werden dem Untertageschlosser vorgehalten. Warum er bei der Polizei eine andere Zeit angegeben habe, während er in der Nacht zum 4. August wachgelegen haben will, als hier vor Gericht.

REINHARD WEIMAR: »Die haben mich so in die Mangel genommen. Die wollten eine Zeit von mir. Da habe ich eine angegeben.« Bewußt habe er aber nichts Falsches ausgesagt.
Dann fragt Richter Bormuth den Zeugen: »Herr Weimar – haben Sie Ihre Kinder getötet?«
Jetzt kommt Leben in den so stumpf, so lethargisch wirkenden Mann. Er richtet sich auf, strafft die Schultern. Zum ersten Mal muß er nicht lange überlegen, kommt sein Ton fest und bestimmt.
REINHARD WEIMAR: »Nein!«

Dann bittet die Angeklagte ums Wort. Sie will ihrem Mann Fragen stellen, versucht, in die Rolle des Anklägers zu schlüpfen. Aber das liegt ihr nicht. Obwohl sie ihrem Mann verbal überlegen ist, überhastet sie sich, verstolpert viele Sätze. Ein Dialog wie in einem schlechten Theaterstück.
Sie sagt: »Du hast mir das Liebste genommen, was ich hatte! Du hast meine Kinder umgebracht! Weißt du das eigentlich? Nur, weil ich mit einem anderen Mann glücklich war.«
Er dreht sich unbehaglich auf seinem Zeugenstuhl. Er ist wütend, und man sieht es ihm an. Aber er weiß nicht, was er erwidern soll. Auch sie hat kein klares Konzept, ihre Attacken klingen nicht überzeugend. Was sie vorbringt, hört sich an wie ein auswendig gelernter Text.
Sie ruft: »Du hast mir immer nur den Mund verboten! Für dich stimmt immer alles nicht, was ich sage.«
Er erwidert: »Das kann mich gar nicht belasten.«
Sie: »Du hast alle immer nur ausgenutzt!«
Szenen einer Ehe. Sie macht ihm Vorwürfe, daß er zum Skat und zum Kegeln gegangen sei, statt sie zu entlasten, ihr beizustehen, mit ihr zu reden, Gedanken auszutau-

schen. Sie beklagt sich über Ohrfeigen, die er ihr und den Kindern gegeben hat. Er streitet das ab. Geschubst habe er schon mal, auch blaue Flecken habe es gegeben, aber »alles normal«. Und immer wieder seine Entgegnung: »Stimmt nicht, nie im Leben.«

Doch merkwürdig: Monika Weimar stellt ihrem Mann keine Frage zur Tat, die sie ihm vorwirft. Kein Wort von ihr zu den Vorgängen in der Nacht zum 4. August, als sie bei ihrem Nachhausekommen angeblich die toten Kinder vorfand. Hat sie Angst, daß er sie hier vor aller Öffentlichkeit, selbst in seiner Naivität, in seiner Spracharmut, widerlegen kann?

Nur auf seine früheren *Blackouts* kommt sie zu sprechen. Er habe sie fälschlicherweise beschuldigt, ihn mit Tabletten vergiften zu wollen. Sie fragt: »Hast du die Tabletten vielleicht selbst genommen, um mich zu erpressen, daß ich bei dir bleibe und dich pflege?«

Reinhard Weimar blickt zur Decke. »Nein, nie.«

Ihre Anwälte schalten sich ein. Verteidiger Schultze: »Passiert Ihnen das häufig, daß Sie heute nicht mehr wissen, was Sie gestern getan haben?«

Selbst der einfältige Mann weiß inzwischen, warum die Gegenseite immer wieder auf diesem Punkt herumhackt. Fast gelangweilt seine Antwort: »Nein.«

»Das sollst du wissen«, ruft seine Frau ihm dann zu, »solange du nicht vor Gericht stehst und bestraft wirst, gebe ich nicht auf.«

Langsam dreht er sich auf seinem Stuhl zur Seite, starrt sie abfällig an. »Wer bestraft wird«, erwidert er, »das entscheidest du nicht.«

Richter Bormuth schaltet sich ein. »Solls jetzt gut sein? Wir wissen doch, daß Sie Ihrer Frau nicht gewachsen sind, mit Worten jedenfalls.«

Reinhard Weimar nickt.

Im weiteren Verlauf der Verhandlung geht es wesentlich um die Frage, wann die Kinder getötet worden sind: in der Nacht, wie Monika Weimar behauptet oder am nächsten Tag, wie der Staatsanwalt behauptet. Man spricht von einer *Nachtversion* und einer *Tagversion*. Gelingt es dem Staatsanwalt, seine *Tagversion* zu beweisen, kommt nur Monika Weimar als Täterin in Frage. Das wäre das endgültige Aus für sie.
Deshalb wird von den Verteidigern und vom Ankläger um jeden Zeugen gerungen, der die eine oder andere Version bestätigen kann. Dazu gehört es, die Glaubwürdigkeit jener Zeugen zu erschüttern, die für die eine oder die andere Seite gefährlich werden können.
Gefährlich für Monika Weimar ist ihre eigene Großmutter Angele Anger, 76 Jahre. Sie wurde zum erstenmal am 5. August von der Polizei vernommen. Ganz offen erklärte sie da: »Ich habe Melanie und Karola noch gestern morgen gesehen.« Am Tag des Verschwindens der Kinder also. Sie wisse das ganz genau. Ihrer Enkelin Monika habe sie 1,20 DM für Briefmarken in deren Wohnung gebracht. Dabei habe sie im Flur der Wohnung die beiden kleinen Mädchen gesehen. Sie hätten sie mit den Worten begrüßt: »Guten Morgen, Anger . . .« Es war so Brauch, daß sie die alte Frau nur mit deren Nachnamen anredeten. Melanie habe ihr die Hand gegeben. Danach sei Monika Weimar mit dem Wagen weggefahren.
Trotz ihres vorgerückten Alters ist Adele Anger eine geistig wache Frau. Kein Grund also für die Polizei, an ihrer klaren Aussage zu zweifeln. Auch in zwei weiteren Vernehmungen, am 28. und 29. August, blieb sie bei ihren Angaben. Von den Beamten ausdrücklich aufgefordert, die Wahrheit zu sagen, wich sie keinen Zentimeter von ihrer ersten Schilderung ab.
Bis zum 28. August deckte sich die Aussage der Oma mit

der ihrer Enkelin. Dann schwenkte Monika Weimar plötzlich um. Sie habe gelogen, um ihren Mann zu schützen, erklärte sie nun. Die Kinder seien bereits in der Nacht von ihrem Mann ermordet worden. Ihre Großmutter könne die Mädchen am nächsten Morgen gar nicht mehr lebend gesehen haben. Damit saß die Sechsundsiebzigjährige plötzlich zwischen zwei Stühlen.
Zuerst konnte sie das überraschende Umschwenken ihrer Enkelin nicht glauben. Sie war sogar bereit, sich Monika gegenüberstellen zu lassen, um in deren Gegenwart ihre früheren Aussagen zu wiederholen. Dann dämmerte ihr allmählich, in welchen Zwiespalt sie geraten war. Sie hatte nur die Wahl, als Lügnerin dazustehen oder ihre Enkelin schwer zu belasten. Was sollte sie tun?
Im Zeugenstand sagt Adele Anger: »Ich habe mich geirrt. Ich habe die Kinder zuletzt am Sonntag, dem 3. August, gesehen. Nicht am Montag, dem 4. August.«
Der Staatsanwalt fragt kühl: »Sie wollen also sagen, daß Sie vor der Polizei dreimal falsch ausgesagt haben?«
Die Frau hebt die Hände. »Nein, nein. Lügen habe ich keine gesagt. Ich hab' mich nur im Tag geirrt.«
Ein Raunen im Saal. Monika Weimar blickt erleichtert. Ist das ein Pluspunkt für sie? Oder erkennt man dahinter das durchsichtige Manöver einer Verwandten, die ihr helfen will? Der skeptischen Miene des Anklagevertreters sieht man an, wie er diese Aussage einschätzt.
Dann läßt er weitere Zeugen auftreten, die unbeirrt seine *Tagversion* stützen.
Das ist einmal Elisabeth N. Sie wohnt im Haus links von den Weimars. Daneben liegt der Spielplatz, der in der Mordsache Weimar eine so traurige Berühmtheit erlangt hat. Hier, so sagte Elisabeth N. schon am Tag des Verschwindens der Kinder telefonisch zu einer Freundin, habe sie die Melanie und Karola morgens noch spielen sehen.

Sie sagte es auch bei der Polizei. Es müsse gegen elf Uhr gewesen sein. Karola habe auf der Sandkiste gesessen, Melanie habe neben der Schaukel gestanden. Sie, die Zeugin, habe gerade die Kaffeemaschine auf der Fensterbank bedient und dabei zufällig einen Blick nach draußen geworfen.
Das wiederholt sie auch im Gerichtssaal. Ohne sich um den hilfesuchenden Blick zu kümmern, den die Angeklagte ihr zuwirft. Monika Weimar weiß, wieviel von der Aussage dieser resoluten Frau für sie abhängt. Das wissen auch ihre Anwälte. Verteidiger Schultze springt auf. Er blickt die Zeugin scharf an.
VERTEIDIGER: »Haben Sie mit Herrn Weimar über Ihre Aussage gesprochen?«
Er spielt damit auf ein Telefongespräch zwischen Elisabeth N. und Reinhard Weimar an, in dem sie ihm erklärte, daß sie »nun ein wichtiger Mensch« geworden sei und bei ihrer, ihn entlastenden Aussage bleiben werde.
ZEUGIN, nach kurzem Überlegen: »Nein. Ich will keinem helfen und keinem schaden.«
VERTEIDIGER, triumphierend zum Gericht: »Ich beantrage, daß dieses Nein der Zeugin protokolliert wird!«
Jetzt springt Staatsanwalt Wachter hoch. Er will die Glaubwürdigkeit seiner wichtigsten Zeugin nicht erschüttern lassen, will sie vor einer falschen Aussage schützen.
STAATSANWALT, zu Elisabeth N.: »Ihr Telefongespräch mit Herrn Weimar ist abgehört worden. Überlegen Sie das noch mal.«
ZEUGIN: »Wenn es abgehört wurde, wissen Sie es doch.«
Unerbittlich nehmen die Verteidiger die Frau in die Zange. Sie versuchen ihr Widersprüche und unterschiedliche Einlassungen nachzuweisen. So habe sie einmal gesagt, die kleine Karola habe am Morgen des 4. August auf dem Rand des Sandkastens gesessen. Ein anderes Mal, sie habe im

Gras gestanden. Verzweifelte Versuche, die für Monika Weimar so gefährliche Zeugin der Unglaubwürdigkeit zu überführen. Aber Elisabeth N. läßt sich nicht beirren. Nein, Nachbarschaftshilfe ist hier vor Gericht nicht von ihr zu erwarten. Gute Nachbarn waren die Weimars und die Familie der Elisabeth N. ohnehin nie gewesen.
Ihr Bruder, der Zeuge Hans F. und dessen Lebensgefährtin Sonja Z. sagen Ähnliches aus. Sie waren am Wochenende vor dem Verschwinden der Kinder bei Elisabeth N. zu Besuch. Als sie am Montag wegfuhren, winkten die beiden Mädchen ihnen zu. Sie standen dabei an der Böschung zum Spielplatz.
Drei Aussagen, die die *Tagversion* des Staatsanwaltes erhärten: Die Kinder müssen Montag morgen noch gelebt haben!
Monika Weimar senkt den Kopf. Es steht schlecht um sie. Staatsanwalt Wachter blickt zufrieden. Anschließend spielt er einen weiteren wichtigen Trumpf aus: die Magenanalyse der toten Kinder.
Der Sachverständige Dr. Michler erklärt, daß Karola bei der Obduktion noch einen »recht reichlich gefüllten Magen« hatte. Sie muß etwa ein bis zwei Stunden vor Eintreten des Todes noch Milch und weizenmehlhaltige Teigwaren, vermutlich Brötchen, zu sich genommen haben. Das spricht nach Meinung des Sachverständigen dafür, daß sie etwa gegen 10 Uhr am Morgen noch gefrühstückt hat. Eine Tötung in der Nacht – durch den Vater – scheidet damit aus. Auch weitere Gutachter tragen in diesem Sinne ihre Erkenntnisse den Richtern vor.
Monika Weimar sitzt unterdessen so still auf ihrem Platz, daß es manchmal unheimlich wirkt. Resigniert sie schon? Was fühlt sie, empfindet sie – sie, die ja am besten weiß, ob sie schuldig ist oder nicht?
Hellwach ist sie plötzlich, als der Mann in den Zeugenstand

tritt, der ungewollt die Katastrophe auslöste – ihr Liebhaber, der amerikanische Soldat Kevin Pratt. Er ist aus Amerika gekommen, wo er inzwischen wieder Dienst tut. In Jeans, kurzärmeligem Hemd und Cowboystiefeln tritt er vor den Richtertisch.

Einer der Richter will von ihm wissen: »Würden Sie sagen, Herr Pratt, daß Frau Weimar Ihnen hörig war?«

Der Zeuge versteht nicht. Mit dem Begriff Hörigkeit kann er nichts anfangen.

Der Staatsanwalt fragt: »Trauen Sie Frau Weimar die Tat zu?«

Pratt schüttelt den Kopf. Er sagt: »Ich glaube zu 99,9 Prozent an ihre Unschuld.« Er sagt aber auch, daß er im Augenblick nicht in der Lage sei, irgendeiner Frau Vertrauen entgegenzubringen. Ob das die Schuld der Angeklagten sei?

Antwort: »Yes.«

Als der von Richter Klaus Bormuth sehr geduldig und einfühlsam geführte Prozeß dem Ende zugeht, hat die Staatsanwaltschaft viele Pluspunkte gesammelt. Viele Fragen allerdings blieben offen, besonders die Frage nach dem Motiv der Angeklagten.

Für die Verteidigung ist es deshalb von großer Bedeutung, als die Braunschweiger Psychologieprofessorin Elisabeth Müller-Luckmann in ihrem Gutachten erklärt, sie müsse eine »extreme Abhängigkeit«, die Monika Weimar womöglich zum Mord drängte, ausschließen. Auch der Gießener Psychiatrieprofessor Willi Schumacher schließt Hörigkeit als Tatmotiv aus. Er hält den Doppelmord für eine »Beziehungstat«, für eine »ganz extreme Lösung des Ehekonflikts«, gleichgültig, von wem der beiden Eheleute er begangen wurde.

Die Tat, so der Professor, sei der handlungs- und ent-

schlußschwachen Angeklagten mit ihrer Neigung, Konflikte zu verdrängen, »persönlichkeitsfremd«. Allerdings lasse das nicht auf ihre Unschuld schließen. Denn auch ein Handeln aus einem Affektstau, einem »momentanen Abwehrzusammenbruch«, sei denkbar.
In seinem Plädoyer erwähnt Staatsanwalt Hans Wachter den Begriff *sexuelle Hörigkeit* nicht mehr. Er erklärt, keine der Indizien gegen Frau Weimar seien in der Hauptverhandlung entkräftet worden. Sie habe aus krasser Selbstsucht ihre beiden kleinen Töchter getötet, weil sie ihrem Verhältnis zu dem US-Soldaten Kevin Pratt im Wege standen. Als der Geliebte auf Scheidung drängte, weil er wußte, daß er bald in die Staaten zurückkehren mußte und überlegte, ob er statt ihrer nicht eine andere Frau mitnehmen sollte, sei eine schnelle Entscheidung von ihr verlangt worden, die sie zum Mord getrieben habe.
Der Antrag des Anklägers: lebenslange Haft.
Zu einer völlig anderen Wertung der neunmonatigen Hauptverhandlung kommen dagegen die Pflichtverteidiger Wolf-Rüdiger Schultze und Ulrich Dähn. Selten hat man vor Gericht eine so gründliche, akribische Auseinandersetzung mit der Anklage, mit Zeugenaussagen und Gutachtern erlebt, wie diese beiden jungen Juristen sie in ihrem fast fünfstündigen Plädoyer vortragen.
Ihre Argumentation mündet in eine einzige Anklage gegen den Ex-Ehemann Monika Weimars. Er ist in ihren Augen der Mörder. Er habe in seiner Verlassenheit viel eher ein Mordmotiv als seine Frau gehabt und sich in der für solche Taten typischen »lebensgeschichtlichen Krise mit Einmaligkeitscharakter« befunden. Die Indizien gegen die Angeklagte hätten sich nicht bestätigt. Es bestehe nicht der »Hauch des Verdachts«, daß die beiden Kinder der sexuellen Beziehung der 29jährigen zu Kevin Pratt im Wege gewesen wären und deshalb sterben mußten. Vielmehr

hätten Zeugenaussagen bewiesen, daß Melanie und Karola in die Beziehung integriert gewesen seien und zu dem Amerikaner ein besseres Verhältnis hatten als zu ihrem Vater. Die wichtigsten Zeugen der Anklage seien nicht glaubwürdig, und die Staatsanwaltschaft habe falsche Schlüsse aus verschiedenen Gutachten gezogen. So zum Beispiel aus dem Obduktionsbefund. Schon die Tatsache, daß Melanies Magen leer und Karolas Magen gut gefüllt gewesen sei, verbiete die Annahme, beide Kinder hätten gefrühstückt, bevor sie getötet wurden.
Der Antrag der Verteidiger: Freispruch.
In ihrem letzten Wort beteuert Monika Weimar: »Ich habe meine Kinder nicht getötet!« Sie habe die beiden geliebt. Bisher habe sie nur der Gedanke aufrecht erhalten, daß der Prozeß ihre Unschuld beweisen werde. Auch sie belastet noch einmal ihren Mann – er habe den Mord begangen.

Die Verkündung des Urteils wird für den 8. Januar 1988 angesetzt. Wie wird es ausfallen?
Die Anwälte Monika Weimars rechnen fest mit einem Freispruch. Merkwürdigerweise auch viele Presseleute. Sie meinen, letzte Zweifel an der Schuld Monika Weimars seien geblieben, wie in jedem Indizienprozeß. Wer so kalkuliert, vergißt allzu leicht, daß es den absoluten Beweis nur selten gibt. Es genügt, wenn ein Gericht sich seine Meinung nach Abwägung aller vorgetragenen Fakten »über jeden vernünftigen Zweifel hinaus« bildet.
Tumultartig die Szenen um das Fuldaer Schloßgebäude. Schon morgens hatten Hunderte von Neugierigen den Eingang belagert, um noch einen Platz im Gerichtssaal zu ergattern. Als Monika Weimar gegen 14 Uhr durch den Schloßpark geführt wird, ist das für sie wie ein Spießrutenlaufen.
Spannung und tiefe Stille im Saal, als das Gericht aus dem

Beratungszimmer kommt und sich vor dem Richtertisch aufstellt. In das Schweigen hinein sagt Richter Bormuth: »Im Namen des Volkes ergeht folgendes Urteil: Die Angeklagte Monika Weimar ist des Mordes in zwei Fällen schuldig. Gegen sie wird als Gesamtstrafe lebenslange Haft verhängt. Sie hat die Kosten des Verfahrens zu tragen.«
Einmalig in einem deutschen Gericht: Nach diesen Worten kommt Beifall unter den Zuschauern auf. Es sind zumeist ältere Frauen, die applaudieren. Der Vorsitzende droht, den Saal räumen zu lassen.
Verteidiger Schultze schüttelt den Kopf. Sein Kollege Dähn blickt entsetzt zu Boden. Das Gesicht Monika Weimars wirkt versteinert. Keine Regung ist ihr anzusehen. Von ihr kommt kein Aufschrei, keine Beteuerung ihrer Unschuld. Während der nun folgenden eineinhalbstündigen Urteilsbegründung blickt sie wie unbeteiligt den Richter an, als spreche er nicht von ihr, sondern von einer ganz anderen. Unter den Zuschauern wächst die Spannung, als Richter Bormuth den Morgen des 4. August schildert.
»Etwa um zehn Uhr frühstückte die Angeklagte mit den Kindern. Karola trank Kaba, Melanie Milch. Karola aß außerdem etwas Weizenmehlhaltiges.« Sie sei dann noch in der Wohnung ihrer Schwester gewesen. Ihre Großmutter habe ihr Geld für eine Briefmarke in die Wohnung gebracht und sei dabei von Melanie und Karola begrüßt worden. Gegen 10.50 Uhr sei Monika Weimar mit dem Passat-Kombi zu Besorgungen gefahren.
Richter Bormuth: »Anschließend fuhr sie ohne die Kinder zum späteren Leichenfundort 1, dem Parkplatz an der Landesstraße 3255. Hier hielt sie sich 15 bis 20 Minuten auf. Die Kammer ist davon überzeugt, daß sie zu diesem Zeitpunkt entschlossen war, ihre Kinder zu töten und daß sie bei dieser Gelegenheit nach einem geeigneten Tat- und Ablageplatz Ausschau hielt ...«

Anschließend sei sie nach Hause zurückgefahren und habe dort gegen 11.30 Uhr unbemerkt die Kinder aufgenommen. Unter einem Vorwand habe sie die beiden Mädchen ins Auto geholt und sei dann mit ihnen zum Parkplatz am Bengendorfer Grund gefahren, dem Leichenfundort der Karola.

»Hier tötete sie ihre beiden Kinder«, fährt Richter Klaus Bormuth ohne Pause fort. »Und zwar Melanie dadurch, daß sie sie mit einer weichen Bedeckung erstickte und Karola dadurch, daß sie sie, ohne hierfür Gewalt anwenden zu müssen, mit der Hand am Hals faßte und erwürgte.«

Auch bei diesen Worten ist Monika Weimar, die einen weißen Pulli, einen schwarzen Rock und schwarze Seidenstrümpfe mit Röschen trägt, keine Gefühlsregung anzusehen. Die haßerfüllten Blicke aus dem Zuschauerraum scheint sie nicht zu bemerken.

Bormuth erklärt weiter, das Gericht sei überzeugt davon, daß die Mutter verhindert habe, daß ein Kind die Tötung des anderen mit habe ansehen müssen. Sie habe eines der beiden Kinder »unter einem Vorwand« aus dem Auto geschickt.

Richter Bormuth: »Nach der Tötung der Kinder legte die Angeklagte Karola an der Stelle ab, an der sie später gefunden wurde. Zunächst legte sie auch Melanie an diesem Parkplatz ab. Dann entschloß sie sich jedoch, die Leiche der Melanie zu dem zunächst von ihr in Augenschein genommenen Wölfershauser Parkplatz zu bringen und dort abzulegen.« Auf diesen Transport lassen nach Meinung des Gerichts die Kletten im Auto schließen, mit denen die kleine Melanie »praktisch von Kopf bis Fuß regelrecht übersät« gewesen war. Der Grund für den Transport der toten Melanie im Auto sei ganz einfach: »Die Kinder sollten ja nicht allzu lange unbeerdigt im Freien liegen, sondern bald, natürlich auch nicht sofort, gefunden werden.« Der ver-

steckte Ablageort von Karola sei nicht so leicht zu finden gewesen, wie die Stelle im Brennesselgebüsch, an der sie dann Melanie »ablegte«.
Für die Tötung ihrer Kinder habe Monika Weimar gut zehn Minuten gebraucht, für ihre Fahrten und das Verstecken der toten Melanie zusammen etwa fünfundzwanzig Minuten. Demnach sei sie spätestens eine Dreiviertelstunde nach ihrer Abfahrt, also gegen 12.15 Uhr, wieder zu Hause gewesen. Sie kochte das Mittagessen für vier Personen und rief nach den Kindern. »Sie erhielt natürlich keine Antwort«, so der Vorsitzende weiter in der Urteilsbegründung. »Daraufhin schickte sie ihren Mann auf den Spielplatz. Als dieser unverrichteter Dinge zurückkam, ging sie selbst mit vors Haus, rief draußen nochmals nach den Kindern.« Auf ihr Betreiben hin habe ihre Schwester dann die Polizei alarmiert.
Für ihr weiteres Verhalten, mit dem sie den Mord an ihren Kindern zu kaschieren versuchte, bescheinigt ihr das Gericht »große schauspielerische Fähigkeiten«. Dazu gehöre auch, daß sie den Eindruck erweckte, sie fürchte sich wegen der beiden anonymen Briefe – vor Briefen, die sie an sich selbst geschrieben hatte.
Daß sie nach der Vernehmung des Zeugen, der ihren Wagen zur Tatzeit an einem der späteren Leichenfundorte gesehen hatte, ihren Mann der Tat bezichtigte, ist nach Meinung des Gerichtes eine reine Schutzbehauptung. Sie sei zwar bis heute bei dieser Aussage geblieben, doch sei diese *Nachtversion*, nach der sie nach ihrem nächtlichen Nachhausekommen ihre angeblich von ihrem Mann ermordeten Kinder in ihren Betten tot auffand, schon in sich nicht glaubhaft. Das Gericht könne sich nicht vorstellen, daß »eine erfahrene Krankenpflegehelferin nach der Entdekkung der leblosen Kinder sich damit begnügt haben soll, jeweils nur deren Arm anzufassen«, statt alle Versuche zu

unternehmen, sie noch zu retten oder wenigstens »das ganze Haus zu alarmieren, in dem doch ausschließlich ihre Angehörigen lebten«. Richter Bormuth: »Kann man der Angeklagten wirklich abnehmen, daß ihr angesichts ihrer toten Kinder plötzlich aufgeht, wie sehr ihr Mann unter ihrem Verhalten gelitten haben muß und daß sie auch deshalb Mitschuld am Tod der Kinder empfindet?« Sie habe doch vorher keine Rücksicht auf ihn genommen. Wie könne man da annehmen, daß sie ausgerechnet in dem Augenblick Verständnis für ihn aufbrachte, »in dem er sich als Mörder ihrer Kinder präsentiert«?

Unverständlich sei dem Gericht auch, folge man ihrer Darstellung, »warum die Angeklagte nicht einmal versucht haben will, sich dem Treiben ihres Mannes entgegenzustellen und wenigstens das Wegschaffen der Kinder zu verhindern. Hätte sie wirklich untätig bleiben können bei der Vorstellung, daß ihre Kinder irgendwo abgelegt, versenkt oder verbuddelt werden?« Gewiß, ein Mörder scheue sich nicht, Leichen verschwinden zu lassen. Aber könne eine Mutter von Kindern, die nicht an der Tat beteiligt ist, so etwas zulassen?

Dann beschäftigt der Richter sich mit der Frage, ob Reinhard Weimar vom zeitlichen Ablauf her überhaupt der Mörder sein könne. Er beruft sich dabei auf die Aussage von Brigitte E., der Schwester Monika Weimars. Nach ihren Angaben war sie nachts in die Wohnung der Weimars gegangen, um Karola, die geschrien hatte, die genäßte Unterhose gegen eine frische auszuwechseln.

Der Richter: »Brigitte E. hat die Wohnung Weimar um drei Uhr verlassen, gegen 3.20 Uhr etwa ist bereits die Angeklagte zurückgekehrt. In diesen zwanzig Minuten hätte Reinhard Weimar die Kinder töten, jedem Kind den Schlafanzug ausziehen und die Tageskleidung anziehen müssen.« (Darin wurden die Toten später gefunden.) Au-

ßerdem, so fährt Richter Bormuth fort, hätte er die beiden Mädchen kämmen und ihnen Spangen ins Haar stecken müssen. Allerdings, das Kämmen einer Leiche sei schwierig, »zumal wenn sie so langes Haar hat wie Melanie«. Auch das An- und Ausziehen lebloser Körper sei schwierig und zeitaufwendig. Bormuth: »Zwanzig Minuten oder auch eine halbe Stunde hätten bestimmt nicht ausgereicht, das ganze Werk in Szene zu setzen . . . Auch hätte Reinhard Weimar mit Sicherheit nicht zugelassen, daß Brigitte E. die Wohnung betreten hätte, wenn darin ein von ihm getötetes Kind lag.« Es gäbe überhaupt keinen Grund dafür, warum Reinhard Weimar die angeblich von ihm getöteten Kinder habe anziehen und kämmen sollen.
Für das Gericht sei klar, daß die Kinder in der Nacht noch gelebt hätten. Das sei von Zeugen ausdrücklich bestätigt worden. An ihrer Glaubwürdigkeit sei nicht zu zweifeln. Die Kinder seien erst am nächsten Morgen von Monika Weimar umgebracht worden.
Bis zu diesem Punkt hat Richter Klaus Bormuth schlüssig Beweis um Beweis aneinandergereiht. Weniger präzise ist dann die Erläuterung des Mordmotivs von Monika Weimar. Es sei »weitgehend im dunkeln« geblieben. Die Kammer neige dazu, das Motiv in der zur Tatzeit deutlich gestörten Beziehung zu Kevin Pratt zu sehen. Durch seinen verstärkten Druck auf sie, sich endlich scheiden zu lassen, durch sein Flirten mit einer anderen, die er vor ihren Augen küßte, habe sich die Situation für sie zugespitzt.
Richter Bormuth: »Es ist vorstellbar, daß sie unter diesen Umständen ihre Lage doch als sehr kritisch eingeschätzt hat . . . Vielleicht hat sie die Vorstellung gehabt, sich mit ihren Taten ihrer Schwierigkeiten entledigen zu können.« Weitgehend hypothetisch sei, daß sie sich nicht so sicher war, ob ihr die Kinder im Fall einer Scheidung zugesprochen würden. »Wie dem auch sei, die Angeklagte hat die

beiden Kinder, und zwar vorsätzlich, getötet. Sie hat bei der Tat die Arglosigkeit ihrer Kinder ausgenutzt, die sich natürlich keines solchen Angriffs von der Mutter versehen haben.«
Der Richter schließt mit den Worten: »Die Kammer hat keinen Zweifel daran, daß die Angeklagte ihre Kinder geliebt hat. Wenn sie ihre Kinder gleichwohl getötet hat, muß ihre Not sehr groß gewesen sein. Sie hätte aber einen anderen Ausweg aus ihrer Bedrängnis finden müssen.«
Damit endet die mündliche Urteilsbegründung.

Die Richter erheben sich, verlassen den Saal. Jetzt erst sackt Monika Weimar in sich zusammen, weint. Sie wird kurz darauf in ihre Zelle in der Strafanstalt Frankfurt-Preungesheim zurückgebracht. Ihre Sachen hatte sie schon am Morgen gepackt. Sie hatte mit Freispruch gerechnet. Jetzt muß sie wieder auspacken.
Ihre Anwälte legen noch in derselben Woche Revision gegen das Urteil ein. Am 17. Februar 1989 wird die Revision vom 2. Strafsenat des Bundesgerichtshofes verworfen. Das Urteil gegen Monika Weimar ist damit rechtskräftig.

2

Der Fall Yvonne Chevallier

Eine Kugel zu wenig

Überrascht blickt der Kommissar die Frau an, die ihm ihren Wunsch vorgetragen hat. Sie ist groß, schlank und geschmackvoll gekleidet. Das Gesicht kantig mit tiefen Falten und Ringen unter den Augen. Nein, besonders reizvoll sieht die Frau des Bürgermeisters von Orleans in dieser Minute wahrhaftig nicht aus. Sie wirkt unglücklich, bedrückt.

»Sie wollen also einen Waffenschein, Madame?« vergewissert sich der Kommissar.

»Ja, bitte.«

»Angst vor Einbrechern?«

Sie nickt. »Ich bin so oft allein, seitdem mein Mann Abgeordneter in Paris ist.«

»Verstehe.«

»Mit einer Waffe im Haus fühle ich mich sicherer.«

»Da haben Sie Recht, Madame.«

Der Kommissar stellt den Schein aus, beglaubigt ihn mit Stempel und Unterschrift. Er reicht ihn Yvonne Chevallier. Scherzend droht er ihr mit dem Finger.

»Bitte, seien Sie vorsichtig, Madame! So eine Waffe kann leicht losgehen.«

»Ich werde schon aufpassen.«

Dann steht sie draußen. Von den Mauern starrt ihr ein Gesicht entgegen, ein schmales, energisches Gesicht mit engbeieinanderliegenden Augen; ein Gesicht, das Ehrgeiz verrät. Yvonne liebt dieses Gesicht – das Gesicht ihres Mannes. Sechstausendmal hat sie es vor den Wahlen zur Nationalversammlung eigenhändig an die Häuserwände geklebt. Die Leute sollten ihn wählen. Sie haben ihn gewählt. Jetzt ist er in Paris – aber es trennen sie mehr als nur Kilometer.

Sie geht einige Straßen weiter zu einem Waffenhändler. Auch er kennt die Frau des Bürgermeisters. Wer kennt sie nicht?

»Eine Waffe – wofür, Madame?« fragt er.

»Man muß damit einen Menschen töten können.«

»Dann empfehle ich Ihnen dieses Modell.«

Der Händler geht zu einer Vitrine, holt eine Pistole des Kalibers 7,65 mm heraus und reicht sie der Frau.

»Äußerst zuverlässig, leicht zu handhaben.«

Er erklärt ihr die Pistole. Aufmerksam hört sie zu, wiegt die Waffe leicht in der Hand.

»Die nehme ich.«

»Eine gute Wahl, Madame. Eine Schachtel Munition dazu?«

Sie nickt. »Ja, bitte.«

Als sie den Laden verläßt, stecken in ihrer Handtasche Pistole und Munition. Sie liegen neben Lippenstift und Puder, mit dem Yvonne Chevallier die Traurigkeit schon lange nicht mehr aus ihrem Gesicht schminken kann.

In ihrem Haus legt sie die Waffe in den Apothekenschrank in ihrem Badezimmer. Sie hat Angst! Aber nicht vor Einbrechern. Sie hat Angst, die Liebe ihres Mannes zu verlieren – jetzt, wo er bald ganz oben ist.

Am nächsten Tag, es ist der 11. August 1951, melden alle französischen Rundfunkstationen, daß Ministerpräsident René Pleven sein Kabinett gebildet hat. Jubel in Orleans, denn der neue Minister für technische Erziehung und Jugend heißt: Pierre Chevallier. Mit zweiundvierzig Jahren ist der Bürgermeister von Orleans jüngster Minister Frankreichs.

Freudig erregt ruft eine Bekannte bei Yvonne Chevallier an.

»Haben Sie gehört, Madame? Ihr Mann! Er hat es geschafft! Ist das nicht wunderbar?«

»Ja«, sagt sie. »Es ist wunderbar.«

»Er hat Sie sicher schon angerufen, nicht wahr?«

»Nein, noch nicht.«

»Na ja, da gibt es allerhand zu feiern. Er wird sich sicher bald melden.«

»Das glaube ich auch.«

Doch kein Anruf kommt. Nicht am Abend, nicht in der Nacht. Dafür erscheint Pierre Chevallier am nächsten Morgen selbst in seinem Heimatort. Die Spuren einer durchzechten Nacht sind ihm noch deutlich anzusehen, als er sein Haus betritt.

Seine beiden Söhne verbeugen sich. Artig sagen sie: »Guten Morgen, Herr Minister!«

Chevallier nimmt das kaum zur Kenntnis. Er hat es eilig, will nur einen kurzen Abstecher machen. Ohne Umwege geht er in sein Schlafzimmer im ersten Stock. Seine Frau folgt ihm. Die Kinder bleiben zurück.

Wenige Minuten später hören sie oben Schüsse.

Den Polizeibeamten, die kurz darauf eintreffen, bietet sich ein schauriges Bild: Dr. Pierre Chevallier, neu ernannter Staatsminister und Kabinettsmitglied, liegt in seinem Zimmer neben einem geöffneten Koffer voller Hemden und Wäsche blutend auf dem Teppich. Er ist tot, sein Körper von fünf Vollmantelgeschossen durchbohrt.

Neben ihm kniet betend seine Frau.

»Wie ist es passiert, Madame?« fragt leise der leitende Polizeibeamte.

Sie antwortet nicht und stammelt nur: »Pierre – mein liebster Pierre!«

Als der Polizeiarzt, der Fotograf und die Spurensicherung der Mordkommission ihre Arbeit beendet haben, wird der tote Minister ins Leichenschauhaus gebracht. Die achtunddreißigjährige Yvonne Chevallier muß den Weg ins Untersuchungsgefängnis antreten. Nach den Aussagen der Hausmeisterin hat sie die tödlichen Schüsse abgegeben. Verstört gibt die Frau zu Protokoll: »Als die Schüsse gefallen waren, kam Madame mit bleichem Gesicht zu mir. Ich fragte: ›Ist etwas nicht in Ordnung?‹ und sie sagte: ›Ich habe meinen Mann getötet...‹«
Das behauptet Yvonne Chevallier auch vor dem Untersuchungsrichter. Der aber schüttelt den Kopf.
Er sagt: »Das glaube ich Ihnen nicht, Madame Chevallier. Ein anderer hat Ihren Mann umgebracht.«
»Nein – ich war es.«
»Sie wollen jemanden decken. Wen?«
»Ich war es Monsieur!«
»War es nicht Madame Perreau, die Geliebte Ihres Mannes? Oder deren Ehemann?«
Stumm blickt die Witwe des Bürgermeisters vor sich hin.
»Bitte, sagen Sie mir doch endlich alles was Sie wissen, Madame Chevallier«, fordert der etwas dickliche Mann hinter dem Schreibtisch. »Sie haben Ihren Mann nicht getötet – Sie haben ihn doch geliebt! Das weiß hier jeder.«
Langsam richtet sich die Frau mit dem blassen, kantigen Gesicht aus ihrer zusammengesunkenen Haltung auf. »Ja«, sagt sie, »ich habe ihn getötet, weil ich ihn geliebt habe.«
»Aber man tötet doch nicht einen Menschen, den man liebt!«
Lange Zeit blickt sie ihn an, ehe sie sagt: »Vielleicht weiß ich das besser als Sie, Monsieur...«

Noch einmal schildert sie, wie alles war. Warum sie die fünf Kugeln auf den geliebten Mann abfeuerte.

Presse und Rundfunk bauschen den Fall auf. Die Öffentlichkeit spaltet sich in zwei Lager. Die einen verstehen die Tat der Verzweifelten, die von ihrem Mann betrogen und gedemütigt wurde. Die anderen hassen die Frau, die den beliebten *Heros von Orleans* ermordet hat. Wegen der hitzigen öffentlichen Diskussionen findet auf Antrag der Verteidiger der Angeklagten der Strafprozeß gegen sie nicht in Orleans, sondern im entfernten Reims statt. Damit soll auch die Sicherheit Yvonne Chevalliers und die Unabhängigkeit der Geschworenen gewährleistet werden.

Als Mörderin droht ihr die Guillotine. Denn Frankreich, das Land, in dem die Menschenrechte ausgerufen wurden, hatte damals die Todesstrafe noch nicht abgeschafft. Andererseits kann in Frankreich eine Frau, die aus verletzter Ehre, aus Zorn oder Eifersucht eine *Crime passionell,* ein Verbrechen aus Leidenschaft, begeht, mit der Nachsicht der Richter, vor allem aber der Geschworenen rechnen.

Ob Yvonne Chevallier ihren Kopf behalten oder verlieren wird, das hängt also davon ab, wie die Mitglieder des Strafgerichts von Reims, vor dem am 5. November 1952 der Mordprozeß beginnt, ihre Persönlichkeit und die Motive ihrer Tat einschätzen. Darum kreisen die ersten Fragen des Gerichtspräsidenten.

PRÄSIDENT: »Wann lernten Sie Ihren späteren Mann kennen?«

ANGEKLAGTE: »Im Frühjahr 1935.«

PRÄSIDENT: »Wo?«

ANGEKLAGTE: »Im Städtischen Hospital von Orleans. Ich arbeitete dort als Schwesternschülerin, Pierre als Assistenzarzt.«

Der Staatsanwalt, ein hagerer, kleiner Mann springt auf.

STAATSANWALT: »Rettete er damals nicht mit einer dramatischen Operation Ihr Leben – derselbe Mann, den Sie später kaltblütig töteten?«
VERTEIDIGER, ebenfalls aufspringend: »Protestiere! Der Anklagevertreter will mit dieser Fragestellung Stimmung gegen meine Mandantin machen.«
Schon diese Szene macht deutlich: Verteidiger und Staatsanwalt werden sich nichts schenken.
Durch das Läuten einer Glocke stoppt der Gerichtspräsident die Unruhe unter den Zuhörern. Dann schildert die Angeklagte, wie sich ihre Liebe zu Pierre Chevallier entwickelte.

Im April 1935 war Yvonne Rousseau aus einem nahen Dorf nach Orleans gezogen. Sie ließ sich im Städtischen Hospital zur Hebamme ausbilden. Damals war sie zweiundzwanzig Jahre alt, ein Bauernmädchen mit starker Vitalität.
Der Assistenzarzt Dr. Pierre Chevallier, damals sechsundzwanzig, gönnte ihr kaum einen Blick. Der Sohn eines reichen Keramikfabrikanten stammte aus einer der ältesten und angesehensten Familien von Orleans. Sportlich, gewandt, ein gutaussehender Frauentyp. Zweimal durfte Yvonne ihm bei kleineren Operationen helfen. Einmal ließ sie vor Aufregung ein Instrument fallen, aber er beruhigte sie: »Nur nicht nervös werden, Mademoiselle! Das ist nicht schlimm.«
Plötzlich wurde Yvonne krank – todkrank. Das Gewebe an einem Weisheitszahn hatte sich entzündet und die Mundschleimhaut infiziert. Einundvierzig Grad Fieber. Die Infektion vergiftete den ganzen Körper. Dr. Simonin, der Chefarzt des Hospitals, ließ die junge Frau ins Sterbezimmer bringen. Er sah keine Chance mehr, sie zu retten. Da machte der junge Dr. Chevallier einen Vorschlag. Wenn sowieso keine Hoffnung mehr bestand, dann wolle er es

mit einer Operation versuchen. Der Chefarzt sagte: »Versuchen Sie es, aber für mich ist der Zustand der Patientin hoffnungslos.«

Zwei Stunden dauerte die Operation. Drei Tage blieb die Patientin bewußtlos. Als sie die Augen aufschlug, stand Dr. Chevallier an ihrem Bett. Er sagte: »Na, sehen Sie. Wir haben es ja geschafft!«
So fing es an.
Für den Assistenzarzt war Yvonne Rousseau zunächst nur ein *Fall*, ein Meilenstein seiner Karriere. Für sie war er ihr Lebensretter. Aus ihrer Dankbarkeit wurde Zuneigung. Aus der Zuneigung schließlich mehr. Was es war, wurde ihr klar, als er sie einmal zum Essen einlud und sie anschließend küßte: Es war Liebe.
Ihre zärtlichen, überströmenden Gefühle für ihn blieben auch auf ihn nicht ohne Wirkung. Jetzt, als er anfing, sich für sie zu interessieren, entdeckte er, daß die herbe Yvonne so ganz anders war als die verwöhnten jungen Mädchen seiner Kreise. Etwas Starkes, Vitales ging von ihr aus. Eine urwüchsige Kraft, die ihm mit seinem etwas weichen, labilen Charakter fehlte. Von dieser Kraft fühlte er sich angezogen.
Schon sehr bald, am 23. Mai 1935, wurde sie seine Geliebte. An diesem Tag schworen sie sich, nie mehr auseinanderzugehen. Ein Schwur, der sich unauslöschlich in Yvonne eingrub, den Pierre Chevallier aber schließlich vergessen sollte.
Seine Eltern waren gegen die *unstandesgemäße* Verbindung. In diesem Zusammenhang kommt der Verteidiger auf eine merkwürdige Szene zu sprechen.
VERTEIDIGER: »Sie zogen schließlich in die Wohnung Ihres Geliebten, und zwar auf dessen Wunsch. Er hatte Ihnen zwar erklärt, er würde es für Sie mit der ganzen Welt

aufnehmen, aber was geschah, wenn seine Mutter in die Wohnung kam?«

Angeklagte: »Ich mußte mich dann im Wandschrank verstecken.«

Verteidiger: »Bis die Mutter wieder weg war?«

Angeklagte: »Ja.«

Verteidiger: »Das dauerte doch manchmal Stunden, nicht wahr?«

Angeklagte: »Ja. Da nicht vorauszusehen war, wie lange Madame Chevallier jeweils blieb, wurde jeden Morgen frisches Wasser und etwas zu essen in den Schrank gestellt.«

Lachen im Publikum. Die Frau auf der Anklagebank aber verzieht keine Miene.

Verteidiger: »Einmal kam seine Mutter so überraschend, daß Sie den Weg zum Schrank nicht mehr schafften. Was passierte da?«

Angeklagte: »Pierre ließ mich in einen Koffer kriechen.«

Verteidiger: »Wie lange mußten Sie darin bleiben?«

Angeklagte: »Drei Stunden. Ich wäre fast erstickt.«

Weiter läuft der Lebensfilm der Frau, die eine Mörderin sein soll, im Gerichtssaal ab.

Ihr Geliebter mutete ihr nicht nur zu, in Schränke und Koffer zu kriechen. Er verlangte von ihr auch, daß sie die Wohnung nicht verließ. Die Nachbarn sollten nichts von der Existenz seiner Geliebten erfahren. Ein Jahr lang setzte sie keinen Schritt auf die Straße. Nur abends schnappte sie Luft am offenen Fenster. Bleich – aber dennoch glücklich. Sie ertrug alle Demütigungen, um bei dem Mann sein zu können, den sie abgöttisch liebte.

Erst 1940, als der Krieg auch Frankreich überrollte, als im Chaos von Bomben und Granaten neben vielem anderen auch die Standesdünkel zerbrachen, wagte Dr. Pierre Chevallier seine Geliebte aus dem Versteck zu holen, und sie zu heiraten. Der Krieg verwandelte den bis dahin weichlichen

Mann ganz erstaunlich. Er schloß sich der *Maquis* an, den Widerstandskämpfern gegen die deutsche Besatzung im Untergrund. Chevallier organisierte die ersten Geheimzirkel in Orleans und wurde deren Chef. Nach der Befreiung, ausgezeichnet mit dem *Croix de guerre*, kehrte er nicht in seine ärztliche Praxis zurück, sondern ging in die Politik.

Sein Stern begann zu leuchten, als er, der Mann des Widerstandes, mit fünfunddreißig Jahren Bürgermeister von Orleans wurde. Für seine Frau, die ihm inzwischen zwei Kinder – François und Matthieu – geboren hatte, wurde das Leben aber fortan dunkler. Wie so viele Frauen mußte auch sie für den Erfolg ihres Mannes zahlen: mit Verzicht und Einsamkeit.

Und jetzt wurde immer deutlicher, daß ihre Bildung nur mittelmäßig war. Weder geistig noch gesellschaftlich war sie der Rolle der Bürgermeistersfrau gewachsen. Um wortgewandter zu werden las sie Leitartikel, Buchbesprechungen und Theaterkritiken in der Lokalpresse so oft, bis sie sie fast auswendig kannte. Aber wenn sie auf einem der häufigen Empfänge davon hätte Gebrauch machen können, brachte sie kein Wort heraus.

Einmal fuhr ihr Mann sie nach einer Abendgesellschaft wütend an: »Sitz doch nicht immer so stumm herum! Sag mal was, auch wenn es Unsinn ist!« Auch ihre biedere Art, sich zu kleiden, störte ihn plötzlich. Er schämte sich ihrer, angesichts der vielen hübschen und eleganten Frauen, die er bei den verschiedensten Anlässen kennenlernte.

Nach seiner Wahl in die Nationalversammlung nahm er sich eine kleine Wohnung in Paris. Obwohl er seinen Posten als Bürgermeister beibehielt, kam er immer seltener nach Orleans. Auch seine Frau vernachlässigte er immer mehr.

Als der kleine Matthieu 1947 krank wurde, nahm die Mutter ihn zu sich ins Schlafzimmer. Ihrem Mann richtete sie ein Schlafzimmer im ersten Stock ein. Er sollte ungestört schlafen können. Als der Junge wieder gesund war, schlief Pierre Chevallier weiter dort. Er sagte: »Die Lösung ist gut so. Ich brauche meine Ruhe.«

Immer wieder stockend, unterbrochen von leisem Schluchzen, nähert Yvonne Chevallier sich dem Punkt, der das dramatische Geschehen ausgelöst hatte, das sie auf die Anklagebank führte.

PRÄSIDENT: »Wann kam Ihnen zum erstenmal der Verdacht, daß eine andere Frau bei Ihrem Mann im Spiel war?«

ANGEKLAGTE: »Eines Tages rief er mich in sein Schlafzimmer. Er stand vor dem Kleiderschrank. Alle seine Sachen lagen verstreut am Boden. Er sagte: ›Ich habe dieses Zeug satt! Ich brauche neue Anzüge, und neue Hemden mit meinem Monogramm!‹«

PRÄSIDENT: »Das erschien Ihnen merkwürdig?«

ANGEKLAGTE: »Ich fragte mich sofort, für wen er plötzlich so eitel war: für die anderen Abgeordneten in der Kammer – oder für eine andere Frau . . .«

PRÄSIDENT: »Ihr Verdacht konkretisierte sich aber erst vier Jahre später.«

ANGEKLAGTE: »Ja. Da fand ich einen Brief in seiner Tasche. Einen Liebesbrief. Er war unterschrieben mit ›Jeanne‹.«

PRÄSIDENT: »Wußten Sie sofort, wer diese ›Jeanne‹ war?«

ANGEKLAGTE: »Nein. Ich kam erst darauf, als sie an dem Wahlsonntag, an dem Pierre ins Parlament gewählt worden war, auf der Party in unserem Haus ganz ungeniert mit ihm flirtete. Es war Jeanne Perreau. Er hatte nur noch Augen für sie.«

Jeanne Perreau führte in Orleans ein elegantes Mode-

geschäft. Selbst verheiratet, Mutter von drei Kindern. Sie war fünfzehn Jahre jünger als Yvonne Chevallier und besaß alles das, was der Bürgermeister von Orleans an seiner Frau vermißte: Charme, Esprit, Schönheit.
Mit der Erkenntnis, daß sie es nach den gelegentlichen Seitensprüngen ihres Mannes, auf die sie schon mit hysterischen Ausbrüchen reagiert hatte, nun mit einer echten, gefährlichen Rivalin zu tun hatte, änderte sich Yvonne Chevalliers Leben.
Verzweifelt versuchte sie, ihren Mann für sich zurückzugewinnen. Sie machte ihm Eifersuchtsszenen, drohte, ihn mit den Kindern zu verlassen. Aber lachend sagte er nur: »Geh ruhig! Ich kann dich sowieso nicht mehr ausstehen. Sieh dich doch bloß im Spiegel an!«
Auch als sie ihm ankündigte, sich umzubringen, wenn er nicht von der Geliebten lasse, zuckte er nur die Schultern. Kalt erwiderte er: »Ich kann dich nicht daran hindern. Aber warte damit bis nach den nächsten Wahlen. Es schadet meinem Image.«
Als sie auch mit Betteln und Flehen nichts erreichte, versuchte sie, ihn zu beschämen. Im Wahlkampf zog sie sich eine alte Windjacke an und fuhr mit ihrem Wagen los, den sie voller Wahlplakate gepackt hatte. Sechstausendmal sein Gesicht. Sechstausendmal fuhr sie mit ihren Händen liebevoll darüber, um das Papier glattzustreichen, wenn sie es an die Wände klebte. Dafür sagte er nicht einmal danke schön.
Schließlich besuchte sie den Ehemann der Rivalin. In ihm hoffte sie einen Verbündeten zu finden. Sie bestürmte ihn, seiner untreuen Frau ins Gewissen zu reden. Doch Monsieur Perreau winkte resigniert ab. Er sagte: »Ich habe mir das längst abgewöhnt. Machen Sie es wie ich, Madame. Versuchen Sie einfach, darüber hinwegzusehen.«
Aber das konnte Yvonne Chevallier nicht. Sie überwand

ihren Stolz und sprach mit Jeanne Perreau. Die behandelte sie kühl, von oben herab.
»Aber wie kommen Sie darauf, daß ich ein Verhältnis mit Ihrem Mann habe?« sagte sie. »Ich mag ihn gern. Aber was ist dabei? Ich mag viele Menschen aus unserem Kreis. Auch Sie, Madame Chevallier!«
»Sie lügen!« schrie Yvonne Chevallier. »Man hat sie mit Pierre in Paris gesehen!«
»So, hat man das? Da wurde ich sicher mit einer anderen verwechselt.«
Die Frau des Bürgermeisters mußte sich beherrschen, die Frau mit dem schönen, ein wenig starren Puppengesicht nicht zu ohrfeigen.
Wieder zu Hause unternahm sie einen letzten Versuch, ihren Mann umzustimmen. Sie schrieb einen Brief an ihn.
Darin hieß es: »Ich denke über alles das nach, was du mir zugefügt hast. Und ich werde mir darüber klar, daß ich es verdient habe ... Wäre ich besser zu Dir gewesen, liebenswürdiger, verständnisvoller, dann wäre ich nicht dort, wo ich heute bin. Du bist meiner müde geworden. Ich bitte Dich, mir zu verzeihen ... Ich habe den festen Willen, Dich glücklich zu machen. Es wird mir gelingen. Durch meine Liebe, durch meine Zärtlichkeit für Dich, durch meine Unterwerfung unter Deine Überlegenheit. Ich werde mich ständig weiterbilden. Ich werde lernen, Empfänge zu geben. Ich werde alles, alles lernen, und Du wirst nicht mehr durch meine Unwissenheit, durch meine Dummheit zu leiden haben ... Ich liebe Dich, mein Pierre, und ich will versuchen, Deine Verzeihung zu erlangen. Ich bin bereit, das zu vergessen, was zwischen uns Häßliches geschehen ist, und ich werde Deiner würdig sein. – Yvonne.«
Es ist fast still im Saal, als dieser Brief verlesen wird. Ein

letzter, fast rührender Hilferuf einer zutiefst gedemütigten Frau. Doch der Ruf erweichte nicht das Herz des Mannes, dem er galt.
Pierre Chevalliers einzige Reaktion: Er schickte seine Frau mit den Kindern ans Meer. Sie sollte sich dort erholen. Ein Urlaub für drei Monate. Zynisch fügte er hinzu: »Vielleicht aber auch ohne Wiederkehr.«
Sie wußte, daß er sie loswerden wollte. Daß er sie fortschickte, um ungestört mit der anderen zusammensein zu können. Aber sie hatte nicht die Kraft, sich zu widersetzen. Wie eine Marionette sagte sie: »Jawohl, Pierre, wenn du es so willst.«
Das kleine Hotel in Sables d'Olonns, das seine Sekretärin gebucht hatte, war ungemütlich und trostlos. Nach einer Woche hatte sie das Meer ebenso satt wie das Leben. Unaufhörlich dachte sie: Morgen werde ich mit den Kindern sterben...
Vergeblich wartete sie auf einen Brief von ihm, auf ein Signal, daß er sie brauche, auf eine Geste der Versöhnung. Doch er schrieb nicht, rief nicht an. Sie schien für ihn vergessen zu sein, weit weg wie eine Tote.
Tod – darum kreisten ihre Gedanken. Nichts mehr spüren, nichts mehr empfinden, nicht mehr leiden zu müssen. Eines Morgens nahm sie ihre beiden Jungen und ging an einer einsamen Stelle mit ihnen ins Meer. Immer weiter, immer weiter. Fest hielt sie die Hände von François und Matthieu umkrampft. Der kleine Matthieu neben ihr ging unter, eine Welle spülte ihn wieder hoch. Da schrie er – in Todesangst. Sie riß das Kind in ihre Arme, drehte sich um und lief an den Strand zurück. Sie hatte nicht mehr den Mut, mit den Kindern aus dem Leben zu scheiden.
Aus Sables d'Olonns fuhr sie nach Orleans zurück. Die Wohnung war leer. Ihr Mann schien seit ihrer Abfahrt vor einigen Wochen nicht mehr dort gewesen zu sein. Wo

steckte Pierre? In Paris, so erfuhr sie bei der Abgeordnetenkammer. Und sie erfuhr noch etwas anderes: Jeanne Perreau kümmerte sich schon seit Wochen nicht mehr um ihr Modegeschäft. Auch sie war in Paris.
Am nächsten Tag, dem 11. August 1951, ging Yvonne los, um die Waffe zu kaufen.

Die Verhandlung spitzt sich auf die darauf folgenden dramatischen Ereignisse zu. Mit jeder Frage und mit jeder Antwort geht es um den Kopf der blassen, nervös wirkenden Frau auf der Anklagebank.
PRÄSIDENT: »Warum kauften Sie die Waffe?«
ANGEKLAGTE: »Das Leben hatte für mich keinen Sinn mehr. Ich wollte Schluß machen – alleine, ohne die Kinder.«
PRÄSIDENT: »Sie wollten sich also das Leben nehmen?«
ANGEKLAGTE: »Ja.«
Yvonne Chevallier beginnt zu weinen, und der Präsident des Schwurgerichts unterbricht die Sitzung. Nach der Wiederaufnahme läßt er die Geliebte Pierre Chevalliers in den Zeugenstand rufen, Madame Jeanne Perreau.
Die vierunddreißigjährige Zeugin, die wesentlich jünger aussieht, ist ganz das Gegenteil der einfach und bäuerlich wirkenden Frau auf der Anklagebank. Große braune Augen, hübsches Gesicht mit breiten Wangenknochen und rot geschminkten Lippen. Modische Frisur, modische Kleidung, selbstsicher und gewandt. Sie antwortet ohne Scheu auf die Fragen, die ihr gestellt werden.
PRÄSIDENT: »Sie waren die Geliebte von Monsieur Chevallier?«
ZEUGIN: »Ja.«
PRÄSIDENT: »Wie kam es zu diesem Verhältnis?«
ZEUGIN: »Vier Monate nachdem wir uns auf einer Gesellschaft kennengelernt hatten, rief Pierre mich an. Er lud

mich zum Essen ein. Einige Zeit danach passierte es – ich wurde seine Geliebte.«

Präsident: »Sie fuhren oft nach Paris, um sich mit ihm zu treffen?«

Zeugin: »Ja, jeden Dienstag und Mittwoch. Wir gingen dann in ein Hotel am linken Seineufer.«

Als ihre Rivalin das sagt, zuckt Yvonne Chevallier schmerzlich zusammen. Sie verbirgt ihr Gesicht für einen Moment in den grobknochigen Händen. Unruhe im Zuhörerraum. Einige Frauen zischen empört: »Unerhört!«

Präsident: »Hatten Sie denn kein Mitleid mit Madame Chevallier?«

Zeugin, achselzuckend: »Doch. Aber ich konnte und wollte ihretwegen nicht mit Pierre brechen.«

Präsident: »Wußte Ihr Mann von Ihrem Verhältnis?«

Zeugin: »Ja, er war im Bilde. Er wollte mich nicht ganz verlieren – deshalb erhob er keine Einwände. Er fand Pierre außerdem recht sympathisch.«

Präsident: »Sie haben in dieser Sache eine schwere Verantwortung zu tragen, Madame Perreau. Schämen Sie sich wenigstens dessen, was Sie getan haben?«

Zeugin: »Ja, das tue ich.«

Präsident: »Bereuen Sie es auch?«

Jeanne, kopfschüttelnd: »Oh, nein – niemals ...«

Da springt der Verteidiger auf. Sein Kopf ist hochrot. Mit ausgestreckter Hand deutet er auf die schöne Zeugin und ruft: »Nicht Madame Chevallier – nein, Sie gehören eigentlich hierher auf die Anklagebank! Denn Sie haben durch Ihr Verhalten die Tragödie erst ausgelöst. Durch Ihren egoistischen Versuch, eine brave und rechtschaffene Frau aus ihrer Ehe zu drängen – um statt ihrer die Frau eines Ministers zu werden!«

Anhaltender Beifall der weiblichen Zuhörer. Damit hat der Anwalt ihnen allen aus dem Herzen gesprochen.

Jeanne Perreau wartet ab bis es wieder ruhig geworden ist. Dann wendet sie sich an den Präsidenten. Kühl fragt sie: »Darf ich den Menschen hier im Saal antworten?«

Präsident: »Ja, von mir aus.«

Jeanne, sich halb umdrehend: »Liebe ist nichts Strafbares. Man kann doch nicht jemanden verachten und verurteilen – nur weil er liebt!«

Stolz und aufrecht geht sie durch das Schweigen, das ihren Worten folgt, aus dem Saal.

Etwas kläglich dagegen wirkt der Auftritt ihres Mannes, der nach ihr als Zeuge aussagen muß. Schleppend, mit leicht gesenktem Kopf, tritt er vor den Richtertisch. Ein fülliger Mann mit Stirnglatze, Anfang der Fünfzig.

Nachdem er Auskunft zur Person gegeben hat, tritt der Anwalt Yvonne Chevalliers auf ihn zu. Durch seine Fragen will er die Stimmung weiter gegen Jeanne Perreau aufbringen. Je mehr sie als die unheilvolle schwarze Dame in dem tödlichen Dreieck erscheint, um so geringer wird die Schuld seiner Mandantin. Immer mehr erhält Yvonne Chevalliers Bild die Konturen eines Opfers.

Verteidiger: »Ihre Frau unterhielt ehebrecherische Beziehungen zu dem verheirateten Pierre Chevallier. Wußten Sie damals davon?«

Zeuge, leise: »Ja.«

Verteidiger: »Was unternahmen Sie, um sie von diesem zutiefst unmoralischen Lebenswandel abzubringen?«

Zeuge: »Nichts.«

Verteidiger: »Nichts? Ihre Frau hatte Ihnen damals drei Kinder geboren. Da ließ es Sie gleichgültig, daß sie nun mit einem anderen schlief?«

Zeuge, resigniert: »Was sollte ich machen? Eine Scheidung wollte ich nicht. Die Kirche verbietet sie, und das Geschäft hätte unter dem Skandal gelitten. Dann die Kinder: Ich wollte ihnen das Elternhaus erhalten. Schließlich haben wir uns ja später wieder versöhnt – das vierte Kind ist der Beweis...«

Der Vorsitzende schaltet sich ein.

PRÄSIDENT: »Haben Sie geäußert, Pierre Chevallier sei Ihnen als Liebhaber Ihrer Frau immer noch angenehmer als viele andere Männer?«

ZEUGE: »Das habe ich nie gesagt.«

PRÄSIDENT: »Entsprachen Ihre Worte aber einem ähnlichen Sinn?«

ZEUGE, zögernd: »Ja.«

PRÄSIDENT, kopfschüttelnd: »Das ist unfaßbar. Wie konnten Sie als Ehemann und Vater in einem solchen Sumpf leben?«

ZEUGE: »Ich hatte für Pierre viele Sympathien. Und er störte mein Leben nicht.«

Monsieur schlägt die Augen nieder, als er sich umdreht und auf einer Bank Platz nimmt. So entgehen ihm die verächtlichen Blicke vieler Frauen unter den Zuschauern.

Ehe der Gerichtspräsident die Vernehmung der Angeklagten fortsetzt, läßt er weitere Zeugen auftreten, die darüber aussagen, wie deprimierend im Hause des Bürgermeisters die Situation für die betrogene Yvonne Chevallier war. Den frisch ernannten Minister schildern sie überwiegend als einen Mann des Erfolges, ohne jeglichen Tiefgang: zynisch, voller Hochmut, Ehrgeiz und Selbstsucht. Je höher er stieg, um so mehr demütigte er seine Frau, der er nicht verzieh, daß sie ihm nicht ebenbürtig war.

Sie dagegen, so ergibt sich aus allen Aussagen fast übereinstimmend, war ihm in sklavischer Liebe zugetan. Ein Zeuge sagt: »Sie liebte ihren Mann mehr als sich selbst.«

Aber – und das ist die entscheidende Frage des Prozesses: Warum tötete sie ihn dann?

Aus Rachsucht, mit kalter Überlegung, um ihm nicht der Rivalin zu gönnen – wie der Staatsanwalt meint? Oder in

einer jeden Gedanken auslöschenden Affekthandlung – wie sie es selbst in der Voruntersuchung dargestellt hat?
Um diese alles entscheidenden Fragen geht es, als der Gerichtspräsident ihre Vernehmung fortsetzt und sie über den Tag der Tat befragt.

Yvonne Chevallier schildert, wie ihr Mann am 12. August ins Haus kam, um Wäsche zu holen:
»Zehn Minuten vorher hatte er angerufen. Ich war froh, endlich wieder seine Stimme zu hören. Ich sagte: ›Oh, Pierre, ich gratuliere dir zu deiner Wahl zum Minister!‹ Er aber unterbrach mich: ›Laß den Quatsch. Ich komme gleich vorbei, um einen Koffer zu packen. Ich will verreisen, mich von dem ganzen Trubel erholen. Leg mir die guten Oberhemden und Wäsche heraus.‹ In diesem Moment war ich wieder voller Hoffnung. Ich zog mein schönstes Kleid an, drückte den Kindern kleine Blumensträuße in die Hände.«
PRÄSIDENT: »Und weiter?«
ANGEKLAGTE: »Pierre kam nach einer Stunde. Die Kinder, die ihn als ›Herr Minister‹ begrüßten, schob er achtlos zur Seite. Mich würdigte er kaum eines Blickes. Er ging hinauf in sein Schlafzimmer und begann eilig, seinen Koffer zu packen. Als ich ins Zimmer kam, um mit ihm zu reden, unterbrach er mich und sagte: ›Ich bin endgültig entschlossen, mich von dir scheiden zu lassen. Auch Jeanne läßt sich scheiden. Wir werden dann heiraten. Dich will ich nie wieder sehen.‹«
PRÄSIDENT: »Können Sie sich denn so genau an die Worte Ihres Mannes erinnern? Vielleicht waren sie nicht so brutal?«
ANGEKLAGTE: »Pierre ließ keinen Zweifel, daß er Jeanne Perreau heiraten wollte. Zuletzt sagte er: ›Ich bin jetzt Minister. Ich brauche eine Frau, die zu mir paßt. Du bist nur Ballast, den ich abwerfen werde ...‹ Das waren seine

Worte, vielleicht nicht ganz genau, aber doch sehr ähnlich.«

Präsident: »Und was geschah dann?«

Die Augen aller Anwesenden im Saal richten sich jetzt auf die Frau, deren weitere Schilderung ihr Schicksal entscheiden wird. Sie nimmt einen Schluck Wasser, ehe sie weiterspricht.

Angeklagte: »Ich fiel ihm zu Füßen. Ich umschlang seine Beine und sagte: ›Wenn du mich verläßt, Pierre, dann – dann bringe ich mich um...‹ Er aber riß sich los. Er rief: ›So ein Blödsinn! Das sagst du immer, aber du tust es nie!‹«

Präsident: »Sie gingen dann ins Badezimmer, um die Pistole zu holen?«

Angeklagte: »Er sagte noch: ›Töte dich doch. So töte dich doch endlich!‹ Wie hypnotisiert erhob ich mich. Ich dachte nichts mehr und fühlte nichts mehr. Ich gehorchte nur noch seiner Stimme, ging ins Bad und holte die Pistole.«

Yvonne Chevallier schluchzt, macht eine Pause, bevor sie auf Drängen des Gerichtspräsidenten fortfährt: »Ich zeigte ihm die Waffe. Er blickte mich mitleidlos an. ›Aha!‹ sagte er nur. ›Ja, damit geht es. Das ist sicher.‹ Noch einmal versuchte ich, alles zu retten. Verzweifelt sagte ich: ›Pierre, mein Liebling – noch kann alles gut werden. Ich liebe dich doch...‹ (erneutes Schluchzen). Da stieß er mich von sich. Er schrie: ›Versuch mich nicht zu erpressen! Nicht so! Bring dich endlich um. Aber mach es draußen oder warte so lange, bis ich aus dem Haus bin...‹«

Präsident, geduldig: »Ja. Und was geschah weiter?«

Angeklagte: »Alles ging dann blitzschnell. Ich sah mir noch einmal den Mann an, den ich so geliebt hatte und den ich immer noch liebte. Er wollte mich los sein. Ich dachte: Sicher heiratet er die andere sofort, wenn wir geschieden

sind – oder wenn ich tot bin . . . (lange Pause). Ganz automatisch hob ich die Pistole und schoß – aber nicht auf mich, sondern auf ihn . . .«
Der Verteidiger erhebt sich, stellt eine Frage, die für den Ausgang des Prozesses von entscheidender Bedeutung ist.
VERTEIDIGER: »Eigentlich wollten Sie nicht Ihren Mann, sondern sich selbst erschießen?«
ANGEKLAGTE: »Ja . . . Als ich dann sah, daß er blutend neben dem Koffer auf dem Boden lag, kam mir zu Bewußtsein, was da geschehen war . . .«
VERTEIDIGER: »Sie versuchten, sich selbst zu töten?«
ANGEKLAGTE, leise: »Ich hielt mir den Revolver vor den Kopf, drückte ab. Doch nichts passierte . . .«
VERTEIDIGER: »Fünf Kugeln waren im Magazin. Fünfmal hatten sie gefeuert. Sie begriffen in diesem Moment nicht, daß keine Kugel mehr in der Waffe war?«
ANGEKLAGTE: »Nein, alles ging so schnell . . . Es war eben eine Kugel zu wenig . . .«
Der Staatsanwalt greift jetzt in die Vernehmung ein. Er stemmt sich gegen das Gefühl des Mitleids, das immer stärker spürbar wird und sich positiv für die Verteidigung auswirkt.
STAATSANWALT: »Als sie schossen, war Ihr Motiv da nicht Rache?«
ANGEKLAGTE: »Wie meinen Sie das?«
STAATSANWALT: »Bei der Polizei haben Sie zu Protokoll gegeben: ›Ich dachte: Jetzt habe ich mich an der anderen gerächt – an Jeanne Perreau. Ich habe ihr das genommen, was sie am liebsten hatte. Ich aber habe noch meine beiden Kinder – meine kleinen Pierres. Sie waren wie er. Oh, ich besaß viel mehr als sie . . .‹«
VERTEIDIGER: »Diese Vernehmung war erst Wochen nach der Festnahme von Madame Chevallier. Sie hatte also Zeit, über alles nachzudenken. Was sie sagte, gibt also nicht

unbedingt genau das wieder, was sie im Augenblick empfand, als die Schüsse fielen. War es nicht so, Madame Chevallier?«

ANGEKLAGTE: »Ja. An Rache dachte ich nicht, als Pierre mir gegenüberstand.«

STAATSANWALT: »Wenn Sie zum Selbstmord entschlossen waren, hätten Sie die Waffe ja nachladen können. Haben Sie daran nicht gedacht?«

ANGEKLAGTE: »Doch ... Aber als die Sache in Pierres Schlafzimmer passiert war, kamen die Kinder herauf. Ängstlich blickten sie mich an. Ich küßte sie und wußte: Sie brauchen mich. Ich brachte sie zur Hausmeisterin. Sie sah in mein verstörtes Gesicht und fragte: ›Ist irgend etwas nicht in Ordnung?‹ Ich sagte: ›Ich habe meinen Mann getötet ...‹«

Handelte Yvonne Chevallier mit Vorbedacht oder im Affekt? Darüber müssen Richter und Geschworene befinden. Vorbedacht – dann kann das Urteil nur Lebenslänglich oder die Todesstrafe sein. Affekt – dann ist ein Freispruch möglich.

Dazwischen – zwischen Tod und Leben – pendelt noch die Waage, als der Generalstaatsanwalt sein Plädoyer beginnt. Hält er seine Mordanklage aufrecht?

Gespannt hören die Zuschauer, wie er sich mit den Gutachten der psychiatrischen Sachverständigen auseinandersetzt. Sie sind sich keineswegs völlig darüber einig, ob Yvonne Chevallier zur Zeit der Tat die Einsicht in ihre verbrecherische Tat fehlte. Glaubt man ihrer eigenen Schilderung, so waren bei der überaus hysterischen Frau, die sich an ihrer Lebensbasis getroffen fühlte, die Affekte so stark aufgestaut, daß sie bei der Entladung in einen Zustand der Bewußtlosigkeit oder der Bewußtseinsstörung geriet. Der Ankläger zeigt Verständnis für die verzweifelte, fast ausweglose Lage der Angeklagten, als er sagt: »Sie liebte ihren Mann, ja, sie vergötterte ihn und betete ihn an. Sie war ihm Geliebte und Dienerin zugleich, bereit, jederzeit alles für ihn zu tun.«

Er fährt fort: »Man muß die Angeklagte bedauern. Aber muß man sie deswegen freisprechen? Sie hat gehandelt, als ob ihr Glück die einzig wichtige Sache in der Welt sei. Sie hat es vorgezogen, ihrem Egoismus, ihrer Eifersucht und Verzweiflung einen zu den höchsten Hoffnungen berechtigenden Mann zu opfern. Sie, meine Herren Geschworenen, haben hier nicht einen Scheidungsfall zu beurteilen, sondern eine verhängnisvolle Bluttat. Der Ehebruch von Pierre Chevallier verdiente nicht den Tod. Das aber ist der Urteilsspruch, den Yvonne Chevallier über ihren Mann verhängt hat. Sie kann deshalb nicht freigesprochen werden!« Unter Berücksichtigung mildernder Umstände beantragt der Ankläger zwei Jahre Gefängnis.

Yvonne Chevallier kann aufatmen: Der Staatsanwalt hat die Mordanklage fallenlassen und nur auf Totschlag plädiert.

Ein geschickter Schachzug. Juristen meinten später, der Generalstaatsanwalt habe so milde gesprochen, um mit einem gemäßigten Strafantrag einem in der Luft liegenden Freispruch entgegenzuwirken. So habe er zum Beispiel wichtige Erkenntnisse der Gerichtsmedizin außer acht gelassen, die gegen Yvonne Chevallier sprachen. Zwei Schüsse hatte sie seitlich auf ihren Mann abgefeuert, zwei drangen in seinen Rücken ein, der fünfte Schuß durchschlug seinen Kopf. Die beiden dem Minister *nachgesandten* Schüsse und der Kopfschuß hätten durchaus als Beweise für den Willen der Angeklagten gelten können, zu töten. Der Ankläger aber verfolgte wegen der Sympathien für Yvonne Chevallier in der breiten Öffentlichkeit ein anderes taktisches Ziel.

Der Verteidiger hat es danach leicht. Er baut sein Plädoyer auf die Grundthese auf, daß in diesem Fall nicht die Mörderin, sondern der Ermordete schuldig zu sprechen sei. Beschwörend ruft er aus: »Diese Frau wollte niemals ihren Mann töten! Sie wollte in ihrer Not der zur Hölle gewordenen Ehe durch den Freitod entfliehen. Sie wollte im Tod die erlösende Ruhe finden. Wäre es nicht zu jener letzten Auseinandersetzung gekommen, bei der Chevallier eine unbeschreibliche Rohheit und Brutalität zeigte, so hätte es keinen Prozeß gegen Yvonne Chevallier gegeben – denn gegen Tote gibt es kein Strafgericht!« Nach einer Pause fügt er hinzu: »Und vergessen Sie eines nicht, meine Herren Geschworenen: Der Mann, der in jenem Fall in einem tiefsten Sinne seine Frau kaltblütig in den Tod getrieben hätte, würde nie angeklagt worden sein, weil eine Tote nicht mehr reden kann.« Für den Verteidiger gibt es nur ein gerechtes Urteil: Freispruch.

Die drei Richter und die sieben männlichen Geschworenen brauchen zur Beratung nur zwanzig Minuten. Sie beantworten die Frage ob Yvonne Chevallier schuldig sei, ihren Mann absichtlich getötet zu haben, einstimmig mit »Nein!«

Als am Abend des 7. November 1952 der Freispruch verkündet wird, brechen die Frauen im Gerichtssaal in wilde Ovationen aus. Vor dem Justizgebäude in Reims jubeln der verhärmten kleinen Frau viertausend Menschen zu. Sie muß sich wehren, um nicht im Triumphzug davongetragen zu werden. Die Menge, in der Frauen im Alter der fast vierzigjährigen Yvonne Chevallier überwiegen, feiert ein Volksfest.

Nach Meinung des Gerichts ist Yvonne Chevallier also keine Mörderin. Ihr Gewissen aber spricht sie nicht frei.

Es fällt ihr schwer, in das alte Leben zurückzufinden. Das

Gespenst ihres Mannes, die Leere der alten Wohnung, das Mitleid der Nachbarn und das Eingeständnis ihrer Schuld machen ihr dieses Leben zur Qual. Schließlich hält sie es nicht mehr aus. In einer Pariser Klinik nimmt sie ihre Studien wieder auf, die sie, als sie Pierre Chevallier heiratete, unterbrochen hatte. Mit dem Diplom der Leiterin einer Geburtsklinik fährt sie dann in die ehemalige französische Sträflingskolonie Guyana – in die freiwillige Verbannung.

Hier beginnt sie ihr zweites Leben, wird bald wegen ihrer Hilfsbereitschaft und Tüchtigkeit die beliebteste Frau der Kolonie. Eine stille, unermüdliche Betreuerin der leprakranken Kinder. Mit ihren beiden Kindern wohnt sie in einem kleinen flachen Haus in der Rue de la Republique Nr. 4 in Saint-Laurent-du-Maroni, der Hauptstadt von Guyana. Sie hat nur einen Wunsch, verrät sie Freunden: »Daß die Söhne so werden wie Pierre war – damals, als er mich noch liebte.«

3

Der Fall Ruth Ellis

Mein Leben für sein Leben

An dem kräftigen, mittelgroßen Mann, der mit seiner Reisetasche in Oldsham den Zug nach London besteigt, fallen vor allem seine hellen, blauen Augen auf. Das Blau hat etwas von der Weite, der Unendlichkeit des Meeres. Seeleute haben oft solche Augen. Neugierig fragt ihn sein Gegenüber während der Fahrt nach seinem Beruf.

»Ich bin Vertreter in Kinderspielsachen«, sagt freundlich der Mann.

»Eine beneidenswerte Tätigkeit.«

»Ja.«

»Etwas zu tun, was den Menschen Freude bringt.«

»Ja.«

»Sie müssen sehr zufrieden sein.«

»Das bin ich gewiß.«

Der Mann mit den hellen, blauen Augen lehnt sich im Polster zurück. Er ist tatsächlich ein zufriedener Mann, allerdings ist er kein Vertreter in Kinderspielsachen. Diese Auskunft war eine fromme Lüge, hinter der sich Albert Pierrepoint gerne versteckt. Warum soll er die Menschen auch mit der Wahrheit erschrecken? Wer sitzt schließlich gern einem Henker gegenüber, gar Englands Chefhenker?

An diesem Morgen des 12. Juli fährt er nach London, um zu töten – eine schöne, junge Frau. Im »Namen der Königin«.

Bei sich trägt er ein Telegramm des Innenministeriums. Es

enthält Ort und Uhrzeit der Hinrichtung sowie den Namen des Opfers: Ruth Ellis. Sie hat ihren Geliebten umgebracht.
Zufall, daß Pierrepoint sie persönlich kennt. Zusammen mit Freunden hatte sie ihn einmal in seiner Kneipe *Hilf dem armen Sünder* besucht, die er in Oldsham betreibt. Flüchtig erinnert er sich noch an sie: eine zierliche, junge Frau mit auffallend platinblondem Haar, großen, dunklen Augen und einem hübschen Puppengesicht. Ruth Ellis war aus purer Neugier, aus Nervenkitzel zur Kneipe des Henkers gefahren. Sie wollte ihm, wie so viele seiner Gäste, ganz nahe sein. Wie sollte sie damals ahnen, daß morgen, am Dreizehnten, Punkt neun Uhr, aus dem makabren Spiel tödlicher Ernst werden würde?
Nein, Mitleid hat der Mann im Zug nach London mit der Todeskandidatin nicht. Die leidenschaftliche öffentliche Diskussion um ihr Schicksal, ihre Schuld läßt Albert Pierrepoint kalt. In seinen Augen ist sie eine Mörderin. Was sie bewegte, als sie zur Pistole griff, um ihren Geliebten zu töten, interessiert ihn nicht. Seine Aufgabe ist nicht zu denken, sondern zu henken.
Kurz vor sechzehn Uhr betritt Pierrepoint das Holloway-Gefängnis in London. Der Pförtner grüßt ihn freundlich, und er grüßt freundlich zurück. Das Leben der Frau in der Todeszelle dauert jetzt nur noch Stunden.
Noch vor drei Monaten wäre schon der Gedanke an die düstere Welt der Gitter und Eisentüren für sie ein Alptraum gewesen. Aber dann kam jener Tag . . .

Ostersonntag 1955, 20.50 Uhr.
Vor dem Fenster der Magdala-Bar im Norden Londons taucht der Kopf einer platinblonden Frau auf. Von der Straße aus blickt sie ins Lokal. Kaum einer der Gäste nimmt Notiz von ihr. Sie scheint jemanden zu suchen.

Schließlich sieht sie ihn: Er steht an der Theke. Es ist der fünfundzwanzigjährige David Blakely, einer der reichsten und begehrtesten Junggesellen der Stadt. Breitschultrig, dunkelhaarig, ein Frauentyp.
Er ist nicht alleine. Neben ihm steht sein Freund Clive Gunnell. Die beiden Männer haben Bier und Zigaretten gekauft und trinken an der Bar noch einen Whisky. Auch sie sehen nicht das Gesicht der Frau, das von der Aufschrift *Weine* am Fenster halb verdeckt wird.
Um 21.15 Uhr verlassen die beiden das Lokal und steuern auf den Wagen Blakelys zu, der vor dem Lokal parkt.
»David!« ruft in diesem Moment die blonde Frau.
Blakely, in der einen Hand eine Bierflasche, in der anderen die Autoschlüssel, blickt sie nicht einmal an.
Da öffnet die Frau ihre Handtasche, holt einen Revolver heraus und zielt auf ihn.
Im Augenblick der Gefahr gibt es nur zwei Möglichkeiten: zu kämpfen oder zu flüchten. David Blakely flüchtet. Er läßt die Flasche fallen, läuft um seinen Wagen, will sich in Sicherheit bringen.
Zwei Schüsse peitschen auf.
Der junge Mann zuckt getroffen zusammen. Blut aus seinen Wunden tropft auf die hintere Stoßstange seines Wagens.
»Clive!« ruft er verzweifelt.
Sein Freund steht starr und hilflos. Er begreift zunächst nicht, was da vor seinen Augen passiert. Dann läuft er auf Blakely zu, der sich schmerzverzerrt zusammenkrümmt.
»Geh aus dem Weg, Clive!« schreit die Blondine ihn an. Und abermals feuert sie.
David Blakely stürzt. Er fällt auf sein Gesicht. Die Frau erreicht ihn, beugt sich über ihn. Und wieder zieht sie den Abzug ihrer Waffe durch. Die schwere .38er *Smith & Wesson* schwankt in ihrer Hand so sehr, daß eine Kugel den

Daumen einer Passantin trifft. Es ist die sechste Kugel, die sie abfeuert.
Das Stöhnen des Mannes am Boden, das Blut, das aus seinem Mund quillt, rührt sie nicht. Wieder und wieder läßt sie sinnlos den Abzugshahn der leergeschossenen Waffe zuschnappen.
Jetzt stürzen Gäste aus der Bar auf die Straße. Aber niemand wagt es, sich der blonden Frau, die ein graues Kostüm und einen grünen Rollkragenpullover trägt, zu nähern. Sie wendet sich an einen von ihnen. »Holen Sie die Polizei!«
Der Mann in ziviler Kleidung sagt: »Ich bin Polizeibeamter.«
Es ist der Polizei-Constable Alan Thompson von der Londoner Metropolitan-Polizei. Er verständigt sofort seine Kollegen und den Unfalldienst. Vier Minuten später fährt ein Ambulanzwagen vor. Sanitäter heben den blutenden Mann vom Straßenpflaster auf eine Bahre.
»Ist er tot?« fragt die Frau, die immer noch die Waffe in der Hand hält.
»Er ist tot«, sagt einer der Männer.
In einem Funkstreifenwagen bringt man die attraktive Blondine zur Hempstead-Polizeistation. Sie verlangt nach einer Zigarette.
Dann erklärt sie ruhig: Mein Name ist Ruth Ellis. Ich bin Fotomodell, achtundzwanzig Jahre alt und wohne in Kensington, Egerton Gardens Nr. 44. Ich habe David Blakely getötet. Ich wollte es!«

Bei diesem offenen Geständnis bleibt sie in allen Phasen der Voruntersuchung und schließlich auch in dem Mordprozeß, der Ende Juni 1955 unter Vorsitz von Richter Havers im berühmten Londoner Kriminalgericht *Old Baily* gegen sie eröffnet wird. Alle Beteiligten in diesem Verfahren gewinnen den Eindruck, daß sie von Anfang an bereit war, auf dem Schafott für ihre Tat zu sterben.

Im Mittelpunkt des Prozesses steht deshalb auch nicht der Schuldbeweis, sondern die Frage: Wie kam es, daß diese Frau schuldig wurde? Es geht um ihren Charakter und um ihr Leben, ebenso wie um den Charakter und das Leben des Mannes, den sie tötete. Welche Kräfte trieben diese beiden Menschen auf den Augenblick zu, an dem sechs Kugeln eine einst leidenschaftliche Liebe zerstörten? Und warum war die schöne, blasse Frau auf der Anklagebank nicht stark genug, diesen Kräften zu widerstehen?

Zum ersten Mal, so ergibt sich aus der Schilderung ihres Lebens, begegnete Ruth Ellis David Blakely im Dezember 1953 in einem Londoner Nachtlokal. Sie war damals siebenundzwanzig Jahre alt, er drei Jahre jünger. Er war betrunken, trug ein altes Sportjackett, ausgebeulte Flanellhosen, krakeelte herum und legte sich mit Gästen und den Barmädchen an.

VERTEIDIGER: »Sie hatten also keinen guten Eindruck von ihm?«

RUTH ELLIS: »Nein. Ich fragte einen Nachbarn: ›Wer ist denn dieser aufgeblasene Bursche?‹ Die Antwort lautete: ›Das ist David Blakely, der Rennfahrer.‹«

VERTEIDIGER: »Legte er sich auch mit Ihnen an?«

RUTH ELLIS: »Von der Theke her fragte er mich: ›Sie sind wohl auch eine dieser sogenannten Hostessen?‹ Ich sagte: ›Nein. Aber wenn Sie es genau wissen wollen: Ich bin auch eine Barfrau. Heute abend bin ich hier als Gast. Ich hoffe, Sie haben nichts dagegen.‹ Sonst wechselten wir an diesem Abend kein weiteres Wort miteinander.«

Zeugen sagen im Prozeßverlauf aus, daß David schon nach dieser ersten Begegnung bekannte: »Ich spürte sofort – das war eine Frau, die mir gefährlich werden konnte.« Und sie sagte zu Freunden: »Obwohl mir sein ganzes Benehmen mißfiel, war ich irgendwie von ihm fasziniert. Vielleicht aus Neugier.«

Das zweite Mal trafen sie sich in einer anderen Londoner Bar, dem *Little Club* in Knightsbridge, die Ruth Ellis als Managerin übernommen hatte. David war zufällig ihr erster Gast. An diesem Abend war er nüchtern, elegant gekleidet, höflich und sehr verlegen, als er sie wiedererkannte. Er wollte sich entschuldigen, doch lächelnd kam sie ihm zuvor. »Wenn ich mich recht erinnere«, sagte sie, »dann war ich neulich nicht sehr nett zu Ihnen.«

Ebenfalls lächelnd erwiderte er: »Na, von mir ganz zu schweigen!« Und etwas ernster, mit einem seltsamen intensiven Blick setzte er hinzu: »Wir müssen uns in Zukunft besser verstehen...«

Was sie damals empfand, schreibt Ruth Ellis später in ihren Erinnerungen in der Todeszelle: »Ich müßte lügen, wenn ich sagen würde, daß ich nach diesem zweiten Abend hoffnungslos in David Blakely verliebt war. Ich fand ihn interessant. Er hatte den Ruf, sich schwer von Frauen ›kriegen‹ zu lassen. Vielleicht war es gerade dieser Ruf, der mich zu ihm hinzog.«

Aber es war nicht nur dieser Ruf, nicht nur sein Aussehen, das sie wie magisch anzog.

Blakely gehörte zur High-Society. Damit verkörperte er all das, was sie bewunderte und ersehnte, was sie aber nie erreichen konnte.

Dave, wie seine Freunde ihn nannten, wurde in den vornehmsten Internaten erzogen. Er diente als Leutnant in einem Elite-Regiment der *Highland Light Infantery*, und zu seinen Regimentskameraden gehörte sogar ein Herzog. Den letzten gesellschaftlichen Schliff holte er sich als Manager-Volontär in den bekanntesten Londoner First-Class-Hotels. Eines dieser Hotels wollte ihm sein Stiefvater, Humphrey Cook, ein steinreicher Textilfabrikant, kaufen. Dave aber gefiel das Hotelgewerbe nicht. Ihn interessierte mehr das

Hobby seines Stiefvaters, der Rennwagen baute. Mister Cook hatte rund eine Million Mark in die Entwicklung eines eigenen Modells gesteckt. Daves Ehrgeiz war es, diesen neuen Wagen in großen Rennen zu fahren. Der Rausch der Geschwindigkeit lag ihm im Blut. Seine drei Brüder waren begeisterte Privatflieger, und Dave wurde ein glänzender Rennfahrer.

Als er Ruth Ellis kennenlernte, war er verlobt. Standesgemäß – mit Linda Dawson, der Tochter eines wohlhabenden Wollfabrikanten. Im November 1953 war die Verlobung in der *Times* bekanntgegeben worden.

Auf den ersten Blick trennten ihn von der hübschen, blonden Barfrau Welten.

Sie stammte aus bescheidenen, kleinbürgerlichen Verhältnissen. Als Ruth Neilson wurde sie am 9. Oktober 1926 in Rhyl, North Wales, geboren. Schon in ihrer Jugend war sie ungewöhnlich hübsch. Ihr Vater, Arthur Neilson, arbeitete als Cellist auf Kreuzfahrtschiffen. Wenn er von seinen Reisen zurückkehrte, lauschte Ruth begierig seinen Erzählungen. Er berichtete vom glanzvollen gesellschaftlichen Leben an Bord, von den eleganten Frauen und Männern, von ihrer Kleidung, ihren Festen, ihren Romanzen, vom *Captain's dinner* und Cocktailpartys.

Ruth begann, ihren eigenen Traum von dieser großen Welt zu träumen – ein Traum, der sie zuerst David Blakely und dann dem Henker in die Arme treiben sollte.

Etwas von diesem Traum verrät ihre Mutter, eine vergrämt wirkende Frau im billigen Dutzendkleid, als sie aussagt: »Als junges Mädchen hat Ruth es schon nicht mehr bei uns ausgehalten. Es war ihr zu armselig. Wenn sie später auf Besuch kam, und wir stellten Bier auf den Tisch, sagte sie: ›Warum nicht Champagner?‹ Wenn ich ihr vorhielt, der gerade Weg sei der beste, sagte sie: ›Ich werde den geraden Weg gehen – aber ich werde ihn abkürzen.‹«

Dieser Satz ist ein wichtiger Schlüssel zu der Tragödie. David Blakely schien für sie der Mann zu sein, der ihr zum *abgekürzten* Weg verhelfen konnte.
Die nächsten Zeugen, die auftreten, charakterisieren mit ihren Ausagen noch einmal die Kindheit und Jugend der Angeklagten. Daraus wird deutlich, daß in der Entwicklung der Ruth Ellis schon frühzeitig zwei Wesenszüge hervortraten: ihr Mut und ihre unbeirrbare Entschlossenheit, eine Sache durchzustehen – notfalls bis zum bitteren Ende.
Ein Beispiel für ihren Mut: Anfang 1941 zerstörte eine Brandbombe das Haus ihrer Eltern. Ruths Vater wurde unter den Trümmern begraben. Während die Nachbarn ängstlich und tatenlos herumstanden, drang Ruth in die rauchende Ruine ein.
»Mit ihren Händen begann sie dort zu graben, wo sie ihren Vater vermutete«, schildert ein Zeuge. »Sie fand ihn, rief um Hilfe und wich nicht von seiner Seite, bis Helfer ihn aus seiner verzweifelten Lage befreit hatten. Er lebte. Ruth war damals ein Mädchen von vierzehn Jahren. Ich habe niemals einen Menschen gesehen, der angesichts des Todes mutiger handelte als sie.«
Ihre Entschlossenheit, auch schwierige Situationen durchzustehen, zeigte sich beispielsweise bei ihrer ersten Liebesaffäre.
Sie verliebte sich in einen kanadischen Sergeanten namens Clare. Er versprach ihr die Heirat, und sie wurde von ihm schwanger. Durch einen Brief an seinen Kommandanten erfuhr sie dann, daß Clare schon verheiratet und Vater von zwei Kindern war.
Eine Welt stürzte für sie ein. Sie weinte einige Tage und Nächte lang. Etwas in ihr zerbrach. Doch sie lehnte Clares Angebot ab, sich ihretwegen scheiden zu lassen. Und sie dachte nicht einen Augenblick daran, sich ihres unerwünschten Kindes zu entledigen.

Ihre Mutter als Zeugin: »Ruth hat einen solchen Schritt niemals erwogen, obwohl es Mittel und Wege gegeben hätte. Sie wollte das Kind des Soldaten, ihr Kind, zur Welt bringen.«

Am 15. September 1944 wurde ihr Sohn Clare Andria Neilson geboren. Sie war eine rührende Mutter, doch etwas in ihr hatte sich verändert.

Ruth Ellis: »Ich hatte kein Gefühl für Männer mehr. Das Leben schien nicht mehr lebenswert. Äußerlich erschien ich heiter. Aber innerlich war ich kalt und ausgebrannt.«

Damals fing sie an, den *shortcut* zu gehen, den abgekürzten Weg nach oben.

Während sie ihren Eltern erzählte, sie arbeite in einer Fabrik, arbeitete sie als Mannequin in einem Modesalon. Außerdem wurde sie Modell in einem zwielichtigen Fotografen-Club. Für ein Pfund pro Stunde posierte sie nackt vor zwanzig Männern – alles Amateurfotografen. Dem Leiter des Clubs, einem unseriösen ehemaligen Fotoreporter, stellte sie sich schließlich auch für die Produktion von *French postcards* zur Verfügung, sehr offenherzige, zum Teil pornografische Bilder. Das war so einträglich, daß sie ihren Job im Modehaus aufgab und zusammen mit einer Freundin ein elegantes Appartement mietete. Hier empfing sie wohlhabende Männer, denen sie ihre Liebesdienste verkaufte.

Nein, »schlecht« war sie nicht, sagen übereinstimmend die Zeugen. Sie habe sich eigentlich nach Bürgerlichkeit gesehnt, sei ihr aber gleichzeitig fast ängstlich ausgewichen. Sie sei hin- und hergerissen worden auf ihrem *direkten* Weg nach oben.

Das zeigte sich auch, als sie sich in der Bar *Court Club* als Club-Hostesse, als Bardame, anstellen ließ. Für fünf Pfund die Woche und zehn Prozent Umsatzbeteiligung.

Im Sommer 1950 setzte sie sich zu einem Mann an den

Tisch, der schon häufiger Gast im Club war, aber immer nur bescheiden ein Bier trank. Der Mann hieß George Ellis, ein einundvierzigjähriger Dentist aus Sandersteade. Er erzählte ihr von seiner Praxis, seinen beiden Söhnen und von seiner gescheiterten, inzwischen geschiedenen Ehe. Auch sie erzählte von sich, von ihrer unglücklichen Liebe und ihrem unehelichen Kind.

An einem Herbstabend fragte Ellis sie ganz überraschend: »Wie wär's – wollen Sie mich heiraten, Ruth?«

Sie überlegte eine Stunde. Dann sagte sie: »Ja – wenn Sie wirklich wollen, George.«

Am 8. November 1950 heirateten sie. Doch die Ehe ging nicht gut. Obwohl sie ein Kind von ihm erwartete, verließ Ruth ihren Mann und kehrte zu ihren Eltern zurück. Am 2. Oktober 1951 wurde sie von einer sieben Pfund schweren Tochter, Georgina, entbunden.

Über das Scheitern der Ehe sagt George Ellis vor Gericht: »Sie war eine musterhafte Mutter. Sie hat versucht, sich mit dem bescheidenen Leben abzufinden, das ich ihr bieten konnte. Aber im Grunde haßte sie wohl unsere kleine Drei-Zimmer-Wohnung, die Küchenarbeit und die Kinobesuche am Samstag. Als ich mit der Nachricht heimkam, daß ich einen Posten als Schularzt in der Provinz annehmen wollte, war alles aus. Sie hatte andere Träume ... Am nächsten Tag fand ich ihren Abschiedsbrief. Sie war fort.«

Ähnlich schildert Ruth Ellis es dem Richter: »Unser Zuhause unterschied sich kaum von dem meiner Eltern. Wie oft stand ich vor dem häßlichen altmodischen Spiegel in unserem Schlafzimmer, musterte mich und sagte mir: ›Du bist noch jung und schön. Du darfst hier nicht versauern.‹ Ellis war ein guter Mann. Doch ich mußte ihn verlassen!«

Nach längerer schwerer Krankheit nahm sie wieder einen Job in einer Bar an. Sie sagt: »Ich hatte nun für zwei Kinder zu sorgen. Nirgendwo konnte ich mehr verdienen.«

Über dem *Little Club* in Knightsbridge, in dem sie nun arbeitete, bezog sie eine Zwei-Zimmer-Wohnung. Ihre Kinder, die bei einer befreundeten Familie lebten, wollte sie bald zu sich holen.
Es ging ihr wieder gut. Die Männer mochten sie, machten ihr teure Geschenke. Einer ihrer Verehrer schenkte ihr ein Rennpferd, das aber niemals ein Rennen gewann. Sie gab es ihm schließlich zurück: Der Unterhalt wurde ihr zu teuer. Ein anderer Freund schenkte ihr im Sommer 1953 tausend Pfund, weil sie die beste Gefährtin gewesen sei, die er je gehabt habe. Aber ihr Ziel, irgendwo oben in der Gesellschaft anzukommen, hatte sie noch nicht erreicht.

Als sie dann David Blakely kennenlernte, meinte sie, endlich den gesuchten Märchenprinzen gefunden zu haben. Was sie nicht wußte: Der junge Mann aus gutem Hause, der gefeierte Rennfahrer, befand sich auf dem Weg nach unten. Hinter der glänzenden Fassade verbarg sich ein psychisch und physisch verbrauchter Mensch. Ein schwerer Alkoholiker, der schon einen beträchtlichen Teil des väterlichen Vermögens vertrunken hatte. Alkohol, Mädchen und Rennen – das waren die labilen Pole seines Lebens. Bei Ruth Ellis, die ihn schon torkelnd erlebt hatte, riß er sich zusammen. Er wollte die Frau, von der ein gewisser Zauber auf ihn ausging, für sich gewinnen. Abend für Abend besuchte er sie, zeigte sich dabei von seiner besten Seite.
Nach etwa zwei Wochen lud Ruth Ellis eine der Bardamen nach Feierabend auf einen Drink in ihre Wohnung ein.
»Laden Sie mich denn nicht auch ein?« fragte David.
Darauf Ruth: »Wenn Sie wollen, bitte, Mister Blakely.«
Lächelnd erwidert er: »Und ob ich will!«
Er blieb noch, als Ruths Kollegin schon gegangen war. Ruth vor Gericht: »Ich liebte ihn noch nicht. Aber als ich

in jener Nacht mit ihm alleine war, fühlte ich plötzlich, daß ich ihm nicht länger widerstehen konnte. Ich hatte das Spiel verloren.«

Die beiden so ungleichen Menschen hatten sich gefunden: Ruth, die Frau aus der Halbwelt, die ganz nach oben wollte – und David, der Mann aus der großen Welt, der haltlos und labil, Stufe um Stufe nach unten sank. »Wir schienen wie füreinander geschaffen«, sagt Ruth Ellis leise in die Stille des Gerichtssaals.

Die Beziehungen der Liebenden wurden von Anfang von ihren Komplexen überschattet. Ruth litt unter dem Gedanken, dem attraktiven, drei Jahre jüngeren Mann in sozialer und geistiger Hinsicht nicht ebenbürtig zu sein. David peinigte der Gedanke, daß Ruth in ihrer Bar auch anderen Männern schöne Augen machte. Das verletzte seinen Stolz. Jeder Mensch, der liebt, eifert danach, den anderen ganz zu erfüllen und ganz zu besitzen. Da Ruth David nicht ganz erfüllen, er sie nicht ganz besitzen konnte, kam es immer wieder zu Mißtrauen und Streit. »Sie schlugen und vertrugen sich«, sagt ein Zeuge aus. Bald wurde das Schlagen häufiger als das Vertragen.

Als Ruth zu Davids Geburtstag in ihrer Bar eine Party gab und er um Stunden zu spät kam, ging sie zornentbrannt mit einer Whiskyflasche auf ihn los. Er parierte den Schlag, schnitt sich dabei aber die Ader auf. Er blutete stark. Außer sich vor Wut, warf er mit Gläsern nach ihr.

Einige Tage später verriet er ihr den Grund seiner Verspätung: »Ich habe meine Verlobung mit Linda Dawson aufgelöst.« Ruth Ellis triumphierte: Sie, das Mädchen aus einfacher Familie, die Barfrau, hatte über die standesgemäße Rivalin gesiegt! Ihr Triumph war vollkommen, als David sie einige Tage später in die Arme nahm und ihr erklärte: »Ruth, wir müssen heiraten. Nur du kannst mich glücklich machen. Ich kann ohne dich nicht leben!«

Ruth Ellis: »Das waren die Worte, auf die ich so sehnsüchtig gewartet hatte...«
Als dann im August 1954 ihre Scheidung von George Ellis ausgesprochen wurde, stand ihrem Glück scheinbar nichts mehr im Wege.
David bat sie, ihre Verlobung mit ihm geheimzuhalten. Er sagte: »Meine Familie soll vorläufig nicht wissen, daß ich eine Barfrau heirate.« Ein Kenner der Tragödie meinte später: »Er schämte sich seiner Liebe zu Ruth, weil diese Liebe für ihn das Symbol seines eigenen Abstiegs war.«
Ruth aber sah in ihrer Liebe zu dem reichen Playboy und Rennfahrer das Symbol ihres endgültigen Aufstiegs. Sie war ihrem Ziel, zur feinen Gesellschaft zu gehören, ganz nahe gekommen.
Um so härter traf es sie, als sie merkte, daß David gar nicht daran dachte, sein Heiratsversprechen einzulösen. Seine nächtlichen Besuche bei ihr wurden immer seltener, und wenn er kam, dann war er meistens betrunken.
Als sie eine Fehlgeburt hatte und mit Fieber krank im Bett lag, kümmerte er sich kaum um sie. In dieser Zeit begann er, wieder alleine auszugehen, und schließlich nahm er Ruth auch nicht mehr mit zu seinen Rennen. Aber sie war entschlossen, um ihn zu kämpfen. Notfalls bis zum bitteren Ende.
»Wenn ich einmal erfahren sollte, daß Dave mich betrügt«, sagte sie einem Freund, »dann werde ich ihn umbringen!«
Sie erfuhr es Karfreitag 1955. Und sie zögerte nicht, die Konsequenzen zu ziehen.

David Blakely mußte geahnt haben, was seine heißblütige Geliebte bewegte.
»Ich möchte mit Ruth Schluß machen. Aber ich wage es nicht – sie ist unberechenbar!« vertraute er Freunden an. Als die ihn auslachten, fuhr er düster fort: »Ihr kennt sie nicht. Ihr wißt nicht, wozu diese Frau fähig ist.«

Die Freunde wußten, daß er kein Feigling war. Zweimal hatte er sich mit seinem Wagen überschlagen, doch jedesmal hatte er sich wieder hinters Steuer gesetzt. Wenn ein solcher Mann sich vor einer Frau fürchtet, dann sicher nicht ohne Grund. Aber schließlich überwand Dave seine Angst. Er war es leid, daß Ruth ihn ständig kontrollierte, ihm nachspionierte, ihm Szenen machte. Er wollte seine alte Freiheit zurückhaben – und er nahm sie sich.

Karfreitag 1955 verließ er das Hotelzimmer, das er mit Ruth als Herr und Frau Blakely bewohnte. Er wollte mit seinem Freund Findlater neue Teile für einen Rennwagen kaufen und abends um acht Uhr zurück sein. Ruth wartete bis um neun. Dann rief sie Findlater an. Der erklärte: »Dave ist hier schon lange weggefahren.«

Besorgt fragte sie: »Hat er auch nicht getrunken. War er in Ordnung?«

Findlater, lachend: »Vollkommen in Ordnung!«

Vor Gericht gibt er zu, daß er Ruth Ellis belogen hatte. David Blakely war zu diesem Zeitpunkt noch in seiner Wohnung. Er wollte Ostern bei den Findlaters verbringen, seine eifersüchtige Freundin aber sollte das nicht wissen.

Ruth ließ sich jedoch nicht täuschen. Mit der Sensibilität einer liebenden Frau hatte sie längst gespürt, daß zwischen ihr und Blakely vieles anders geworden war. Daß er sich immer mehr von ihr abwandte, sich ihr entzog. Aber Ruth wollte sich nicht damit abfinden. Um ihn zu halten, hatte sie sogar ihren gutbezahlten Job aufgegeben.

Sie glaubte Findlater nicht. Um ein Uhr nachts nahm sie sich ein Taxi und fuhr zu dessen Wohnung, Tanza Road Nr. 29, im Künstlerviertel Hampstead. Vor der Tür stand Davids Wagen, ein graugrüner Jaguar.

Sie klingelte, doch niemand öffnete. Deutlich hörte sie im Haus Davids Stimme. Sie begann, auf der Straße zu lärmen, machte einen Höllenspektakel, der einen Polizisten anlockte. David kam jedoch nicht heraus.

Ruth Ellis fuhr ins Hotel zurück. Sie schlief nicht, sondern saß, sich ihren dunklen Gedanken überlassend, auf einem Stuhl. Am nächsten Morgen fuhr sie wieder zum Haus Findlaters. Aus einer Toreinfahrt beobachtete sie den Eingang.

Ruth Ellis später während des Polizeiverhörs: »Da sah ich David mit den Findlaters und ihrem sehr hübschen Kindermädchen auf die Straße kommen. Sie fuhren in Findlaters Wagen fort. David und das Kindermädchen saßen zusammen auf dem Rücksitz.«

Voller Haß und Eifersucht ging Ruth fort, kehrte aber am Abend wieder zurück. Aus der Wohnung der Findlaters hörte sie Musik und Frauenlachen. Man feierte eine Party. David trat mit einem jungen Mädchen auf die Straße, Arm in Arm. Sie stiegen in seinen Wagen und kamen nach einer Weile zurück. Die Party dauerte bis weit nach Mitternacht. Dann sah Ruth, wie im Zimmer des Kindermädchens die Rolläden heruntergelassen wurden, wie das Licht verlöschte.

»Ich fühlte mich elend«, schreibt sie nach dem Prozeß in ihren Erinnerungen in der Todeszelle. »Vielleicht war das hübsche Kindermädchen Davids neue Flamme . . . Als ich in mein Zimmer zurückkehrte, hatte ich Schüttelfrost. Ich setzte mich und dachte über die Ereignisse der letzten zwei Jahre nach. Es waren deprimierende Gedanken. Als ich mich in David verliebte, war ich die erfolgreiche Managerin eines gutgehenden Clubs. Ich hatte Bewunderer, Geld auf der Bank und eine reizende Wohnung. Alles, was ich jetzt hatte, war kein Geld, keine Arbeit und einen Mann, der sich nicht um mich kümmern wollte. Ein Mann, der mich schlug und beleidigte.«

Der nächste Tag war der Ostersonntag. Sehnsüchtig wartete sie auf einen Anruf Davids. Vergeblich.
»Da ging ich zu meinem Kleiderschrank, in dem ich unter meiner Wäsche einen Revolver aufbewahrte«, gab sie Stunden später der Polizei zu Protokoll. »Diese Waffe hatte mir vor drei Jahren im Club ein Mann gegeben, als Pfand für Geld, das er mir schuldete. Ich steckte den Revolver in die Handtasche, mit der Absicht, David zu töten.«
Mit Hilfe der Aussagen der Angeklagten und der Zeugen entsteht vor Gericht der minutiöse Stundenplan des Mordes.
18.50 Uhr: Ruth rief Desmond Cussen an, einen alten Freund, zu dem sie sich immer flüchtete, wenn sie mit Dave Schwierigkeiten hatte.
Ruth: »Ich muß unbedingt Blakely sehen. Er ist auf einer Party in der Tanza Road. Bitte, fahre mich hin!«
Cussen: »Okay. In zehn Minuten bin ich bei dir.«
19 Uhr: Ruth war noch nicht mit dem Schminken fertig, als Cussen vorfuhr. Er kam zu ihr ins Zimmer.
19.30 Uhr: Ruth fuhr mit dem Freund los, Richtung Hampstead. Es war ein milder Aprilabend, die Londoner kehrten von ihrem Osterspaziergang zurück. Ruth bemerkte sie nur flüchtig. Sie umkrampfte den Revolver, Marke *Smith & Wesson*, Kaliber 38, in ihrer Handtasche.
20 Uhr: Cussen hielt vor dem Haus Tanza Road Nr. 29. Davids graugrüner Wagen war nicht da.
20.15 Uhr: Ruth Ellis stieg aus. Dave konnte ihrer Meinung nach nicht weit weg sein. Vielleicht in einem Lokal in der Nähe. Sie machte sich auf die Suche.
20.50 Uhr: Sie entdeckte Daves Wagen vor der Magdala-Bar, keine vierhundert Schritte von der Wohnung der Findlaters entfernt. Durch die Scheibe blickte sie ins Lokal. Und sie erkannte Dave, wie er zusammen mit seinem

Freund Clive Gunnell trinkend an der Theke stand. Daraufhin postierte sie sich vor der Bar.
21.15 Uhr: Blakely und Gunnell traten auf die Straße. Beide trugen Bierflaschen in der Hand. Gunnell ging voran, auf den Wagen zu. David nestelte die Autoschlüssel aus der Tasche.
»David!« rief Ruth.
David Blakely reagierte nicht, blickte sie nicht einmal an.
21.16 Uhr: Ruth trat auf ihn zu, öffnet ihre Handtasche, zog den Revolver. David ließ die Bierflasche fallen, flüchtete, wollte sich hinter seinem Wagen in Sicherheit bringen.
21.17 Uhr: Ruth folgte ihm, feuerte rasch hintereinander sechs Schüsse ab. Fünf Kugeln trafen David Blakely. Er blutete, fiel aufs Gesicht.
21.18 Uhr: Gäste stürzten aus der Bar auf die Straße. Ruth sagte: »Rufen Sie die Polizei!«
21.22 Uhr: Ruth Ellis hielt immer noch die Waffe in der Hand, als ein Streifenwagen eintraf. David Blakely war tot ... Ruth Ellis ließ sich widerstandslos abführen.
21.40 Uhr: Ruth legte auf der Polizeiwache ein volles Geständnis ab, bekannte offen: »Ich habe David Blakely getötet. Ich wollte es.«

Zu diesem entscheidenden Tatkomplex wird Desmond Cussen, der letzte Begleiter von Ruth Ellis, vernommen. Ein mittelgroßer, rundlicher, unauffälliger Mann.
Als erster nimmt Staatsanwalt Claxton ihn ins Kreuzverhör. Er läßt sich schildern, wie Cussen zum Schluß die Beziehung zwischen David Blakely und der Angeklagten erlebte.
ZEUGE: »Das Verhältnis zwischen den beiden war unerträglich geworden. Sie versuchten, voneinander loszukommen.«

STAATSANWALT: »Wer versuchte, vom anderen loszukommen?«
ZEUGE: »Beide.«
STAATSANWALT: »Erlebten Sie nicht einmal, daß Blakely in Ihrer Gegenwart auf Ruth einschlug?«
ZEUGE: »Ja.«
STAATSANWALT: »Ließen Sie das so ohne weiteres geschehen?«
ZEUGE zögernd: »Ich dachte, es würde ihr gut tun. Ich meine: Sie würde zur Besinnung kommen und Blakely endlich aufgeben.«
Rechtsanwalt Shaw, einer der drei Verteidiger von Ruth Ellis, erhebt sich, tritt auf den rundlichen Mann im Zeugenstand zu, fixiert ihn scharf.
VERTEIDIGER: »Waren Sie nicht auch zugegen, als Mrs. Ellis einmal mit einer Flasche auf Blakely einschlug und ihn dabei verwundete?«
ZEUGE: »Ja. Sie war genauso eifersüchtig auf ihn wie er auf sie.«
VERTEIDIGER: »Wenn Sie also ihre hysterischen Reaktionen kannten, Herr Zeuge, muß ich Sie fragen, ob Sie am Mordsonntag nicht ahnten, was sich ereignen würde, als Sie die aufgeregte Mrs. Ellis, die Sie verzweifelt angerufen hatte, abholten?«
Während Desmond Cussen die Antwort überlegt, springt Staatsanwalt Claxton auf.
STAATSANWALT: »Einspruch! Die Frage ist nicht zulässig. Sie hat nichts mit der Tat zu tun.«
Der Richter läßt die Frage nicht zu. Eine andere aber kann Anwalt Shaw nicht verhindern. Der Ankläger stellt sie Ruth Ellis.
STAATSANWALT: »Was war Ihre Absicht, als Sie den Revolver auf David Blakely abfeuerten?«
Von der Antwort auf diese Frage, das weiß jedermann in

dem dunkelgetäfelten Saal von *Old Baily*, hängt das Leben der Angeklagten ab. Das englische Recht kennt – im Gegensatz zum französischen – keine Milde für Verbrechen aus Leidenschaft. Gleichgültig aus welchem Motiv jemand das tut: Wer eine Waffe zur Hand nimmt, um einen anderen »zu töten oder ihm körperlichen Schaden zuzufügen«, handelt aus Vorsatz und erfüllt damit den Tatbestand des Mordes. Gibt Ruth Ellis – wie schon in der Voruntersuchung – auch hier den Vorsatz zu, ist ihr Kopf kaum noch zu retten.

Ruth Ellis spürt, wie sich die Blicke aller, neugierig oder teilnahmsvoll, auf sie richten. Ihr schwarzes Kostüm, das sie an diesem Tag trägt, läßt ihr platinblondes Haar noch heller erscheinen. Für einen Augenblick verliert ihr Gesicht die kühle, maskenhafte Glätte. Aber sie überlegt nicht lange, ehe sie antwortet.

RUTH ELLIS, fest und bestimmt: »Das ist doch ganz klar – ich schoß, um ihn zu töten!«

Ein Raunen und Seufzen geht durch den Saal. Diese Antwort grenzt an Selbstmord! Richter Havers, der Vorsitzende, hat Mühe, die Ruhe wieder herzustellen. Dann greift er selbst in die Verhandlung ein. Allem Anschein nach will er der Angeklagten, die sich da um ihr Leben redet, eine goldene Brücke bauen.

VORSITZENDER: »David Blakely hatte Ihnen vor einiger Zeit doch ein Heiratsversprechen gegeben?«

RUTH ELLIS: »Ja.«

VORSITZENDER: »Haben Sie ihn getötet, weil er dieses Versprechen gebrochen hat?«

RUTH ELLIS: »Nein, ich habe ihn getötet, weil ich ihn liebte . . .«

Der greise Richter zuckt hilflos die Schultern. Sekundenlang sieht er der Angeklagten in die Augen. Dann erteilt er ihrem zweiten Anwalt, dem berühmten Strafverteidiger

Melford Stevenson, das Wort. Der will seine Mandantin davor retten, in einem Akt der Selbstvernichtung ihr Leben einfach wegzuwerfen. Er schickt den Arzt und Psychiater Dr. Duncan Whittacker in den Zeugenstand, um die Motive und Triebfedern der Ruth Ellis aufzuhellen.

»Liebe und Haß«, so erklärt der Psychiater den Geschworenen, »sind nur zu oft eng miteinander vermischt. So kommt es gerade unter Liebenden zu den furchtbarsten Wortwechseln. Die Liebe zu einem Mann bedeutet einer Frau so viel, daß es – wenn sie erst einmal ihr Herz verschenkt hat – für sie schlimmer ist als der Tod, wenn sie seine Liebe verliert. Frauen lieben tiefer und echter als Männer. Ruth Ellis war völlig bei Sinnen, als sie schoß. Möge ihre Tat all den Männern als Warnung dienen, die glauben, mit der Liebe der Frauen spielen zu können!«

Wie auch die übrigen Sachverständigen kommt er allerdings zu dem – rechtlich bedeutsamen – Schluß, daß sie für ihre Tat vollkommen zurechnungsfähig sei.

Staatsanwalt Claxton fordert in seinem Plädoyer, für die Öffentlichkeit nicht überraschend, die Todesstrafe für Ruth Ellis. Verteidiger Stevenson versucht in seinem Schlußvortrag, an die Ritterlichkeit der Geschworenen, an ihr männliches Verständnis zu appellieren, als er mit ausgebreiteten Armen ausruft: »Ruth Ellis tötete ihren Geliebten aus Eifersucht. Tötung aus Eifersucht ist aber nie und nimmer Mord!«

Richter Havers schüttelt bei diesen Worten den Kopf. Sein Gesicht unter der weißen Perücke wirkt unbewegt, als er – wie bei der englischen Justiz üblich – im Anschluß an die Plädoyers die Geschworenen, alles juristische Laien, belehrt. Eine solche Belehrung bedeutet zumeist eine Vorentscheidung für den Spruch der Jury und damit für das Schicksal eines Angeklagten.

Wer von Havers Milde erwartet hat, sieht sich getäuscht.

Unbeeindruckt von der Gegenwart der schönen Frau auf der Anklagebank sagt er: »Mrs. Ellis hat uns gesagt, daß sie sechs Schüsse auf David Blakely abgegeben habe, weil sie annahm, der erste Schuß habe nicht getroffen. Das soll uns erklären, warum sie sämtliche Patronen verschossen hat. Bedeutet das aber nicht gleichzeitig, daß sie David Blakely um jeden Preis töten wollte?«

Ein Plädoyer, wie es der Verteidiger gehalten habe, fährt der Richter fort, sei in England nicht zulässig. Das englische Recht kenne keinen Mord aus Eifersucht. »Wir kennen zwar die Verwüstungen, die Eifersucht in einer Menschenseele anrichten kann – aber unser Gesetz akzeptiert das nicht als Entschuldigung. Selbst dann nicht, wenn sie – wie etwa im Fall des bewiesenen Ehebruchs – begründet sein sollte.«

Der Richter appelliert an die Geschworenen, sich nicht von moralischer Entrüstung leiten zu lassen. Etwa von der Tatsache, daß Ruth Ellis eine Reihe von Geliebten hatte oder sich als verheiratete Frau einen Geliebten nahm. Für ihr Urteil hätten nur rechtliche Gesichtspunkte zu gelten.

Zum ersten Mal zeigt Ruth Ellis Nervosität, als der Richter zum Abschluß unerbittlich sagt: »Ich glaube der Angeklagten. Auch Sie, meine Damen und Herren Geschworenen, haben meiner Meinung nach den Eindruck gewinnen können, daß sie nach bestem Wissen und Gewissen die Wahrheit sagte. Wenn wir Mrs. Ruth Ellis Glauben schenken, müssen wir zu dem Schluß gelangen, daß sie den Mord an David Blakely vorsätzlich, in der Absicht, ihn zu töten oder ihm schweren körperlichen Schaden zuzufügen, begangen hat.« Ruth Ellis blickt zu Boden. Sie weiß, was diese Worte für sie bedeuten.

Als sich das Gericht zur Beratung zurückzieht, verlassen viele Menschen den Saal, um an diesem warmen Junitag in einem der Pubs in der Nachbarschaft etwas Erfrischendes

zu trinken. Als die Geschworenen nach einer Beratung von nur vierundzwanzig Minuten zurückkehren, ist der Saal fast leer. Der Obmann verkündet den Spruch der Jury: »Schuldig!«
Keiner der zwölf Geschworenen, zehn Männer und zwei Frauen, blickt die platinblonde Angeklagte an, als der Richter unmittelbar darauf seine schwarze Kappe auf die weißgepuderte Perücke stülpt. Dann spricht er die traditionelle Urteilsformel:
»Ruth Ellis, dieser Gerichtshof hat Sie eines furchtbaren Verbrechens für schuldig befunden. Das Urteil lautet: Man bringe Sie von diesem Ort zu einem Gefängnis der Justiz. Von dort führe man Sie zum Richtplatz, wo man Sie am Halse aufhängt, bis der Tod eintritt ... Möge der Herr sich Ihrer Seele erbarmen. Amen!«
Ruth Ellis steht aufrecht. Mit unbewegter Miene.
Der Gefängniswagen, der sie zum Frauengefängnis Holloway bringt, ist grün – so grün wie der Rennwagen David Blakelys, den er stolz *Ruth* genannt hatte. Doch nun ist Dave tot ... Erschossen von ihrer Hand ... Und sie muß mit ihrem Leben dafür büßen.

Bis zuletzt weigert sie sich, ein Gnadengesuch einzureichen. Ihren Freunden schreibt sie: »Ich habe mich nicht verteidigt, denn ich sage: Mein Leben für sein Leben!«
Auch in dieser verzweifelten Situation beweist sich wieder einmal ihre mutige Entschlossenheit, Konsequenzen zu ziehen.
Ihre Hinrichtung wird auf den 13. Juli 1955, neun Uhr, festgesetzt. Aber während sie in der Todeszelle gefaßt ihr Schicksal erwartet, setzt sich in dem sonst so kühlen, gesetzestreuen England eine beispiellose Lawine von Hilfsbereitschaft in Bewegung. Ein leidenschaftlicher Kampf gegen die Justiz, gegen die Barbarei der Todesstrafe, beginnt.

Wildfremde Leute sammeln in wenigen Tagen zehntausend Unterschriften für eine Petition, in der die Begnadigung der schönen Mörderin verlangt wird.
Violett van der Elst, eine siebzigjährige Multimillionärin, hält vor dem Holloway-Gefängnis eine flammende Rede gegen die jahrhundertealte Tradition des Henkerstricks – von einer begeisterten Menge mit Zurufen gefeiert. Der Unterhaus-Abgeordnete Krank Owen telegrafiert dem britischen Innenminister Lloyd George: »Ruth Ellis hatte drei Tage vor der Tat eine Fehlgeburt! Sollte nicht dadurch ihr Gemüt zerrüttet gewesen sein?«
Der Innenminister aber bleibt bei seiner Ansicht: »Das Gericht hat ein gerechtes Urteil gefällt!« Er lehnt es ab, der Königin eine Begnadigung der Verurteilten vorzuschlagen. Damit ist das Ende des blonden *Pin-up-Girls in der Todeszelle,* wie die Zeitungen Ruth Ellis nennen, endgültig besiegelt.
Die Kirche schaltet sich ein. Der in England bekannte Methodistenprediger Dr. Lobherr wirft dem Staat vor, er mache sich durch die Hinrichtung von Ruth Ellis zum Mitschuldigen an einem nach englischem Recht strafbaren Verbrechen: an Selbstmord. Denn Ruth Ellis habe ja rundheraus erklärt, sie wolle gehenkt werden, um mit ihrem Geliebten wieder vereint zu sein.
Warum diese Erregung, dieser öffentliche Aufruhr wegen Ruth Ellis? Schließlich ist sie in den Augen des englischen Bürgers eine etwas zwielichtige Persönlichkeit: geschieden, Mutter von zwei Kindern, um die sie sich wenig kümmert. Eine Bardame, ein Nachtsternchen mit vielen Männerbekanntschaften – eine Mörderin.
Zwei Gründe spielen beim Kampf um das Leben dieser Frau eine Rolle: Einmal wollen die Engländer das Dogma von der Gleichberechtigung der Frau am Schafott nicht gelten lassen, und zwar aus der jahrhundertealten Ehr-

furcht vor der Frau als Trägerin des Lebens. Zum andern wissen sie, daß hier eine Frau nicht aus niedrigen Motiven, nicht um Gewinn, sondern aus einem echten, wenn auch mißgeleiteten Gefühl tötete.
Am Tag vor ihrer Hinrichtung empfängt Ruth Ellis in der Todeszelle zum letztenmal den Besuch ihrer Eltern. Sie trägt ein schwarzes Wollkleid mit weißem Kragen. Für ihre Mutter und ihren Vater bringt man Stühle herein. Ruhig sitzt sie ihnen gegenüber.
»Den Kindern geht es gut«, sagt Ruths Mutter, die vor Erregung kaum sprechen kann.
»Du solltest ein Gnadengesuch einreichen«, bittet sie der Vater.
Ruth aber schüttelt den Kopf. Sie sagt: »Dave ist tot. Mein Leben hat keinen Zweck mehr. Was habe ich ohne ihn noch auf der Welt zu suchen?«
Ihren Bruder Julian empfängt sie nicht mehr. Sie sagt: »Er versteht das alles nicht. Es würde ihm und mir nur unnötig weh tun.«
Als Dr. Charity Taylor, die Gefängnisdirektorin, sie am Abend nach ihrem letzten Wunsch fragt, überreicht Ruth ihr einen Zettel. Darauf steht: »Erstens: Ich möchte, daß in meiner Zelle Kerzen brennen, wenn ich vor der Hinrichtung die letzte Kommunion bekomme. Zweitens: Im Hinrichtungsraum soll ein Kruzifix so befestigt werden, daß ich es sehe, wenn ich den Raum betrete. Drittens: Ich möchte ein Glas Cognac, ehe ich zur Hinrichtung gehe.«
Kurz darauf führt man sie zum letzten Mal in den Hof des Holloway-Gefängnisses. Unterdessen macht sich im Hinrichtungsraum, der nur durch eine Tür von der Todeszelle getrennt ist, Albert Pierrepoint, der Henker, am Galgen zu schaffen. Ruth Ellis ist die siebzehnte Frau, die er im »Namen der Krone« an den Henkerstrick zu knüpfen hat.
Vor seiner Abfahrt aus Oldsham hatte man ihn vor die

Wahl gestellt, Ruth Ellis in London oder Sara Loyd in Manchester hinzurichten. Mrs. Loyd, eine einfache Hausfrau mit schon ergrautem Haar, hatte einen Streit mit ihrer siebenundachtzigjährigen Nachbarin gehabt. Dabei traktierte sie die alte Dame so mit Fußtritten und Faustschlägen, daß ihr Opfer an den Folgen der Mißhandlung starb. Albert Pierrepoint fand es »irgendwie ungerecht«, daß die junge, schöne Mörderin allenthalben Mitgefühl erregte, die ältere grauhaarige Mörderin aber niemanden interessierte. Deshalb entschied er sich für die Exekution von Ruth Ellis, während er seinen Assistenten zu Sara Loyd nach Manchester schickte.

»Für mich hat es nie eine Rolle gespielt«, begründete er später seine makabre Wahl, »ob ich eine junge oder alte, eine hübsche oder häßliche Frau vom Leben zum Tode zu befördern hatte. Das Verbrechen, für das ich eine Frau aufknüpfe, ist Mord – nicht Mangel an Lippenstift.«

Im Hinrichtungsraum des alten Frauengefängnisses macht er mit einem Sandsack eine Hinrichtung »zur Probe«. Den Sandsack läßt er während der Nacht hängen, um den Strick zu dehnen. So will es die Vorschrift: Paragraph 5, Erlaß des Innenministeriums »betreffs Hinrichtung«.

Während der Henker danach tief und fest schläft, verliert Ruth Ellis in dieser letzten Nacht ihres Lebens zum ersten Mal ihre Beherrschung. Sie bricht zusammen, weint. Verzweifelt ruft sie: »Ich will nicht sterben ... Ich will nicht sterben!«

Erst gegen Morgen sinkt sie in einen unruhigen Schlaf. Die Direktion erweist ihr eine letzte Gnade: Ruth Ellis wird erst um acht Uhr vierzig geweckt, zwanzig Minuten vor ihrer Hinrichtung.

Um neun Uhr beginnt die Arme-Sünder-Glocke des Holloway-Gefängnisses zu läuten. Vor dem Hauptportal kommt Bewegung in die tausendköpfige Menge, die sich hier

schon während der Nacht versammelt hat. Die Männer ziehen schweigend ihre Hüte. Viele Frauen knien betend auf dem Straßenpflaster. Auf einer alten Geige spielt ein Greis den Bach-Choral »Sei du bei mir . . .« Ein letztes Mal blickt im dritten Stock des düsteren Gebäudes die blonde, junge Frau durch das kleine Fenster der Todeszelle.
Der Himmel über London ist an diesem Morgen des 13. Juli blau und sonnig. »Es ist heute ein wunderbarer Tag zum Heumachen«, heißt es im Leitartikel des berühmten Kommentators Cassandra im *Daily Mirror*. »Es ist ein wunderbarer Tag zum Fischen und um in der Sonne zu faulenzen. Glauben wirklich Millionen, daß es auch ein guter Tag zum Hängen ist?«
Ruth Ellis steht bleich und gefaßt. Sie trinkt ihren Cognac aus, mit zitternden Händen. Dann sagt sie: »Ich bin bereit.«
Die Panzertür ihrer Todeszelle wird aufgerissen. Drei Männer stürzen herein: Albert Pierrepoint mit seinen Helfern. Blitzschnell werden Ruth die Hände auf dem Rücken gefesselt. Sie leistet keinen Widerstand.
Der Weg, den sie abkürzen wollte, endet für sie am Galgen.

4

Der Fall Hildegard Fasan

Der tödliche Liebespakt

Die Angeklagte hat nichts Auffälliges an sich. Sie ist zierlich, blaß, unscheinbar, ohne jede Ausstrahlung. Doch als sie den Gerichtssaal betritt, zieht sie wie magisch alle Blicke auf sich. Und etwas Unerwartetes passiert: Während sie langsam zum Richtertisch geht, erheben sich Zuschauer und Anwälte von ihren Plätzen. Vor einer Frau, die man eines der schwersten Verbrechen beschuldigt – des Gattenmordes.

Das hat es hier im *Grauen Haus*, dem Wiener Justizpalast, noch nie gegeben. Aber auch noch nie fand hier ein Prozeß statt, der die Menschen so packte und aufwühlte, der so tief in die Grenzbereiche des menschlichen Lebens eindrang.

»Hildegard Fasan«, so verliest der Staatsanwalt kühl und knapp die Anklageschrift, »hat am 25. September 1948 ihren Ehemann, den dreiundfünfzigjährigen Buchhalter Albin Fasan, mit Leuchtgas vergiftet. Sie hat damit das Verbrechen des Mordes begangen. Sie ist dafür nach Paragraph 134 zu bestrafen.«

Die zierliche Frau, ganz in Schwarz gekleidet, hört es wie abwesend, als gelte die schwere Anklage nicht ihr, sondern einer anderen. Erst als der Richter sie anspricht, reagiert sie.

»Sie haben gehört, was man Ihnen zur Last legt, Frau Fasan. Halten Sie sich in diesem Sinne für schuldig?«

»Nein.«

»Sie geben aber zu, Ihren Mann getötet zu haben?«
Hildegard Fasan nickt.
»Ich tat es aus Liebe.«
Als sie die kritische Miene des Staatsanwalts bemerkt, spricht sie leise weiter: »Ich liebte ihn mehr als mich selbst. Wir waren nur zusammen ein Ganzes. Das Leben war für mich nur schön durch ihn...« Sie stockt einen Moment. »Und dennoch – ich mußte ihn töten! Ich konnte nicht anders...«
Tiefe Stille folgt ihren Worten.
Die Beweisaufnahme beginnt. Zeugen und Gutachter treten auf. Ihre Aussagen enthüllen das Schicksal dieser Frau, die ein einfaches, kleinbürgerliches Leben ohne Probleme führte – bis eines Tages ein Ereignis eintrat, das sie vor eine ungeheuerliche Entscheidung stellte. Eine Entscheidung, wie sie nur wenigen Menschen abverlangt wird.

Zu ihrer Person befragt, sagt sie aus, sie sei als uneheliches Kind einer verwitweten Postbeamtin geboren worden und bei Pflegeeltern aufgewachsen. Ihre Mutter hatte sie nur flüchtig, Mutterliebe überhaupt nicht kennengelernt.
»Wie sehr ich mich nach Liebe gesehnt hatte, wurde mir erst klar, als ich Albin begegnete«, erklärt sie und beschreibt damit bereits den Wendepunkt ihres Lebens. Was dann geschah, ist Gegenstand des Prozesses.
Man schrieb das Jahr 1927. Albin Fasan war damals als Patient in das Wiener Elisabeth-Hospital gekommen, in dem Hildegard als Buchhalterin arbeitete. Sie ging völlig in ihrer Welt der Ziffern und Zahlen auf. Man nannte sie die *lebende Rechenmaschine*.
Fasan, Frontoffizier des Ersten Weltkriegs, hatte nach dem Krieg die kaufmännische Laufbahn eingeschlagen. Er war jetzt Buchhalter wie sie. Ein großer, gutaussehender Mann Mitte vierzig, mit englischem Bärtchen, dichten Brauen

und klaren blauen Augen. Ein Frauentyp, wenn er nicht so ernst und so still wäre.

Bei beiden war es Liebe auf den ersten Blick. Sie verabredeten sich, gingen zusammen aus, spürten, daß sie füreinander bestimmt waren. Als sie erfuhr, daß er verheiratet war, war es schon zu spät für sie. Vergeblich versuchte sie, sich von ihm zu lösen. Und auch er konnte sich nicht mehr von ihr trennen. Er zog die Konsequenz, ließ sich scheiden. Einer neuen Ehe aber stand das damalige österreichische Ehegesetz im Wege, das eine Wiederverheiratung nicht zuließ. Die Liebenden ersetzten den fehlenden Trauschein durch einen ungeschriebenen, aber für sie ebenso verpflichtenden Vertrag.

»Es erschien uns unmöglich, ohne einander auszukommen«, schrieb Hildegard in ihr Tagebuch. »Wir stellten uns eine Frist. Sollte es uns bis dahin nicht gelingen, die Widerstände zu brechen, die unserer Ehe entgegenstanden, wollten wir gemeinsam aus dem Leben gehen. Dasselbe beschlossen wir für den Fall, daß einer von uns beiden unheilbar krank wird. Der andere müßte ihm dann hinüber helfen und ihm in den Tod folgen.«

Punkt eins des ungewöhnlichen Vertrages entfiel, als Hitler in Österreich einmarschierte. Das deutsche Eherecht galt jetzt anstelle des österreichischen. Hildegard und Albin konnten 1939 heiraten.

Hildegard Fasan zu ihren Richtern: »Niemals besaß ein Jawort solch bindende Kraft wie mein Ja.«

Und in der Tat: Wie kaum eine andere Frau stimmte sie ihr Leben ganz auf das ihres Mannes ab. Sie gab ihren Beruf auf, der ihr so wichtig gewesen war, wollte nur noch für »Birli« da sein, wie sie Albin zärtlich nannte – auch in Stunden höchster Not und Gefahr. Als die Bombenangriffe auf Wien zunahmen, bezog sie ein Notquartier in der Nähe der Fabrik, in der Albin arbeitete. So konnte sie in densel-

ben Splittergraben gehen, in dem er Schutz suchte. Das Ende des Krieges war für das Paar der Anfang eines unbeschwerten Glücks.
Hildegard Fasan: »Unsere Ehe war wie ein Märchen. Wir mußten einen Wunsch nicht einmal aussprechen – der andere hat alles gewußt. Wir hatten unsere eigene Sprache, unsere eigenen Begriffe, unser eigenes Leben. Wie kleine Kinder haben wir uns jeden Tag gefreut, daß wir beisammen waren.«
Dann kam der 21. Mai 1948.
»Albin, bis dahin immer kerngesund, klagte plötzlich über Magenschmerzen«, erzählt die Angeklagte. »Der Hausarzt untersuchte ihn. Nichts Ernsthaftes, beruhigte er uns. Nur eine kleine Magenverstimmung. Albin erholte sich auch rasch.«
Aber nach drei Wochen waren die Beschwerden wieder da. Sie kamen fortan in immer kürzeren Abständen, immer bohrender, immer hartnäckiger. Fasan magerte zusehends ab. Schließlich verfügte der Hausarzt seine Einlieferung ins Krankenhaus. Dort wurde überraschend eine Operation angesetzt.
Hildegard Fasan erschrak: Ein chirurgischer Eingriff – wegen einer harmlosen Magenverstimmung? Sie fuhr in die Klinik. Als sie dort ankam, wurde Albin gerade aus dem Operationssaal geschoben. Sie ging auf einen der Ärzte zu, die sich im Vorraum die Gummischürzen abbanden.
»Was fehlt meinem Mann?« fragt sie.
Eine Weile herrschte Stille.
Zögernd kam die Antwort: »Eine Leberdeformation.«
»Krebs?«
Der Arzt nickte. »Sie müssen jetzt ganz tapfer sein, Frau Fasan. Wir haben keine Chance mehr – es ist unheilbar.«
»Mein Gott! Hat er wirklich keine Chance?«
»Nein.«

Sie ging auf die Straße. Sie konnte lange Zeit nur dieses eine grausame Wort denken. Albin mußte sterben . . . Damit war alles zu Ende: für ihn – aber auch für sie. Hildegard Fasan wußte, daß sie zusammen mit ihm zugrunde gehen würde, wie der Schatten eines Menschen mit dessen Tod von der Erde verschwindet. Und sie wußte auch, daß sie sozusagen zum Mitsterben verpflichtet war – nach dem Pakt, den sie einst geschlossen hatten. Nach Punkt zwei dieses Paktes hatte sie ». . . im Fall einer unheilbaren Krankheit dem anderen hinüberzuhelfen und ihm dann in den Tod zu folgen.« Nachdem sie den ersten Schock überwunden hatte, ging Hildegard Fasan daran, ihr Todesversprechen einzulösen. Sie fand dabei die Kraft zu einer fast übermenschlichen Doppelrolle: Einerseits gaukelte sie ihrem ahnungslosen Mann vor, daß sie nach wie vor zufrieden und glücklich und daß seine Krankheit zwar langwierig aber ungefährlich sei – zum anderen aber bereitete sie sich darauf vor, ihn und sich selbst umzubringen.

An dieser Stelle hakt der Staatsanwalt ein.
STAATSANWALT: »Sie trugen sich also mit der Absicht, Ihren Mann zu töten. Waren Sie sich denn sicher, ob er sich an das angebliche Abkommen zwischen ihnen noch gebunden fühlte? Immerhin waren inzwischen doch fast achtzehn Jahre vergangen!«
Die Angeklagte richtet sich ein wenig aus ihrer zusammengesunkenen Haltung auf.
HILDEGARD FASAN: »Wir hatten zwar nicht mehr darüber gesprochen. Aber für mich war es selbstverständlich, ihn von seinen immer unerträglicher werdenden Schmerzen zu befreien – im umgekehrten Fall hätte ich das auch von ihm erwartet.«
STAATSANWALT: »Wenige Tage vor der Tat hatten Sie ihm eine Andeutung gemacht?«

HILDEGARD FASAN: »Ja.«
STAATSANWALT, scharf: »Hatte er daraufhin den gemeinsamen Selbstmord nicht ausdrücklich verweigert?«
HILDEGARD FASAN: »Ich sagte ihm, daß er unheilbar krank sei. Daß ich ihn nicht verlassen und gemeinsam mit ihm Schluß machen wolle.«
STAATSANWALT: »Und wie reagierte er?«
HILDEGARD FASAN, stockend: »Er wollte nicht an seinen unheilbaren Zustand glauben. Als ich sah, wie sehr er am Leben hing, habe ich alles wieder bagatellisiert. Ich sagte, der Arzt habe nicht von einer unheilbaren, sondern nur von einer sehr, sehr ernsten Krankheit gesprochen. Das erleichterte ihn, und er lebte danach wieder auf.«
STAATSANWALT: »Von diesem Moment an wußten Sie doch, daß Ihr Mann niemals einverstanden gewesen wäre, freiwillig mit Ihnen in den Tod zu gehen. Warum töteten Sie ihn dennoch?«
HILDEGARD FASAN: »Weil...«
Die Frau auf der Anklagebank wird still, sucht mühsam nach Worten, findet sie nicht. Plötzlich sinkt sie in sich zusammen. Ein trockenes Schluchzen schüttelt ihren Körper.
Der Vorsitzende schaltet sich jetzt ein. Er hebt ein schmales blaues Heft hoch, das vor ihm auf dem Richtertisch liegt.
VORSITZENDER: »Frau Fasan, was Sie damals dachten und fühlten, haben Sie doch diesem Tagebuch anvertraut?«
HILDEGARD FASAN: »Ja.«
VORSITZENDER: »Ich halte es für notwendig, die Eintragungen der Angeklagten zu verlesen. Nichts kann wohl besser die seelischen Vorgänge beleuchten, die zur Tat führten.«
Er schiebt das blaue Tagebuch dem Beisitzer an seiner rechten Seite zu.
Tiefes Schweigen senkt sich über die Menschen im Mar-

morsaal des *Grauen Hauses* in Wien, als der Beisitzer aus Hildegard Fasans Tagebuch vorliest – dem einzigartigen Protokoll einer Tötung aus Liebe.

22. *Juni:*
Dr. Fuchsig sagte mir heute die grauenvolle Wahrheit: Mein lieber, lieber Lieblings-Birli hat Leberkrebs! Man kann nicht operieren – es ist hoffnungslos. Herrgott, bitte, gib mir die Kraft, um diese schwere Last zu tragen ...
Oh, ihr Ärzte, Wissenschaftler, Forscher, was seid ihr für Stümper, weil ihr immer noch nicht den Krebsbazillus gefunden habt und die Menschen so erbarmungslos zugrunde gehen laßt!
Ich habe nur den einen Gedanken: an unser gemeinsames Ende. Denn daß ich ohne meinen Birli nicht leben kann, ist allen klar, die unser Verhältnis zueinander kennen. Mit meinem lieben, guten, treuen Mann lebe und sterbe ich ...
Ich pflege ihn bis zur letzten Sekunde und mache dann Schluß.
24. *Juni:*
Ich denke mir, vielleicht ist es eine Gnade für mich, daß ich Birlis Lebensabend, der für ihn eigentlich schon in der Mitte des Lebens beginnt, bewußt verschönern kann ...
Ich kam zu der Erkenntnis, daß sich der Rest meines Lebens zwischen Furcht und Hoffen bewegen wird: Ich muß das Schlimmste fürchten und das Beste erhoffen.
30. *Juni:*
Ich möchte noch so lange mit meinem Birli leben ... Schon seit über einer Woche denke ich stündlich an das Abschiednehmen von der Welt.
2. *Juli:*
Lieber Gott, Du kannst ja Wunder geschehen lassen. Bitte, hilf meinem Birli, wieder gesund zu werden!
6. *Juli:*

Der Himmel darf sich ausweinen, ich nicht. Lachend und tanzend umgebe ich meinen Mann, und er freut sich. Das bestärkt mich wieder.
8. Juli:
Ich bin so allein, so furchtbar allein. Kraft brauche ich, unvorstellbare Kraft, um alles durchzustehen! Heute vormittag glaubte ich schon, es ginge nicht mehr. Aber wenn ich dann wieder mein hilfloses Birlichen sehe, das mich doch jede Minute braucht, und seinen starken Glauben an sein Gesundwerden, dann erstarke ich immer wieder.
9. Juli:
Dr. Fischer meint, es muß mit Morphium begonnen werden. Ein neuer Schreck: Ist es denn schon soweit? Ich lebe ein qualvolles Leben in Angst und Schmerz, in trostloser Einsamkeit und habe nur den einen Gedanken: Wird im richtigen Moment auch genügend Gas geliefert?
10. Juli:
Übermenschliche Kraft muß ich aufwenden, um meinen ganzen Jammer vor Birli zu verbergen.
11. Juli:
Das Essen ist mir immer die allergrößte Pein. Vor Kummer kann ich kaum noch schlucken. Mit Gewalt esse ich, was notwendig ist, damit ich für Birli bei Kräften bleibe.
16. Juli:
Ich bin entsetzlich verzagt, klammere mich aber an den Strohhalm (den Heilpraktiker) Seidlhuber.
18. Juli:
Birli sieht frischer aus. Ein Strählchen Sonne ist auch in mein Herz eingezogen, und ich denke nicht ausschließlich an den Tod.
19. Juli:
Birli ist heute – im Gegensatz zu gestern – sehr müde und matt, und leise Zweifel steigen wieder in mir hoch. Wie oft weine ich ohne Tränen.

20. Juli:
Ach, wenn ich nicht so schrecklich allein wäre in meiner qualvollen Seelenpein! Dazu die unbeschreibliche Sehnsucht nach dem Wald, den Wiesen, nach Bergen und Seen. Pilze esse ich roh, damit ich den Wald spüre, und ich sehne mich nach der Stelle, wo sie wachsen.
Warum soll sich unser Leben, das wir so unsagbar lieben, so bald erschöpfen? Nein, ich will mit Gewalt daran glauben, daß ein Wunder geschieht!
21. Juli:
Ich bin fast wahnsinnig vor Verzweiflung. Herrgott im Himmel, verlaß mich nicht! Ich werfe mich auf die Knie und flehe dich inbrünstig mit erhobenen Händen an: Gib mir die Kraft, im entscheidenden Augenblick richtig zu handeln.
22. Juli:
Ich bin in einer grauenhaften depressiven Stimmung. Albins Zustand ist hoffnungslos, ein Verfall, unaufhaltsam (sagte Dr. Fischer)... Gibt es denn wirklich nichts, gar nichts, was meinen Birli retten kann?
23. Juli:
Vielleicht müssen wir eher Schluß machen, als geplant. Ich betrachte von heute an jeden Tag, den wir leben, als Geschenk.
25. Juli:
Nein, nein, tausendmal nein – sie sind kein Geschenk, die Lebenstage, sondern eine arge, arge Qual! Mein Herz ist am Zerbrechen, meine Kehle, mein Magen, mein Bauch krampfen sich zusammen, die Augen brennen, die Glieder zittern: mein Seelenzustand ist unbeschreiblich.
Aber wenn ich bei meinem Birli bin – und ich bin es ja immer –, dann verzerrt sich mein Gesicht zu einem Lächeln, ja, manchmal singe ich auch – und möchte mich doch am liebsten auf den Boden werfen und die Hände in

alles verkrallen, so wie es mein Birlichen gestern vor Schmerzen tat.

28. Juli:

In jedes Gespräch (mit Helga) flicht sich wie ein schwarzer Faden immer der Abschied ein: das ›Warum – Wofür...‹ Die Sehnsucht nach dem Wald und den Wiesen, nach Bienengesumm und Vogelgezwitscher, nach Blumen- und Heuduft, nach Wind und Wolken ist unbeschreiblich, unbeschreiblich!

29. Juli:

Ich finde, daß sich Birlis Zustand rapide verschlechtert. Wann ist es Zeit...

Mich schaudert, wenn ich daran denke, von dieser schönen Welt und vom – ach, so kurzen – Leben schon bald Abschied nehmen zu müssen. Und doch ist es für mich ganz sinnlos und zwecklos geworden ohne meinen innigstgeliebten Mann, der mich so verwöhnte.

Birli spricht manchmal wirr. Dr. Fischer sagt, das kommt vom Morphium und vom Fieber. Ich liebe meinen Mann, mehr als mich selbst, und deshalb erachte ich es als meine Pflicht, Birli nicht so furchtbar dahinsiechen zu lassen. Vielleicht ist die kommende Nacht schon unsere Erlösung. Wird das Gas bis ins Schlafzimmer reichen, oder bette ich meinen Birli aufs Sofa? Das ist der Hauptgedanke, der mich beschäftigt. Ich hätte doch längst schon einen langen Gummischlauch kaufen sollen.

31. Juli:

Die vielen Besuche gestern haben mein Vorhaben in weite Ferne gerückt. Auch habe ich, wenn Birli sich etwas wohler fühlt, nicht die Courage.

2. August:

Dr. Kunauer als Vertreter von Dr. Fischer gibt Birli, falls nicht eine Lungenentzündung oder ein Durchbruch früher die Katastrophe eintreten läßt, höchstens noch acht Wo-

chen. Die Leber ist voller Geschwüre . . . Herrgott, Herrgott, verlaß mich nicht – verlaß uns nicht!

3. August:

Ich drehte das Radio auf Birlis Geheiß an. Es ertönte Tanzmusik, und ich führte für Birli einen Negertanz auf – wie einst in guten Tagen. Birli lächelte, und das war der Lohn für mein Komödienspiel. Ich weiß, daß ich ihm mit diesem Tanz eventuelle Gedanken verscheuchte. Aber dann lief ich auf den Balkon und weinte bitterlich.

6. August:

Dr. Kunauer war vor einer Stunde hier und sagte mir wieder, daß Birlis Zustand vollkommen hoffnungslos ist und ich den Herrgott bitten soll, daß er ihn lieber heut' als morgen erlöst. Irrsinnig, was die Menschen von mir verlangen!

Wenn mein einziges Birlichen keine Schmerzen hat, ist er voller Zuversicht, wieder gesund zu werden, und liest viel. Da habe ich doch nicht das Recht, ihm das Leben abzusprechen.

Leiden lasse ich ihn nicht, das ist klar; aber solange die Schmerzen zu stillen sind, ohne daß Birli geistig darunter leidet, greife ich nicht zum letzten Mittel.

11. August:

Früh bekam Birli Schmerzen. ›Mir ist alles egal‹, meinte er, und das schnürte mir die Kehle zu. Mein Innerstes ist grauenhaft zerrissen, ich weiß oft nicht aus noch ein. Ich bin erschüttert, wie er abmagert, wie unglaublich geduldig er ist.

13. August:

Vor fünf Minuten rief mich Birli zu sich, sagte: ›Setz dich her!‹ – was er eigentlich noch nie ausdrücklich verlangte. Nach einer Weile flüsterte er: ›Glaubst du, daß aus mir noch einmal etwas wird?‹ Ich fragte, warum er auf so sonderbare Gedanken käme. Antwort: ›Na, es kann ja sein.‹ Ich redete ihm das aus.

Um neunzehn Uhr kam Dr. Kunauer. Beim Gehen sagte er,

in diesem Fall wäre Euthanasie eine Erlösung. Ich schilderte ihm die absolute geistige Frische Birlis, besonders ein bis eineinhalb Stunden nach der Abendinjektion, und fragte, ob ein Mensch das Recht habe, die Stunden zu kürzen. Da meinte er sehr beeindruckt, daß ich Recht hätte . . .
23. August:
Dr. Fischer sagte, Birlis Kräfteverfall sei rapid. Anämie trete ein, und Herzbeschwerden werden folgen. Ich bin fast wahnsinnig vor Schmerz.
5. September:
Ich glaube, daß unsere Tage gezählt sind; vielleicht reichen sie nicht einmal mehr bis zum 17. September – meinem Geburts- und Namenstag.
Gestern früh sagte mir Birli, daß er sich so schlecht gefühlt habe, daß er sich wünschte, daß es aus wäre. Dr. Fischer meinte, daß die Leber schon so groß sei, daß nichts mehr ordentlich funktioniere . . . Daher die geschwollenen Beine und Ödeme.
6. September:
Ich klage mich heute unentwegt der Feigheit und des Eigennutzes an; wie lange werde ich noch die Entscheidung hinausschieben?
Während eines Gesprächs bemerkte Birli, wenn er wüßte, daß er unheilbar krank wäre, würde er sofort Schluß machen. Gestern sagte er wieder: ›Ach, ich fühle mich so wohl . . .‹ Da hatte ich wieder keinen Mut.
11. September:
Ich bin total zerbrochen, tue alles automatisch. Das Herz klopft mir schmerzlich bis zum Hals, und die Eingeweide klopfen mit.
Ich kaufte heute neun Meter Gasschlauch.

Der Beisitzer macht beim Verlesen eine Pause. Er greift zum Wasserglas, trinkt. Es ist still im Saal. Totenstill. Das innere Drama der Angeklagten, das sich aus ihrem Tagebuch enthüllt, läßt niemanden unbeeindruckt. Bis auf einen – den Staatsanwalt. Ehe der Beisitzer mit dem Lesen fortfahren kann, erhebt er sich, blickt anscheinend ungerührt die blasse Frau auf der Anklagebank an, der er Gattenmord vorwirft.

STAATSANWALT: »Wie aus Ihren Aufzeichnungen hervorgeht, Frau Fasan, hat Ihr Mann vor seinem gewaltsamen Ende niemals mehr von dem Todespakt zwischen Ihnen gesprochen – dennoch kauften Sie den Gasschlauch, um ihn umzubringen.«

HILDEGARD FASAN, leise: »Ja.«

STAATSANWALT, kühl: »Weiter wird deutlich, daß Sie zwar unter dem Eindruck seiner schweren Krankheit – aber doch mit völlig klarem Verstand handelten!«

Da springt der Verteidiger auf.

VERTEIDIGER: »Ich protestiere gegen diese Frage! Die Angeklagte ist nicht in der Lage, sie zu beantworten. Das ist Sache der Mediziner. Für mich steht fest, daß sie ihren Mann unter einem unwiderstehlichen Zwang tötete.«

STAATSANWALT, mokant: »Ist nicht auch das Sache der Mediziner?«

Mit knapper Handbewegung wischt der Verteidiger den Einwand zur Seite.

VERTEIDIGER: »Diese Zwangssituation geht eindeutig aus dem letzten Abschnitt ihres Tagebuchs hervor (wendet sich an den Vorsitzenden). Ich bitte, die Aufzeichnungen über die letzten sechs Tage des Albin Fasan zu verlesen!«

Der Richter nickt, gibt dem Beisitzer ein Zeichen. Der liest weiter – den Schlußakt der Tragödie.

20. September:

Wenn es nach mir gegangen wäre, wären wir schon sieben Tage tot. Aber immer kamen äußere Umstände dazwi-

schen. Birli spricht jetzt sehr viel, nicht unlogisch, in wohlgeordneten Sätzen und hochdeutscher Aussprache – aber alles aus der Luft gegriffen. Ist denn so etwas möglich? Wenn er große Schmerzen hat, hat er eigene Schmerzenslaute, die so eindringlich und erschütternd sind, daß ich sie kaum mitanhören kann.
21. September:
Erich Macha, Lisls Bräutigam, hebt Birli aus dem Bett auf den Kübel. Wie dieses arme, arme Hascherl so dasitzt, bin ich über das Grauenhafte seines Aussehens zutiefst erschüttert und klage mich heftig an, daß ich es soweit kommen ließ. Es ist von mir eine unerhörte Gemeinheit und Niedertracht und Feigheit und Egoismus, daß ich mein Vorhaben immer und immer wieder hinausschiebe – nur deshalb, weil ich so am Leben hänge.
22. September:
Ich bin stur vor Feigheit. Warum mache ich nicht Schluß – warum??
23. September:
Ich bin so verwirrt, daß ich manchmal keinen klaren Gedanken zu Papier bringen kann; sie kreuzen sich, überschneiden, wiederholen und verlieren sich, dann entsteht plötzlich eine Leere. Es wäre kein Wunder, wenn ich verrückt werde …
24. September:
Vielleicht ist heute unser Sterbetag. Wieder einmal habe ich einen Termin festgesetzt. Hindern kann mein heutiges Vorhaben nur ein Besuch, der hier nächtigt. Ob ich aber im entscheidenden Augenblick wirklich den Mut aufbringen, ob ich die Geschichte richtig anfangen werde?
Ein Meise zwitschert am Fenster. Ich liebe sie. Wer weiß, ob ich sie noch einmal höre … Birli ruft laut und stöhnend: ›Bitte, bitte, bitte hilf mir!‹ Dann fragt er, wer noch da ist und stöhnt laut weiter. Er deckt sich auf, atmet stoß-

weise. Ich halte diesen Jammer nicht mehr aus und stehe auf.
Hilda, Zeit ist es! Wie lange willst du noch warten? Bis abends, wenn Gretl, die voraussichtlich kommen wird, fort ist ...
Dann ade, du herrlich schöne Welt; lebt wohl, ihr Menschen, alle – ob ihr mir gut oder böse gesinnt wart. Lebe wohl, du liebe Sonne, lieber Mond und liebe Sterne; lebt wohl ihr Wälder und Felder, Wiesen und Auen, Berge und Seen; ihr Vögelein und Bienlein, ihr Grillen, Schmetterlinge, ihr Blumen ... lebe wohl, du schöne Kunst!
Acht Uhr abends. Gretl ist jetzt hier, und mein Vorhaben scheitert wieder einmal. Ich bin ganz verzweifelt. Birlis Zustand verschlechtert sich von Stunde zu Stunde – er ist bestimmt schon mehr drüben als hier.
25. September:
Birli schreit alle zwei bis drei Minuten laut auf, und ich entschließe mich zur Injektion. Er wird ruhig, und ich schlafe fast zwei Stunden. Um halb fünf weckt mich wieder der Schrei. Ich sitze an seinem Bett. Birlis Atem geht rasch, stoßweise und rasselnd. Der Mund ist offen, ebenso die Augen. Wenn er die Schreie ausstößt, verkrampfen sich seine Gesichtszüge, und mit den Händen fährt er in die Höhe.
Er erkennt mich nicht mehr. Ich sitze tränenlos beim Todeskampf meines über alles geliebten Birli und halte seine eiskalten Hände.
Im Wohnzimmer schläft Gretl; wenn sie nicht hier wäre, hätten mein Birli und ich wahrscheinlich schon ausgelitten. Es läutet sechs Uhr. Ich habe meine letzten Verfügungen durchgesehen ... Birli röchelt und stößt von Zeit zu Zeit Schreie aus. Ich küsse seine Hände, jeden Finger, seine brechenden Augen ...
Es dämmert schon – wenn nur Gretl schon ginge ...

Morgenrot. Kurz vor acht Uhr geht Gretl...
Ich eile, eile. – Lebt wohl!

Damit endet das Tagebuch. Der Beisitzer klappt das schmale blaue Heft langsam zu.

VORSITZENDER: »Nach dieser letzten Eintragung führten Sie also Ihr Vorhaben aus, Frau Fasan?«

HILDEGARD FASAN, fast flüsternd: »Ja. Ich zog die Bluse an, die ich bei der Hochzeit mit Albin getragen hatte. Dann holte ich den versteckten Gasschlauch aus der Kammer.«

Sie hebt ihren Kopf. Sie blickt in die Gesichter der Richter, der Geschworenen, des Anklägers. Wie soll sie ihnen heute klarmachen, was sie damals empfand? Wie unglaublich ruhig sie plötzlich war. Wie klar und folgerichtig sie handelte, als sie sich dazu durchgerungen hatte, es endlich zu tun.

Sie entfernte die Klinke aus der Tür, schildert sie. Durch die Öffnung leitete sie den Schlauch vom Gasherd in der Küche ins Schlafzimmer. Dann gab sie sich und ihrem Mann eine starke Dosis Morphium – und öffnete den Gashahn.

Einen Moment noch hielt sie das Ende des Schlauches zusammengepreßt. Sie nahm ihr Hochzeitsbild von der Wand, legte sich auf das Bett neben ihren Mann. Zum letzten Mal beugte sie sich über ihn.

»Ich bin bei dir Birli«, flüsterte sie. »Fürchte dich nicht – wir bleiben ja zusammen...!«

Dann ließ sie das Gas strömen. Sie hörte noch das leise, zischende Geräusch, ehe ihr die Sinne schwanden...

Eine Stunde später schellte es an der Wohnungstür der Fasans im 9. Wiener Stadtbezirk, Gussenbauergasse 5. Eine alte Bekannte wollte das Ehepaar besuchen. Als niemand öffnete, fiel ihr Blick auf die Zeitung im Briefkasten, die Milch vor der Tür. Und mit einemmal mußte sie daran

denken, daß Hildegard Fasan sich bei ihrem letzten Besuch so merkwürdig lange und wehmütig von ihr verabschiedet hatte. Eine böse Ahnung befiel sie. Sie lief zur Polizei.
Gegen zehn Uhr kletterte ein Beamter vom Nachbarbalkon in das Schlafzimmer der Fasans. Gasgeruch schlug ihm entgegen. Er fand den Mann tot in seinem Bett. Neben ihm lag bewußtlos seine Frau – ihr Hochzeitsbild mit verkrampften Fingern fest an die Brust gepreßt.
Auf dem Nachttisch lag ein Zettel mit den Worten: »Bitte, versucht nicht, mich ins Leben zurückzurufen. Ich will, ich kann nicht mehr leben!«

Die matte Märzsonne fällt durch die hohen Fenster. Ihr Licht erreicht die Frau im Dunkel der Anklagebank nicht. Sie scheint für Sekunden weit weg in jener Welt zu sein, von deren Schwelle man sie ins Diesseits zurückstieß. In die Welt der Gesetze und Paragraphen, in der sie jetzt gegen ihren Willen leben, wo sie sich wegen ihres Tuns und Handelns verantworten muß.
Gattenmord wird in Österreich mit lebenslangem Kerker bestraft. Aber ist diese schmächtige, kleine Frau, die man dieses schweren Verbrechens bezichtigt, nach den Buchstaben des Gesetzes tatsächlich eine Mörderin? Der Vorsitzende versucht, ihr eine goldene Brücke zu bauen.
VORSITZENDER: »Sind Sie ganz sicher, Frau Fasan, daß Ihr Mann noch lebte, als Sie den Gashahn öffneten?«
Voller Spannung richten sich die Gesichter der Zuschauer auf die Angeklagte. Sie alle wissen, daß die Antwort über ihr weiteres Schicksal, über Lebenslänglich oder Freispruch, entscheiden kann.
HILDEGARD FASAN: »Ja. Mein Mann hat noch geatmet – das habe ich ganz deutlich gesehen.«
Ringsum leise Seufzer, Kopfschütteln, verständnislose Blicke. Warum hat die Angeklagte die helfende Hand aus-

geschlagen? Der Richter bemüht sich noch einmal, den Weg zu einem milden Urteil zu ebnen.

VORSITZENDER: »Sie haben doch Wochen und Monate hindurch Furchtbares erlebt, Frau Fasan. Wußten Sie überhaupt, was Sie da machten, als Sie die Tat begingen?«

Die Frau auf der Anklagebank zögert nur kurz. Als sie antwortet, huscht ein verklärtes, glückliches Lächeln über ihre Züge.

HILDEGARD FASAN: »O ja – ich wußte es genau! Ich war sehr ruhig und sehr ausgeglichen, als ich für Albin und mich den Tod vorbereitete. Und frei von jeder Aufregung. Ich wußte: Jetzt kommt die Erlösung, endlich muß mein Mann nicht mehr leiden – endlich ist es soweit.«

Mit triumphierender Miene blickt der Ankläger zum Verteidigertisch. Hildegard Fasan macht es ihm leicht. Sie tut bewußt alles, um die Schlinge, aus der man sie so offensichtlich befreien will, fester zu ziehen.

Einer der Beisitzer kommt noch einmal auf den Todespakt mit ihrem Mann zu sprechen.

BEISITZER: »Waren Sie überzeugt, daß Ihr Mann mit der Einlösung des Versprechens durch Sie einverstanden gewesen wäre, wenn er gewußt hätte, daß er rettungslos verloren ist?«

HILDEGARD FASAN: »Ja.«

BEISITZER: »Hätten Sie ihn auch dann getötet, wenn er in Kenntnis seiner unheilbaren Krankheit nicht damit einverstanden gewesen wäre?«

HILDEGARD FASAN, ohne zu zögern: »Nein – dann hätte ich es nicht getan!«

BEISITZER: »Und warum nicht?«

HILDEGARD FASAN: »Man kann ja ein Gelöbnis wieder zurückziehen, und dann wäre mir eben das heilig gewesen, was der Wunsch meines Mannes war.«

VORSITZENDER: »Glauben Sie, daß Ihr Mann im umgekehrten Fall an Ihnen ebenso gehandelt hätte!«
HILDEGARD FASAN, fest und klar: »Ja – er hätte es auch getan!«

Der verhängnisvolle Pakt zwischen den Eheleuten steht auch im Mittelpunkt der Plädoyers.
»Ich bezweifle, daß es ein solches Abkommen tatsächlich gab«, erklärt der Staatsanwalt. »Wenn es dennoch existierte, so wurde es von Albin Fasan aufgehoben, als er seiner Frau zu verstehen gab, daß er einen gewaltsamen ›Schluß‹ nicht wünsche. Von einer ›Tötung auf Verlangen‹ kann deshalb keine Rede sein – es war eindeutig Mord! Wegen der außergewöhnlichen Umstände der Tat sind der Angeklagten jedoch alle Milderungsgründe zuzuerkennen. Ich beantrage die Mindeststrafe: ein Jahr Kerker.«
Dann steht Verteidiger Dr. Makowski auf.
»Der Pakt zwischen Albin und Hildegard Fasan bestand«, widerspricht er dem Ankläger. »Das geht eindeutig aus ihrem Tagebuch hervor, das sie ja nicht im Hinblick auf ihre Verteidigung, sondern auf ihren geplanten Selbstmord schrieb. Die Liebe, das Leid und die Furcht hatten den freien Willen dieser unglücklichen Frau ausgeschaltet, als sie ihr Versprechen einlöste.«
Dr. Makowski hebt beschwörend die Arme. Sein Tonfall wird laut und eindringlich, als er sich am Ende seines Plädoyers an die Geschworenen wendet:
»Für eine Tat, die aus übermenschlicher Liebe begangen wurde, gibt es im Gesetz keine Strafbestimmung. Ohne Strafbestimmung aber gibt es auch keine Strafe. Sprechen Sie Recht – sprechen Sie die Angeklagte frei!«
Seine letzten Worte gehen im Beifall unter, der aus dem Zuschauerraum aufbrandet. Nur mit Mühe kann der Vorsitzende die Ruhe wiederherstellen.

»Ich kann die Bewegung im Auditorium verstehen«, erklärt er. »Ich habe aber die Würde des Gerichts zu wahren, und ich bitte, bei der Urteilsverkündung ähnliche Kundgebungen zu unterlassen.«

Richter und Geschworene brauchen an diesem Nachmittag des 4. März 1949 nur drei Stunden zu ihrer Beratung. Dann kehren sie in den Gerichtssaal zurück.

»Hildegard Fasan«, so verkündet der Vorsitzende das Urteil des Schwurgerichts, »wird von der Anklage, sie habe durch die Tötung ihres krebskranken Mannes das Verbrechen des Meuchelmords begangen, freigesprochen!«

Die Menschen, die sich von ihren Plätzen erhoben haben, hören es mit Erleichterung. Bis auf einen – die Freigesprochene selbst.

Hildegard Fasan steht steif, ohne jede Regung. Wie unbeteiligt hört sie die Begründung des Urteils. Die Richter bescheinigen ihr, daß der Pakt zwischen ihr und ihrem Mann galt. Daß sie ihn auf Verlangen tötete – in einer seelischen Zwangslage. Für das Gericht ein »Schuldausschließungsgrund«.

Eine begeisterte Menge will sie vor dem Gerichtsgebäude feiern. Hildegard Fasan aber entflieht durch eine Hintertür. Ihr erster Weg führt zum Friedhof – zum Grab ihres Mannes, das sie noch nicht gesehen hat.

Hier, an der letzten Ruhestätte ihres »Birli«, faßt sie einen verzweifelten Entschluß. Nach ihrer Rückkehr sagt sie einem Reporter: »Ich will mich für Krebsexperimente zur Verfügung stellen. Vielleicht hat mein Leben so noch einen Sinn – jedenfalls für andere.«

»Das kann Sie das Leben kosten«, versetzt der Reporter.

Müde und resigniert winkt sie ab. »Was ist denn schon dabei? Mein Mann hat auch sterben müssen.«

Hildegard Fasans großherziges Angebot wird von den Krebsforschern abgelehnt. Sie wollen nicht mit einem Menschenleben experimentieren. Ihr Name verschwindet daraufhin aus den Schlagzeilen. Zwei Jahre später aber taucht er wieder auf – unter ebenso mysteriösen wie dramatischen Umständen.

Ende 1951 faßt die Wiener Polizei eine junge Schwindlerin namens Johanna Hybal. Sie hat bei mehreren Firmen Schreibmaschinen bestellt, sie aber nicht in ihr Haus in einem Wiener Vorort, sondern in eine fremde Wohnung in der Wiener Gussenbauergasse 5 bringen lassen.

Der Beamte, der die Festgenommene verhört, stutzt plötzlich: »Ist das nicht die Wohnung von Hildegard Fasan?«

Johanna Hybal zögert, nickt. »Ja.«

»Wie kamen Sie da hinein?«

»Wir sind befreundet. Sie gab mir ihren Schlüssel, bevor sie verreiste.«

»Wohin?«

Die junge Frau zuckt mit den Schultern, ist zu keiner weiteren Auskunft zu bewegen.

Die Polizei stellt Ermittlungen an. Die Beamten finden heraus, daß Hildegard Fasan seit Monaten aus ihrer Wohnung verschwunden ist. Seit Monaten zahlt eine andere die Miete für sie. Und seit Monaten holt eine andere für sie die Witwenrente ab: Johanna Hybal, die junge Schwindlerin.

»Und da wollen Sie nicht wissen, wo Frau Fasan steckt?« dringt man in sie. »Wohin schicken Sie denn die Rente?«

Keine Antwort.

»Oder behalten Sie das Geld etwa für sich?«

Schweigen.

Der Chef des Wiener Sicherheitsbüros läßt daraufhin das Haus Johanna Hybals in Klosterneuburg-Weidling durchsuchen. Man findet Hildegard Fasan im Keller – tot . . . Die im Boden vergrabene Leiche ist schon stark verwest.

Johanna Hybal wird unter Mordverdacht verhaftet. Entrüstet aber weist sie alle Beschuldigungen von sich.
»Sie hat sich selbst umgebracht!« gibt sie zu Protokoll. »Nach dem Prozeß war Frau Fasan zu mir gezogen, hatte ihre Wohnung in der Gussenbauergasse aber behalten. Eines Nachts wollte sie unbedingt in der Küche schlafen. Am nächsten Morgen fand ich sie tot auf dem Sofa – sie hatte den Gashahn aufgedreht.«
»Und warum meldeten Sie das nicht der Polizei?«
Die junge Frau blickt schlau. »Jeder mußte mich doch für die Mörderin meiner Freundin halten. Deshalb vergrub ich sie im Keller.«
Lügt sie? Sagt sie die Wahrheit?
Die Obduktion der Leiche ergibt als Todesursache tatsächlich Leuchtgasvergiftung. Ob Hildegard Fasan den Tod aber selbst suchte, oder ob sie einem Verbrechen zum Opfer fiel, kann nicht mehr geklärt werden. Johanna Hybal wird auf freien Fuß gesetzt, die Akte Hildegard Fasan geschlossen.
Unter welchen Umständen auch immer: Mit ihrem mysteriösen Ende erfüllte sich schicksalhaft der Pakt, den sie einst mit ihrem Mann schloß. Sie hatte ihn erst vor Siechtum bewahrt und war ihm schließlich – freiwillig oder unfreiwillig – in den Tod gefolgt.

5

Der Fall Gertrud Werhan

Tod vor der Hochzeit

Die schöne, junge Braut probiert in der Wohnung ihrer Eltern ihr Hochzeitskleid an: ein weißer Traum aus Tüll und Organza. Sie will es am nächsten Morgen bei der Trauung im Nürnberger Rathaus tragen. Zur selben Stunde steht – nur wenige Kilometer entfernt – eine weißhaarige Frau im schwarzen Kleid unter einer Brücke an der Bahnlinie Nürnberg–Fürth. Es ist die neunundfünfzigjährige Witwe Gertrud Werhan*, die Schwiegermutter der Braut. Sie will sterben.

Ihren Mantel und ihre Handtasche hat sie an eine Eisenverstrebung gehängt. Mit beiden Händen umklammert sie einen grauen Herrenpullover und eine Armbanduhr – die letzten Erinnerungen an ihren Sohn Arno.

Sie sieht einen Zug herankommen. Sie zögert, tritt einen Schritt zurück. Erst als der vierte Zug kommt, faßt die Weißhaarige sich ein Herz. Sie läuft auf die Schienen, geht taumelnd auf die in der Ferne auftauchende Lokomotive zu. Auf den Gleisen bricht sie in die Knie, wartet mit geschlossenen Augen auf ihr Ende.

Aber das Ende kommt nicht.

Mit kreischenden Bremsen bleibt der Personenzug 2266 wenige Meter vor ihr stehen. Zugführer Martin Rapp springt nach draußen. Er läuft auf die Lebensmüde zu, richtet sie auf.

* Name geändert

Verstört fragt sie: »Warum haben Sie mich nicht überfahren?«
»Sie sind auf dem Gleiskörper beobachtet worden. Man hat uns gewarnt.«
Müde und verloren schüttelt die Frau den Kopf. Im Bahnhof Fürth sollen ihre Personalien aufgenommen werden. Für die Beamten der Bahnpolizei gehört das Protokoll vom versuchten Selbstmord einer depressiven alten Frau zum Alltag. Plötzlich stutzt einer der Beamten. Er holt ein Fahndungsschreiben der Nürnberger Kriminalpolizei aus der Schublade und vergleicht die Beschreibung darauf mit der Frau, die da vor ihm sitzt. »Sie sind Gertrud Werhan?«
Sie nickt. »Ja.«
Der Beamte steht auf. »Ich muß Sie vorläufig festnehmen. Sie werden gesucht – wegen Mordes an Ihrem Sohn!«

Am Morgen dieses Tages – es ist der 28. Juli 1958 – hat ein Freund des Studienreferendars Arno Werhan mehrmals vergeblich an der Wohnungstür der Werhans geschellt. Der Freund will Arno bei einem Hochzeitseinkauf begleiten.
Schließlich blickt er durchs Schlüsselloch und entdeckt etwas Merkwürdiges: Auf dem Fußboden liegt eine blutgetränkte, weiße Steppdecke. Darunter eine nicht erkennbare, gekrümmt liegende Gestalt.
Der Freund benachrichtigt die Polizei. Die bricht die Tür auf. Um 10.30 Uhr macht sich die Mordkommission des Kommissariats 1 der Nürnberger Kripo auf den Weg zu der Zwei-Zimmer-Wohnung der Werhans in einem vierstöckigen Neubau im Nordwesten der Stadt.
Der leitende Kommissar hebt die Decke über der Gestalt auf dem Fußboden hoch. Darunter liegt der siebenundzwanzigjährige Arno Werhan, mit dem Kopf auf ein weißes, abgesteptes Sitzkissen gebettet – tot.

Im Tatortprotokoll beschreibt der Erkennungsdienst den Toten so: »Die Leiche ist lediglich mit einem weißen Unterhemd bekleidet. Der Körper liegt auf der rechten Körperseite. Beim Drehen des Körpers (Gesicht nach oben) zeigt es sich, daß der Hals etwa zur Hälfte durchschnitten ist. Deutlich erkennt man in der weit klaffenden Wunde die vollkommen durchgeschnittene Luftröhre. Unterhalb dieses großen Einschnitts zeigen sich noch kleinere Schnittverletzungen. Eine solche findet sich auch an der rechten Schulter. Weitere Schnittverletzungen weisen der rechte Zeigefinger und der rechte Handrücken (Abwehrverletzungen!) auf. Die Leichenstarre ist vollständig ausgebildet. Totenflecke konnten nicht wahrgenommen werden (hoher Blutverlust!).«
Weiter halten die Beamten der Mordkommission in ihrem Tatortprotokoll fest: »In der Tatwohnung sind zwei große Blutzentren feststellbar: das Bett Arno Werhans und die Blutlache, in der der Tote liegt. Die Innenseite der Schlafzimmertür zeigt über eine große Fläche Blutwischer. Vom Schlafzimmer in Richtung Wohnungstür zeigen sich Blutschmierer, die zweifellos von blutbesudelten Schuhen herrühren und beim Gehen verursacht wurden.«
Kein Zweifel also: Arno Werhan ist am Tag vor seiner Hochzeit ermordet worden.
Aber von wem? Und warum?
Die Beamten befragen die Hausbewohner. Eine Nachbarin, deren Schlafzimmer genau unter dem von Mutter und Sohn Werhan liegt, gibt den entscheidenden Hinweis.
Sie sagt: »Heute nacht gegen 2.30 Uhr wurde ich durch einen dumpfen Schlag in der Wohnung Werhan wach. Ich dachte, Frau Werhan ist aus dem Bett gefallen. Sie ist ja herzkrank. Danach blieb es ruhig, und ich schlief wieder ein.
Um drei Uhr fuhr ich wieder hoch. Diesmal hörte ich einen

Schrei. Ich stand auf, um nach oben zu gehen. Vielleicht brauchte Frau Werhan Hilfe. Im Treppenhaus hörte ich aus ihrer Wohnung ein starkes Röcheln. Ich lief rasch die Treppe rauf. Oben blickte ich durchs Schlüsselloch. Ich sah eine weiße Decke auf dem Boden liegen, darunter rührte sich was. Von daher kam ein Stöhnen, als ob jemand in den letzten Zügen liegen würde.

Ich schellte, hörte Schritte hinter der Tür. Frau Werhan fragte, ohne aufzumachen: ›Wer ist denn draußen?‹ Ich fragte zurück: ›Was ist denn los?‹ Darauf Frau Werhan: ›Meinem Sohn ist es schlecht. Ich danke Ihnen schön.‹ Mir kam das alles merkwürdig vor, besonders das laut hörbare Röcheln. Morgens gegen acht Uhr verließ Frau Werhan ihre Wohnung.«

Aus dieser Schilderung ließ sich nur ein Schluß ziehen: Gertrud Werhan war in der Wohnung, als ihr Stohn starb. Hatte er sich die tödlichen Verletzungen mit einem Messer selbst beigebracht? Tat es ein anderer? Oder war sie die Mörderin – seine eigene Mutter?

Daß eine Mutter ihr Kind ermordet, können wir uns kaum vorstellen, denn der Urinstinkt der Mutter will das Leben des Kindes ja behüten und beschützen. Häufig lesen wir in den Zeitungen von Fällen, wo Mütter ohne Rücksicht auf sich selbst ihr eigenes Leben daran setzen, um ihr in Gefahr geratenes Kind zu retten. Aber auch von Kindestötung durch die Mutter berichten uns Zeitungsmeldungen. Bestimmte Lebenskonflikte können solche Katastrophen auslösen. Etwa wenn die Stunde des Verzichtenmüssens, des Loslassens schlägt – wenn das Kind heiratet.

Die Beamten der Mordkommission erfahren, daß für den nächsten Tag die Heirat Arnos, des einzigen Kindes von Gertrud Werhan angesetzt war. Hatte sie das nicht verkraftet und die Nerven verloren?

Als die weißhaarige Frau in das Zimmer 413 des Nürnberger Polizeipräsidiums gebracht wird, ist sie totenblaß. Sie wirkt gehetzt, weinerlich, die eisgrauen Augen liegen tief in den Höhlen. Sie setzt sich, dann bricht es aus ihr heraus, noch ehe die erste Frage an sie gestellt wird. Schluchzend gesteht sie:

»Ja, ich hab's getan! Ich hab Arno umgebracht. . .«

Einen Moment Stille. Dann fragt der Kommissar: »Warum?«

»Weil ich ihn so sehr liebte! Mehr als alles auf der Welt. . .«

Ein Tonband schneidet mit, was sie dann, unterbrochen von immer neuen Weinkrämpfen, mit leiser Stimme zu Protokoll gibt.

»Meine Ehe begann für mich erst richtig, als unser Arno geboren wurde«, sagt sie. »Ich hatte mir so sehr ein Kind gewünscht.« Damals, am 10. Oktober 1930, ist die Tochter eines Zollbeamten gerade zehn Jahre mit dem Bundesbahnbediensteten Josef Werhan verheiratet. Sie bewohnt mit ihm eine Dienstwohnung im Nürnberger Hauptbahnhof. Der kleine Sohn verändert ihre Welt – von nun an dreht sich für sie alles nur noch um ihn.

Sie bemuttert, behütet, beschützt ihn wie eine Henne ihr Küken. Sie vernachlässigt für ihn später sogar ihren Mann, der schwer krank wird. Eine *quälende Affenliebe* nennen Nachbarn und Freunde ihr inniges Verhältnis zu ihrem Sohn.

Arno geht in die Oberrealschule. Er soll etwas *Besseres* werden. Als es mit dem Lernen nicht so recht klappt, läßt sie ihm Nachhilfeunterricht geben. Sie bringt ihn dazu, bis zum Abitur durchzuhalten.

Gertrud Werhan stolz: »Dafür war er mir immer dankbar.«

Er studiert in Erlangen, macht sein Referendarexamen. In ihre Liebe für ihn schließt die Mutter auch seine Studien-

kollegen mit ein. Sie bewirtet sie so gastfreundlich, daß die Studenten von ihrer Wohnung nur noch als vom *Café Werhan* sprechen.
Dann erkrankt ihr Mann schwer an Zucker und Lungenkrebs. Die Operation kommt zu spät, der Lungentumor kann nicht mehr entfernt werden. Anfang 1958 stirbt Josef Werhan. Seine Frau muß die Dienstwohnung aufgeben und bezieht die kleine Zwei-Zimmer-Wohnung, in der das Wohnzimmer als Arbeitszimmer für Arno hergerichtet wird. Mutter und Sohn schlafen gemeinsam im anderen Zimmer.
Sie sind wie eine Einheit. Wenigstens Gertrud Werhan empfindet es so. Da wird ihrer übersteigerten Liebe plötzlich ein harter Stoß versetzt.
Arno, der sein Studium sehr ernst nimmt und als Ausgleich intensiv Sport betreibt, besucht eine improvisierte Studentenparty. Für Mädchen hat er bis dahin keine Zeit und keinen Blick gehabt. An diesem Abend aber fesselt eine bildhübsche, junge Studentin seine Aufmerksamkeit. Sie wird ihm als Helga Berghoff vorgestellt. Sie tanzen, trinken und reden miteinander. Sie haben viele gemeinsame Interessen, verstehen sich gut – und sie gefallen einander. Sie treffen sich häufiger, verlieben sich. Schließlich überrascht Arno seine Mutter mit der Mitteilung: »Helga und ich – wir wollen heiraten!«
Es trifft sie wie ein Schock. Sie setzt sich, sagt tonlos: »Das kann doch nicht dein Ernst sein. . .«
»Doch, Mutti. Mein voller Ernst!«
Sie schüttelt den Kopf, will es nicht wahrhaben. »Aber jetzt doch noch nicht, Bub«, sagt sie verzweifelt. »Warte wenigstens, bis du Assessor geworden bist. Du kannst doch noch keine eigene Familie ernähren!«
Lächelnd winkt der Sohn ab. »Es wird schon gehen. Helga verdient gut. Und Miete müssen wir vorläufig nicht zah-

len. Im Haus von Helgas Eltern wird im nächsten Jahr eine Wohnung frei. Da können wir einziehen.«
»Und... ich?« fragt Gertrud Werhan hilflos.
»Du ziehst später zu uns!«
Aber das tröstet sie nicht. Sie weiß: Das würde nicht gut gehen. Ihr wird in diesem Moment erschreckend klar, daß sie ihren Jungen, für den sie bisher *alles* war, mit der Heirat für immer verlieren wird.
Sie unternimmt einen letzten Versuch, ihm das Mädchen, das sie bisher kaum beachtet hat, das nun aber zu einer gefährlichen Rivalin geworden ist, auszureden. Sie sagt: »Das ist nicht die Richtige für dich! Eine Frau, die alles von unten nach oben putzt, wird nie eine gute Hausfrau.« Sie sagt: »Das Mädchen ist viel zu kühl. Ein Mann wie du braucht viel Liebe, Zärtlichkeit und Verständnis.« Und sie sagt auch: »Sie ist nicht der Typ, der mit dir durch dick und dünn geht. Wenn du dein Examen nicht bestehst, läßt sie dich bestimmt sitzen.«
Doch Arno, sonst seiner Mutter gegenüber immer weich und nachgiebig, läßt sich davon nicht beeindrucken. Diesesmal bleibt er hart.
Als sie merkt, daß er von der Heirat nicht abzubringen ist, schwenkt sie um. Sie gibt vor, sich damit abzufinden, bemüht sich ihrer künftigen Schwiegertochter gegenüber um einen freundlichen Ton. Aber damit täuscht sie nur etwas vor.
Den Menschen ihrer engsten Umgebung bleibt nicht verborgen, wie sehr ihr Wesen sich verändert. Affekte stauen sich in ihr auf.
Ihr Bruder Rolf sagt vor der Polizei: »Ich kannte Gertrud nicht wieder. Sonst war sie immer sanft und freundlich. Mit einemmal aber wurde sie immer häufiger aggressiv, ausfallend und streitsüchtig. Daß Arno von ihr weg wollte, muß ihr über den Verstand gegangen sein.«

Es kommt der Tag der Verlobung: Silvester 1957. Das Tonband zeichnet auf, was Gertrud Werhan darüber zu Protokoll gibt:
»Ich ging nicht mit zu der Verlobungsfeier. Arno stand vor mir, mit zwei Blumensträußen in der Hand. Einer davon war für mich. Er sagte: ›Reg dich nicht auf, Mutti, es wird doch alles wieder gut werden!‹ Dann ging er fort. Alles war plötzlich furchtbar leer um mich. Die Silvesterglocken läuteten. Ich war todtraurig. Ich hatte ein Gefühl unendlicher Verlassenheit. . .« Sie unterbricht sich, weint in ihr Taschentuch.
Einer der Beamten fragt: »Warteten Sie, bis Ihr Sohn wiederkam?«
»Ja. Ich blieb die ganze Nacht wach. Als er zurückkam, war das eine Erlösung für mich – ich hatte mein Kind wieder! Er hat mir nichts von der Verlobung erzählt. Er wollte mir nicht weh tun.«
Dann rückt für die verstörte Frau unerbittlich der Termin näher, vor dem sie sich fürchtet, wie der Delinquent vor der Hinrichtung – Arnos Hochzeit. Sie soll am 28. Juli 1958 stattfinden.
Gertrud Werhan: »Immer schlimmer wurde meine Angst, daß ich nach der Hochzeit Arno nicht mehr wie bis dahin ständig um mich haben sollte. Ich geriet in Panik. Ich wollte nicht mehr weiterleben. Ohne ihn hatte für mich alles keinen Sinn mehr. Ich wollte mir das Leben nehmen. . .«
Während die Eltern der Braut für ihre Tochter die letzten Teile der Aussteuer kaufen, geht die Mutter des Bräutigams in ein Haushaltwarengeschäft und kauft ein achtundzwanzig Zentimeter langes Küchenmesser mit feststehendem Griff und leichtem Wellenschliff.
Gertrud Werhan: »Ich wollte mir damit die Pulsadern öffnen oder einen Herzstich versetzen.« Zu Hause versteckt sie das Messer in ihrem Nachttisch.

Mehrere Male ist sie nahe daran, ihren tödlichen Entschluß auszuführen. Ihrem Sohn gelingt es aber immer wieder, sie zu beruhigen und aufzufangen. Er ahnt nicht, was in seiner Mutter vorgeht.
Zwei Tage vor der Hochzeit wird sie erneut von tiefen Depressionen befallen. Sie sitzt zu Hause und näht etwas für das junge Paar. Alles erscheint ihr ausweglos. Sie sagt: »Ich wollte Schluß machen – endgültig.« Noch ein anderer Gedanke setzt sich in ihr fest: Arno wird es »menschlich und beruflich schwer haben, wenn seine Mutter Selbstmord gemacht hat.« Sie beschließt deshalb, ihn mit aus dem Leben zu nehmen.
An diesem Punkt der Vernehmung fragt der Kommissar: »Haben Sie daran gedacht, die Schwiegertochter zu töten?« Die Frau schüttelt leicht den Kopf. »Nein. Denn dann hätte ich Arno ja auch verloren. Das hätte er mir nie verziehen. Ich wollte ihn nicht hergeben und einfach mit allem Schluß machen...«
Wie eine eiskalte Mörderin bereitet die besorgte Mutter die Bluttat vor. Sie horcht die Nachbarin aus, ob sie nicht bald in Urlaub fahre. Sie holt 1300 Mark von der Kasse. Damit sollen alle Nachlaßverbindlichkeiten geregelt werden. Und sie schreibt einen Abschiedsbrief. Er enthüllt das Hauptmotiv ihres späteren Verbrechens; ihren Haß und ihre übersteigerte Eifersucht auf ihre Schwiegertochter Helga. »Nun muß es also doch sein«, schreibt sie. »Ich gehe aus dem Leben und nehme Arno mit...« Dann rechnet sie mit Helga ab, die von allen anderen, die sie kennen, als hilfsbereit und liebenswert beschrieben wird: »Die zieht den Arno aus, daß es ganz gemein ist. Arno hat sich 1500 Mark gespart. Die muß er ganz hineinstecken. Ich hab' ein Herrenzimmer gekauft und soll noch so vieles mitgeben. Von Haushalt scheint auch keine Spur. Mir stehen die Haare zu Berge, wenn ich den Betrieb sehe. Einige Kameraden Arnos

sagten schon zu mir: ›Das ist doch kein Mädchen zum Heiraten!‹ Die haben recht. Arno würde mit ihr nie, nie glücklich – er würde zerbrechen...«
Ihr Sohn ahnt weder von diesem Brief noch von den finsteren Gedanken seiner Mutter, die das Todesurteil über sich selbst und über ihn gefällt hat.
Der letzte Tag seines Lebens bricht an: der 27. Juli 1958, ein Sonntag.

Gertrud Werhan schildert den Beamten der Mordkommission diesen Tag so:
»Wir frühstückten zusammen und aßen zusammen zu Mittag. Danach machte Arno Besorgungen und besuchte das Grab meines Mannes. Abends gingen wir in die letzte Vorstellung im City-Kino und sahen uns den Kriminalfilm *Hinter blinden Scheiben* an. Auf dem Heimweg, in der Straßenbahn, sagte Arno zu mir: ›Mutti, du brauchst dir keine Gedanken zu machen wegen der Heirat. Wir sind oft bei dir. Oder du setzt dich in die Straßenbahn und kommst zu uns.‹ Dann sagte er noch, ich solle ein paar Tage verreisen und mir etwas kaufen, was mir Freude macht.«
Zu Hause setzt Gertrud Werhan ihrem Sohn noch einen Imbiß vor, ein weichgekochtes Ei, eine Tasse Kaffee und ein Glas Zitronensaft. Es ist 23 Uhr. Arno blättert in der Zeitung, sieht sich die Lottozahlen an. Dann steht er auf. Er nimmt eine Schlaftablette – er ist nervös wegen der bevorstehenden Hochzeit – und geht nach nebenan in das gemeinsame Schlafzimmer. Aus dem Bett fragt er: »Kommst du auch bald, Mutti?«
»Ja, mein Bub.«
Kurze Zeit später zieht Gertrud Werhan ihr Kleid aus, behält die Unterwäsche aber an. Darüber streift sie ihr Nachthemd, legt sich neben Arno ins Bett. Sie schildert: »Aber ich konnte nicht schlafen. Ich mußte immerzu daran den-

ken, wie allein ich bald sein würde. Ich bekam wahnsinniges Herzklopfen, stand auf und lief in der Wohnung hin und her. Stand abermals auf, legte mich wieder hin. Dann dachte ich: Jetzt wirst du es tun!«

Gertrud Werhan geht in die Küche. Dort sieht sie die offene Schachtel, aus der ihr Sohn eine Schlaftablette genommen hat. Es sind noch drei Tabletten in der Schachtel.

Wörtlich hier der nun folgende Dialog zwischen den Beamten der Nürnberger Mordkommission und der verzweifelten Mutter über die entscheidenden Augenblicke vor und während der Tat.

FRAGE: »Was machten Sie mit den Tabletten?«

ANTWORT: »Ich nahm ein Glas, ließ Wasser reinlaufen und löste die Tabletten auf. Nein, es war umgekehrt: Ich gab erst die drei Tabletten ins Glas und ließ dann Wasser drauf laufen. Ich schwenkte das Glas. Die Tabletten haben sich sehr schnell aufgelöst.«

FRAGE: »Was war Ihre Absicht mit den Tabletten?«

ANTWORT: »Ich wollte sie dem Arno geben. Er sollte doch nichts spüren, denn danach sollte das Schlimmste kommen – mit dem Messer.«

FRAGE: »Hatten Sie zu diesem Zeitpunkt das Messer schon aus dem Nachttisch herausgeholt?«

ANTWORT: »Das weiß ich nicht.«

FRAGE: »Schlief Ihr Sohn schon, als Sie ihm das Wasser reichten?«

ANTWORT: »Ja.«

FRAGE: »Ist er dabei nicht aufgewacht?«

ANTWORT: »Nein. Mit einer Hand habe ich Arnos Kopf hochgehoben und mit der anderen das Glas an den Mund gehalten. Ich habe nur einmal gehört, wie er ›hm‹ machte. Er war benommen von der Tablette, die er selbst vor dem Schlafengehen genommen hatte.

Ich weiß wirklich nicht mehr, ob ich daran anschließend

das Messer aus dem Nachttisch geholt habe, oder ob ich es schon vorher rausgenommen hatte. Sofort nach dem Eingeben habe ich dann mit dem Messer geschnitten – ein- oder zweimal... Es war dunkel, ich hatte kein Licht gemacht. Nur aus der Küche kam etwas Licht rein...«
Pause. Gertrud Werhan weint. Sie braucht einige Zeit, um sich zu beruhigen. Die Kriminalbeamten setzen die Vernehmung fort.
FRAGE: »Was geschah dann?«
ANTWORT: »Mein Junge richtete sich mit dem Oberkörper auf, drehte sich im Bett etwas zur Seite, zu mir her. Und da merkte ich, wie zum ersten Mal Blut kam... Danach passierte etwas Entsetzliches: Arno kam aus seiner Benommenheit zu sich. Er starrte mich an. Taumelnd stand er dann auf. Er stieg rasch aus dem Bett. Ich konnte ihn noch am Rücken an seinem Unterhemd fassen, lief hinter ihm her in den Korridor. Das Messer warf ich aufs Bett. Ich versuchte, ihn zu halten und zu stützen, aber er stürzte auf den Boden. Er blutete stark und röchelte.
Ich machte Licht. Da habe ich erst richtig gesehen, wie hoffnungslos die Verletzungen meines Sohnes waren. Denn sonst hätte ich bestimmt versucht, ihn noch zu retten. Ich warf mich über ihn und flüsterte: ›Um Gottes Willen, Arno!‹ Sein Röcheln wurde immer schlimmer.
Dann habe ich das Messer aus dem Schlafzimmer geholt und ihn noch mal in den Hals geschnitten, damit sein Leiden aufhört.
Kurz drauf schellte es. Die Nachbarin aus der Wohnung unter mir. Sie hatte das Poltern vom Sturz Arnos gehört und wollte wissen, was los sei. Ich sagte, Arno sei es schlecht geworden, und sie ging wieder.
Lange habe ich neben meinem toten Jungen gekniet und geweint. Dann schob ich ihm ein kleines Kissen unter den Kopf und deckte ihn mit einer weißen Steppdecke zu...

Vorher hatte ich ihm noch die Hände gewaschen und ihm die Armbanduhr abgenommen.«

FRAGE: »Haben Sie ihm nicht auch den Verlobungsring vom Finger gezogen?«

ANTWORT, zögernd: »Ja.«

FRAGE: »Und warum?«

ANTWORT, abermals zögernd: »Das weiß ich nicht.«

FRAGE: »Sollte er nichts mehr bei sich haben, was ihn an seine Braut erinnerte?«

ANTWORT, sehr leise: »Vielleicht...«

Das Surren des Tonbandes ist das einzige Geräusch im Zimmer. Mit ihrem Taschentuch reibt Gertrud Werhan sich die rotgeweinten Augen. Unerbittlich folgen die nächsten Fragen.

FRAGE: »Was taten Sie dann weiter?«

ANTWORT: »Ich zog das schwarze Trauerkleid an, das ich noch von der Beerdigung meines Mannes hatte. Danach ging ich ins Zimmer und schrieb noch ein paar Zeilen an Verwandte. Ich verbrannte sie dann aber – was hatte das alles noch für einen Sinn? Ich warf noch einen Blick auf die leeren Stellen, wo früher die Möbelstücke gestanden hatten, die mittags in die neue Wohnung meines Sohnes abgeholt worden waren.

Nicht, daß Sie mich falsch verstehen: Es ging mir nicht um den Verlust dieser Dinge. Aber der Abtransport war für mich das äußere Zeichen für die Trennung von Arno...

Aus einem Kästchen im Schlafzimmer holte ich dann alles Geld, was ich besaß. 2300 Mark davon legte ich auf den Tisch, flach unter die Obstschale.«

FRAGE: »Vor der Tür zum Schlafzimmer lag doch ihr Sohn?«

ANTWORT: »Ja. Ich mußte über ihn hinwegsteigen. Es tat entsetzlich weh! Aber ich wollte doch alles richtig machen. Das Geld waren Hundert- und Fünfzigmarkscheine. Ich glaube, ich habe sie noch mal gezählt. Davon sollte die Beerdigung von Arno und mir bezahlt werden. Dazu legte ich den Brief, den ich am Abend vorher geschrieben hatte. Auf den Rand einer Zeitung kritzelte ich noch: ›Ich konnte nicht anders! Arno sollte nicht leiden unter den Menschen.‹

Als Andenken an ihn nahm ich seine Uhr mit, die noch von meinem Mann stammt, und seinen grauen Lieblingspullover. Gegen sieben Uhr morgens ging ich aus unserer Wohnung. Ich wollte mich vor einen Zug werfen, meinem Arno in den Tod folgen...«

Menschen aus ihrem engeren Umkreis berichteten später im Prozeß gegen Gertrud Werhan, daß sie eine weiche, zartempfindende Frau sei, die nicht mal eine Fliege töten könnte. Als sie einmal lebende Karpfen kaufte, mußte ein Freund Arnos geholt werden. Sie selbst brachte es nicht übers Herz, die Tiere zu töten.

Und diese sensible, mütterliche Frau verläßt am Morgen des 28. Juli 1958 ihr Haus als Mörderin! Sie hat ihren Sohn auf unfaßbare, grausame Weise getötet, heimtückich, im Schlaf, ohne daß er eine Chance gehabt hätte, sich zu wehren.

Für alle, die diese Frau kennen, ist ihre Tat unbegreiflich. Erst die Untersuchungen der Ärzte sollen ans Licht bringen, wie gefährlich überspannt ihre Mutterliebe war. Sie hatte sich in ihr Gegenteil verkehrt, war in tödlichen Vernichtungswillen umgeschlagen – aus Eifersucht.

Sie selbst streitet ab, auf ihre künftige Schwiegertochter eifersüchtig gewesen zu sein, gibt aber – nach dem Motiv der Tat befragt – zu: »Bei so einer engen Verbundenheit zwischen Mutter und Kind ist es ja verständlich, daß ich Arno nicht gerne weggegeben hätte.«

Doch sie verrät sich mit ihrer ersten Handlung, nachdem

sie ihr Haus verlassen hat: Sie geht in den Stadtpark – hier schleudert sie den Verlobungsring ihres Sohnes fort. Ein symbolischer Akt: Das letzte Zeichen der Bindung Arnos an die andere Frau existiert nicht mehr. Der tote Arno, ihr Junge, gehört ihr jetzt ganz allein...

Während die Braut letzte Vorbereitungen für die Hochzeit trifft, setzt sie sich in einen Zug. Auf der Strecke zwischen Erlangen und Forchheim wirft sie das Küchenmesser, die Tatwaffe, aus dem Fenster. In Forchheim geht sie in eine Kirche, legt 200 DM in zwei Opferstöcke. Anschließend setzt sie sich in ein Café und schreibt einen Brief an einen Freund ihres Sohnes. Sie versucht darin, ihre Tat und den Selbstmord, den sie jetzt ausführen will, zu begründen.

Sie fährt mit dem Omnibus nach Fürth, will sich dort am Bahnhof vor einen Zug werfen. Doch es sind ihr zu viele Leute dort. Sie will den Abend abwarten. Vom Bahnhof aus läuft sie zu Fuß die Gleise entlang, immer weiter, zur Stadt hinaus. Landarbeiter, die sie beobachten, stören sie. Die Männer rufen bei der Bahn an und weisen auf das seltsame Gebaren der weißhaarigen Frau hin. Das soll ihr später das Leben retten. Denn alle Zug- und Lokführer, die die Strecke befahren, werden von der Fahrleitung gewarnt: ›Achtung! Eine Selbstmörderin ist unterwegs!‹ Daraufhin fahren alle Züge langsamer.

Schließlich ist es soweit. Gertrud Werhan hat einen Platz für ihr Vorhaben gefunden. Sie hängt ihren Mantel und ihre Handtasche an eine Brückenverstrebung. Sie wartet drei Züge ab. Dann läuft sie auf die Schienen, dem vermeintlichen Tod entgegen. Aber der Personenzug 2266 hält. Der Zugführer steigt aus, holt die Lebensmüde von den Schienen.

Als man im nächsten Bahnhof ihre Personalien aufnimmt, hat der Tod ihres Sohnes sie schon überholt: Nach dem

Auffinden der Leiche in ihrer Wohnung wird nach ihr gefahndet. Sie wird festgenommen.
Kurz darauf gesteht sie.

Eine Mutter, die ihren einzigen Sohn tötet, weil sie »das Beste« für ihn will, wie sie sagt, eine solche Frau gibt Juristen und Medizinern Rätsel auf.
Gertrud Werhan wird von drei Psychiatern untersucht. Alle sind sich schließlich in einem Punkt einig: Diese Frau ist nicht mit normalen Maßstäben zu messen. Sie war krank, als sie zum Messer griff. Sie ist nicht voll zurechnungsfähig.
Am 21. März 1960 beginnt unter großem Publikumsandrang in Nürnberg der Prozeß gegen Gertrud Werhan. Im Zuschauerraum überwiegend Frauen. Viele darunter, die in Alter und Aussehen der traurigen Angeklagten gleichen. Mütter vielleicht, die ebenfalls mit dem Konflikt des Verzichtenmüssens fertig zu werden hatten, als ihre Kinder das Haus verließen, ein eigenes Leben begannen. Man spürt: Sie haben überwiegend Mitleid mit der Weißhaarigen auf der Anklagebank, die diese schwere Krise im Leben einer Frau nur durch Mord zu lösen vermochte.
Der Staatsanwalt hat dieses Mitleid nicht. Er hält Gertrud Werhan für eine gewöhnliche Mörderin, die heimtückisch und aus niedrigen Beweggründen tötete.
»Ihr Motiv war Eifersucht«, ruft er aus. »Übersteigerte Eifersucht auf die künftige Schwiegertochter. Sie ging planmäßig vor und litt bei der Tat nicht unter Bewußtseinstörungen. Nach außen hin täuschte sie ihr Einverständnis mit der Heirat vor – tatsächlich hatte sie aber schon längst den Tod ihres Sohnes beschlossen.
Dadurch wollte sie eine Eheschließung verhindern. Für sie blieb er bis zuletzt das ›Kind‹, das sie unter allen Umständen bei sich behalten und dem sie kein Recht auf eigenes Leben einräumen wollte. Lieber sollte er sterben!«

Gertrud Werhan in ihrem einfachen schwarzen Kleid, das sie auch bei der Beerdigung ihres Mannes und nach dem Töten ihres Sohnes Arno getragen hatte, zeigt keine Regung nach diesen Worten des Anklägers. Er hat es leicht: Er braucht die Vorbereitung und den Ablauf der Tat nur aus ihren Aussagen vor der Polizei und vor dem Untersuchungsrichter abzulesen. Nichts, kein noch so unwichtiges Detail, hat sie dabei verschwiegen. Ausdruckslos starrt sie während des Vortrages des Staatsanwalts in eine Ferne, die nicht nach Metern zu messen scheint.

Der Vorsitzende wendet sich an sie.

VORSITZENDER: »Angeklagte, wann faßten Sie den Entschluß, Ihren Sohn zu töten?«

GERTRUD WERHAN: »Ich weiß es nicht. Es kam immer mehr auf mich zu, daß ich es tun mußte.«

VORSITZENDER: »Nach dem Kinobesuch hatten Sie keine Bedenken mehr?«

GERTRUD WERHAN: »Ja, ja – es mag stimmen...«

Der Staatsanwalt schaltet sich ein. Blickt sie scharf an, als er die nächste Frage stellt.

STAATSANWALT: »Sie hatten doch das Messer angeblich gekauft, um sich selbst umzubringen. Warum haben Sie das nicht getan, nachdem Arno tot war?«

Die Frau blickt gequält, zögert mit der Antwort.

GERTRUD WERHAN: »Weil ich fürchtete, ich würde nicht sterben. Und ich hatte ja gesehen, unter welchen Schmerzen der Arno sterben mußte. Früher hatte ich auch schon überlegt, es mit Gas zu machen. Aber das hätte man im Haus gerochen, und die Nachbarn hätten mich vielleicht gefunden, ehe ich tot war. Es sollte ganz sicher sein. Deshalb ging ich zu den Zügen.«

STAATSANWALT: »Hm.«

Dann kommen die Sachverständigen zu Wort. Kühl und sachlich sezieren sie ein Mutterherz.

Professor Dr. Mickorey erstattet als erster sein Gutachten. »Diese Frau ist vor eine ganze Reihe von Katastrophen gestellt worden, mit denen ihre einfache Natur nicht fertig wurde«, führt er aus. »Das Schlimmste für sie aber war, daß ihr Sohn, an dem sie mit jeder Faser hing, nach dem Tod ihres Mannes hinaus ins eigene Leben drängte. Das konnte sie nicht verwinden. Das brachte diese kranke Frau, die unter zu hohem Blutdruck und Arterienverkalkung leidet, aus dem Gleichgewicht. Ihre Mutterliebe war überspannt. Eine Perversion des Muttertriebes könnte man es nennen, etwas Widernatürliches. Das Eintreten der Braut Arnos in ihr Leben war der entscheidende Schock.
Sie kämpfte gegen ihre Gefühle an. Ja, sie fand das Mädchen sogar nett, nannte es Helgalein, verwöhnte sie. Denn sie wollte Arno ja nicht wehtun. Sie fing mit anderen Leuten Streit an, um ihre aufgestauten Affekte abzureagieren. Sie sagte nie etwas Böses zu der Braut. Sie schluckte alles herunter. Sie schwieg – und machte durch das Schweigen ihr Herz zu einer Mördergrube.«
Der Professor hebt seine Stimme, als er fortfährt: »Der Mutterinstinkt dieser Frau ist etwas Wildes, Elementares. Sie hielt es für ihre Pflicht zu töten – um ihren Sohn, wie sie meinte, vor einer unglücklichen Zukunft zu bewahren.«
Er schließt: »Ein wirklich einmaliger Fall. Der klassische Fall des Paragraphen 51,2 (Verminderte Zurechnungsfähigkeit). Ich würde sagen: Geistesschwäche, organisch bedingt.«
Auch die beiden anderen Gutachter kommen zu einem ähnlichen Ergebnis.
Dr. Waiz führt aus: »Frau Werhan hat sich bis heute noch nicht von ihrem Jungen lösen können. Sie lebt mit ihm in geistiger Weise fort. Jede Nacht träumt sie von ihm. Er erscheint ihr als Schuljunge mit Ranzen – so, wie sie ihn sich erhalten wollte.

Ihr Ich und sein Ich waren eins. Wenn sie an Zerstörung dachte, konnte das nur die Zerstörung des gemeinsamen ›Wir‹ sein. Hätte sie die Braut getötet, was nahe lag, dann hätte sie ja ihren Jungen verloren. Selbst bei ihrer schauerlichen Tat wollte sie ihn noch schonen. Er sollte glücklich ins Bett gehen und nicht wieder aufwachen. Ihr Kind würde sie dann immer für sich allein behalten. Bewußt hat sie immer wieder dieses Wort ›Kind‹ gesagt.«

Und Medizinalrat Dr. Bittner, der Gerichtsarzt, sagt: »Diese Frau hat ein gewisses Maß an Schuld zu tragen. Aber sie hat nicht wie ein vollwertiger Mensch reagiert!« Auch er plädiert für Milde.

Nach diesen beeindruckenden Gutachten läßt der Staatsanwalt die Mordanklage fallen. Er fordert in seinem Plädoyer eine Verurteilung Gertrud Werhans wegen Totschlages. Die Richter schließen sich seinem Antrag an. Ihr Urteil lautet: Acht Jahre Zuchthaus und spätere Einweisung in eine Heil- und Pflegeanstalt.

In der Urteilsbegründung heißt es: »Auch bei Würdigung der anerkannten verminderten Zurechnungsfähigkeit der Angeklagten gereicht es der Angeklagten zum schweren Vorwurf, daß sie als Mutter nicht den von der Natur vorgeschriebenen Weg des Verzichts gefunden und die Zuneigung des Sohnes zur Braut nicht als Tatsache hingenommen hat.«

Selbst im Zuchthaus bleibt die weißhaarige Strafgefangene Werhan ihrem Sohn noch auf gespenstische Weise verbunden. Sie betreibt einen wahren Reliquienkult mit dem Toten. Seine Armbanduhr, seinen Pullover, Taschentücher und Bücher von ihm, all das, was ihr von ihm geblieben ist, baut sie auf ihrem Zellentisch zu einer Art Altar auf. Ängstlich wacht sie darüber, daß niemand diese Gegenstände berührt.

Eine arme, kranke Frau, die nur drei Jahre ihrer Haft absitzt. Dann wird sie erlöst: Mit schweren Kreislaufstörungen bringt man sie aus dem Zuchthaus Aichach in die Heil- und Pflegeanstalt Erlangen. Dort stirbt sie am 4. Januar 1963 an Altersschwäche.
Ohne ihren Sohn hatte sie nicht mehr die Kraft und den Willen zu leben.

6

Der Fall Louise Barenne

Einladung zum Tee

Wenn Madame Louise Barenne anruft, die Frau ihres Chefs, hat die zierliche Sekretärin Odile Druard jedesmal ein ungutes Gefühl. So ist es auch an diesem Donnerstagmorgen im März. Der Grund: Sie liebt ihren Chef, und er liebt sie. Deshalb hat er vor vier Wochen ganz überraschend seine Frau und seine beiden Kinder verlassen und ist zu seiner hübschen, jungen Geliebten gezogen. Madame Barenne kann das nicht überwinden. Sie haßt Odile.

Das Gespräch wird von der Telefonzentrale der Tuchweberei Damar in Roubaix, Nordfrankreich, in das Sekretariat des Verkaufsdirektors Daniel Barenne durchgestellt. Odile nimmt ab, meldet sich.

Eine helle, etwas schrill klingende Frauenstimme dringt an ihr Ohr: »Guten Morgen, Mademoiselle Druard!«

Verlegen erwidert Odile: »Ich kann Sie leider nicht mit Ihrem Mann verbinden. Er ist geschäftlich unterwegs.«

Üblicherweise hängt Madame Barenne in solchen Fällen wütend ein. Nicht so an diesem Morgen. Überraschend freundlich sagt sie: »Ich möchte nicht mit meinem Mann, sondern mit Ihnen reden.«

»Mit mir?«

»Ja. Aber bitte versprechen Sie mir, daß mein Mann kein Wort davon erfährt.«

Odile erwidert verwirrt: »Ja, natürlich – wenn Sie es wünschen.«

»Es ist sehr dringend, meine Liebe«, fährt die andere mit ihrer unangenehm schrillen Stimme fort. »Und vor allem in Ihrem Interesse. Aber wir sollten es nicht am Telefon, sondern persönlich besprechen. Hätten Sie nicht Lust, zu mir zu kommen? Vielleicht heute nachmittag – zu einer Tasse Tee?«

Die Liebenswürdigkeit von Madame ist für die Sekretärin ungewohnt und rätselhaft. Zögernd stimmt sie zu.

»Ja, Madame.«

»Würde es Ihnen gegen fünf Uhr passen, gleich nach Büroschluß?«

»Ja, Madame.«

Langsam legt Odile Druard den Hörer auf die Gabel zurück. Nachdenklich kräuselt sie die Stirn. Was hat diese überraschende Einladung zu bedeuten?

In ihre Gedanken mischen sich Furcht und Hoffnung. Furcht, weil sie annehmen muß, daß Madame Barenne ihr eine Szene macht. Hoffnung, weil der milde, freundliche Ton eher eine gute Nachricht erwarten läßt. Ob sie ihr beim Tee vielleicht sagen will, daß sie nun doch endlich mit der Scheidung einverstanden ist? Daß sie Daniel freigibt? Sie, Odile, hat es zwar nicht darauf angelegt, der anderen den Ehemann und den Kindern den Vater wegzunehmen – aber Verstand und Gefühl gehen nur selten Hand in Hand. Und Liebe ist oft stärker als alle guten Vorsätze.

Odile erledigt in den folgenden Stunden ihre Arbeit zerstreut, mechanisch. Sie ist nicht bei der Sache, hat Mühe, sich zu konzentrieren.

Am liebsten würde sie mit ihrem Chef und Geliebten über den Anruf von Madame Barenne sprechen. Aber er ist ja nicht da. Und außerdem: Hat sie Madame nicht ihr Wort gegeben, ihm gegenüber zu schweigen? Sie versucht also nicht, ihn zu erreichen.

Kurz vor fünf Uhr verläßt die zierliche Odile Druard an

diesem 16. März 1961 ihr Büro. Vor der Fabrik besteigt sie ihren kleinen Renault und macht sich auf den Weg in den nahegelegenen Ort Tourcoing, zur Villa der Familie Barenne.

Eine Kollegin sieht sie rasch davonfahren. Danach wird die Sekretärin nicht mehr lebend gesehen.

Das Telefongespräch mit ihrer Rivalin, die Fahrt zu der Teestunde am Nachmittag – das alles rekonstruiert die Polizei später in etwa so, wie es hier geschildert wird. Wichtige Bausteine dazu liefert die Vorgeschichte der Tragödie, die sich nun anbahnt.

Als Odile 1959 ihre Stellung in der Tuchweberei Damar antrat, hatte sie eine strenge Erziehung in einer Klosterschule hinter sich. Sie war neunzehn, dunkelblond und von den frommen Schwestern dazu angehalten worden, Mitgefühl für die Mitmenschen zu entwickeln. Die junge Frau entwickelte ein starkes Gefühl für einen einzigen Menschen – für ihren Chef, den damals einunddreißigjährigen Daniel Barenne.

Er sah gut aus, war überaus tüchtig. Obwohl noch relativ jung, hatte es Barenne schon weit gebracht. Er besaß eine moderne Villa, einen eleganten Wagen, hatte eine attraktive Frau und zwei gesunde Kinder.

Odile aber fand schon bald heraus, daß er nicht glücklich war. Oft war er gedrückter Stimmung und nicht selten müde. Dann aber stürzte er sich wieder mit Übereifer in die Arbeit. Er machte unnötige Überstunden und blieb oft bis tief in die Nacht im Büro.

Später sagte einer seiner Kollegen: »Wir hatten den Eindruck, daß er einfach nicht nach Hause wollte.«

Bei einem verheirateten Mann, der abends aus dem Büro nicht nach Hause will und sich in die Arbeit flüchtet, muß etwas in der Ehe nicht stimmen. Bei Daniel Barenne und

seiner um ein Jahr älteren Frau stimmte 1959 so gut wie nichts mehr.
Beide stammen aus gutem Hause. Sonst aber hatten sie nur wenig gemeinsam. Er, weich und sensibel, interessierte sich für Kunst, Musik und Literatur. Sie, kühl und nüchtern, nahm an diesen Dingen kaum Anteil. Sie beschäftigte sich mehr mit den Äußerlichkeiten des Lebens. Sie hielt ihren Haushalt in Ordnung, sorgte für ihren Mann und die Kinder, und wie viele Frauen erwartete sie, daß ihre Ehe von ganz alleine funktioniere.
Das Erwachen aus diesem Traum war schmerzlich.
Als Louise merkte, daß das Interesse ihres Mannes an ihr nachließ, bemühte sie sich nicht, ihn zurückzugewinnen, sondern sie wollte ihn zwingen, sich ihr wieder zuzuwenden. Sie machte ihm heftige Szenen und täuschte einige Selbstmordversuche vor.
Das war die Situation, als die junge Sekretärin Odile Druard in die Firma eintrat. Sie war keineswegs der attraktive, lockende Typ, der Männern in einer labilen Ehe zur Gefahr wird. Aber sie war frisch und anregend, voller Mitgefühl und voller Interesse für all die Dinge, über die Daniel Barenne mit seiner Frau nicht sprechen konnte.
Es begann nicht wie die typische Büroliebe zwischen Chef und Sekretärin. Es begann streng platonisch: mit gemeinsamen Besuchen von Theater und Konzerten, mit Diskussionen und Gesprächen weit über die offizielle Bürozeit hinaus. Aus den vielen gemeinsamen Interessen wurde Zuneigung. Aus der Zuneigung dann eben doch: Liebe.
Das Verhältnis zwischen ihrem Mann und seiner Sekretärin blieb Louise Barenne nicht lange verborgen. Sie reagierte mit Vorwürfen und Hysterie und sie drohte wieder mit Selbstmord.
Der weiche, sensible Daniel wußte schließlich nicht mehr

ein noch aus. Einer solchen Situation war er nicht gewachsen. Er fühlte sich hin- und hergerissen: Sein Herz schlug für seine Geliebte, sein Gewissen für seine Familie. Wem sollte er nachgeben – dem Gefühl oder dem Verstand?
Da ihm die Kraft zur eigenen Entscheidung fehlte, sagte er eines Tages flehentlich zu seiner Frau: »Ich muß meine Liebe zu Odile überwinden. Bitte, hilf mir dabei – alleine schaffe ich es nicht!«
Louise, plötzlich wieder kühl und nüchtern, nickte. Sie erkannte ihre Chance und entschloß sich, ihm zu helfen, sich von seiner Geliebten zu befreien – auf eine völlig andere Weise allerdings, als er das gedacht hatte.

Kurz vor halb sechs – nach der Rekonstruktion der Polizei und der Staatsanwaltschaft – fährt Odile Druard mit ihrem Wagen vor der Villa der Barennes vor. Ein Haus in der Avenue Edison, im eleganten Wohnviertel von Tourcoing. Sie steigt aus, schließt die Wagentür. Einen Moment bleibt sie unschlüssig stehen, kämpft mit sich. Dann geht sie zum Eingang des gelbgetünchten Gebäudes, schellt.
Madame Louise Barenne öffnet selbst.
»Wie reizend, daß Sie gekommen sind, meine Liebe!« begrüßt sie freundlich ihre junge Besucherin mit der dunkelgetönten Brille. »Bitte, treten Sie doch ein.«
Louise Barenne ist klein, schwarzhaarig, mit kühlen, scharf blickenden Augen. Sie wirkt verhärmt und blaß. Kein Wunder, sie hat in den letzten Wochen, seit dem überraschenden Auszug ihres Mannes allerhand mitgemacht. Doch davon läßt sie sich jetzt nichts anmerken.
Die Sekretärin legt ihren Mantel ab und folgt der Frau ins Wohnzimmer. Der Tisch ist zum Tee gedeckt, mit kostbarem Porzellan, Servietten und ausgesuchtem Gebäck. Ein wenig scheu nimmt Odile Druard auf dem angebotenen Stuhl Platz. Es ist ihr unbehaglich zumute, in diesem Au-

genblick, da sie ihrer Rivalin zum erstenmal gegenübersitzt.
Madame setzt sich jetzt ebenfalls. Sie fragt: »Sie nehmen doch sicher Tee?«
Odile nickt. »Bitte.«
Louise Barenne schenkt ihr aus der Teekanne ein. Sie selbst hat schon eine halbgeleerte Tasse vor sich stehen. Sie wartet ab, bis ihre Besucherin Zucker und Milch genommen und beides verrührt hat.
»Sie können sich sicher denken, Mademoiselle Druard, weshalb ich Sie zu mir gebeten habe«, beginnt sie dann langsam. »Nicht wahr?«
»Ja. Madame.«
»Es geht um Sie und meinen Mann – genauer gesagt: um Sie, meinen Mann, um mich und die Kinder.«
Odile sagt nichts. Schweigend wartet sie ab, was die andere ihr mitzuteilen hat.

Über das, was nach diesen einleitenden Worten der Gastgeberin in der Villa der Barennes weiter geschieht, gibt es später zwei gegensätzliche Versionen – die, der Polizei und der Staatsanwaltschaft und die, des Rechtsanwaltes, der Louise Barenne später im Prozeß verteidigt.
Beide Darstellungen haben nur das Ende gemeinsam: die Tatsache, daß die hübsche, junge Sekretärin genau zweiunddreißig Stunden nach der Teestunde bei Madame Barenne tot ist. Wie sie aber ums Leben kam – darüber gehen die Meinungen weit auseinander.
Für die Polizei stellt sich nach den ersten Ermittlungen der Sachverhalt so dar: Für Louise Barenne war die Einladung zum Tee nur ein Vorwand, ihre junge Rivalin zu sich ins Haus zu locken. Sie wollte sie umbringen, um ihren Mann wieder für sich zu haben. Der Tee, den sie Odile Druard einschenkte, war vergiftet. Nur der Tee in ihrer eigenen,

halbvollen Tasse war einwandfrei. Mit einem Schluck, den sie selbst nahm, konnte sie also ihre Besucherin animieren, auch zu trinken, ohne selbst in Gefahr zu geraten.
Alles verlief zunächst nach ihrem raffinierten, sorgfältig ausgeklügelten Plan:
Odile setzte arglos die Tasse an die Lippen und trank. Noch eine Weile hatte sie dann vermutlich den Worten der Gastgeberin zugehört, ehe das Gift in ihrem Leib zu rumoren begann. Sie krümmte sich zusammen, schrie vor Schmerz.
Louise Barenne war auf diese Reaktion vorbereitet. Sie lief in die Küche, holte eine Wasserkaraffe und ein Glas, das sie schon vorsorglich bereitgestellt hatte. Sie goß Wasser hinein und schwenkte es ein wenig, um das weiße Pulver, ein schweres Schlafmittel, darin aufzulösen. Das Glas mit der Lösung setzte sie dem stöhnenden Mädchen an den Mund.
Vielleicht sagte sie: »Trinken Sie nur, Mademoiselle! Es wird Ihnen helfen. . .«
Odile trank, aber es half nicht gegen den schrecklichen Schmerz. Es dauerte einige Minuten. Dann schwanden ihr die Sinne, und sie fiel vom Stuhl.
Louise Barenne beugte sich über sie, rüttelte an ihrer Schulter. Sie versuchte das am Boden liegende Mädchen aufzurichten – vergeblich.
Sie handelte nicht aus Sorge um Odile Druard, sondern aus Sorge um sich selbst. Denn – so die Tattheorie der Polizei – in ihrem teuflischen Plan war ihr ein entscheidender Fehler unterlaufen.
Madame Barenne hatte sich folgendes überlegt: Sie wollte die Sekretärin in halbbetäubtem Zustand in deren Renault setzen, sie unauffällig in das möblierte Zimmer schaffen, das Odile bewohnte, und dort ein geleertes Röhrchen Schlaftabletten neben sie auf den Nachttisch legen. Damit wollte sie Selbstmord vortäuschen.
Sie hatte jedoch die Wirkung des Schlafmittels, das sie ins

Wasser getan hatte, falsch eingeschätzt. Odile war nicht betäubt, wie sie gehofft hatte, sondern bewußtlos. Die junge Frau lag steif und starr und war deshalb doppelt schwer. Madame Barenne hatte nicht die Kraft, sie aufzuheben und zum Wagen zu bringen. Auch wäre es ihr unmöglich gewesen, Odile unauffällig durch das Treppenhaus in deren möbliertes Zimmer zu schaffen.
Doch die Zeit drängte. Jeden Augenblick konnten ihre beiden Kinder wiederkommen, die sie zum Spielen weggeschickt hatte, um ihren Plan ungestört durchführen zu können. Das bewußtlose Mädchen mußte also möglichst rasch aus dem Wohnzimmer verschwinden.
Da Madame die Leblose nicht aufheben konnte, schleifte sie sie vom Wohnzimmer in die Diele, von der Diele über die steile Treppe hinab in den Keller. Dort bugsierte sie Odile Druard in einen Bretterverschlag und bedeckte sie mit Gerümpel und einigen alten Säcken.
Im Wohnzimmer beseitigte sie anschließend gründlich alle Spuren, die auf einen Gast oder gar auf ein Verbrechen hindeuten konnten. Sie schüttete den vergifteten Tee weg, spülte Odiles Tasse und das Glas mit dem Schlafmittel aus und bereitete dann das Abendessen für sich und die Kinder vor. Auf ihren Mann, der zu Odile gezogen war, brauchte sie ja nicht zu warten.
Die Kinder kamen und aßen. Von der Unruhe ihrer Mutter bemerkten sie nichts. Zur gewohnten Zeit gingen die beiden zu Bett, und Louise Barenne wünschte ihnen wie immer eine gute Nacht.
Dann löschte sie das Licht aus, zog leise die Tür hinter sich zu und ging anschließend in den Keller, um nach ihrem Opfer zu sehen.
Die Frau im Bretterverschlag gab noch Lebenszeichen von sich. Louise Barenne bemerkte es ungerührt. Noch wäre es Zeit gewesen, zu helfen, einen Arzt zu alarmieren. Doch

Madames Herz hatte sich verhärtet. Da war kein Platz für Mitgefühl mit der Rivalin. Zu tief hatte die junge Frau sie gedemütigt, zu sehr fühlte sie sich verletzt. Sie hatte das Sterben der anderen beschlossen, als Preis für ihr eigenes Lebensglück. Denn wenn es Odile nicht mehr gab, so meinte sie, würde ihr Mann wieder zu ihr zurückfinden.
Am nächsten Morgen gab es Odile immer noch.
Louise Barenne stellte es fest, als sie nach dem Frühstück abermals den Verschlag im Keller inspizierte. Sie hatte während der halben Nacht wach gelegen. Nicht etwa gequält von Selbstvorwürfen wegen ihres grausamen, unmenschlichen Handelns –, sondern beschäftigt mit dem Gedanken, wie sie sich der Sterbenden am besten entledigen könnte.
Sie war zu keiner Lösung gekommen. Und auch jetzt sah sie keinen Ausweg. In ihrer Bedrängnis entschloß sie sich, ihre Schwester einzuweihen.
Marie Nifle, vierzig und unverheiratet, war eine kluge, fromme Frau. Bestürzt hörte sie mit an, was Louise ihr anvertraute. Auch sie wußte keine Lösung – bis auf die, auch noch ihren Bruder, den Textilfachmann Raymond Nifle, zu Rate zu ziehen.
Raymond kam sofort auf das Naheliegende.
»Sie muß weg hier!« entschied er nach kurzem Nachdenken. »Das beste ist, wir bringen sie an eine einsame Stelle auf dem Weg zwischen euerem Haus und dem Werk in Roubaix. Es ist immerhin möglich, daß sie jemandem erzählte, daß sie zu dir gehe. Wenn man sie später dort findet, liegt die Vermutung nahe, daß sie Selbstmord beging, nachdem sie sich mit dir ausgesprochen hatte.«
Das klang sehr einleuchtend. Und so wurde es auch gemacht.
Zu dritt trugen sie Odile in Louises Auto und fuhren mit ihr von Tourcoing nach Roubaix. An mehreren Stellen ver-

suchten sie, das Mädchen abzusetzen. Immer aber tauchten im letzten Moment Menschen auf, die ihr Vorhaben vereitelten.
Mehrere Male fuhren sie so hin und her. Stunde um Stunde verging. Raymond, der auf dem Rücksitz neben der Halbtoten saß, die immer wieder gegen seine Schulter fiel, verlor schließlich die Nerven.
»Es hat keinen Zweck!« erklärte er. »Bringen wir sie in ein Krankenhaus. Dann sind wir sie los! Und vielleicht ist sie noch zu retten.«
Louise blickte ihn erschrocken durch den Rückspiegel an. »Aber was willst du dort sagen?«
Raymond überlegte nicht lange. »Ganz einfach: Wir hätten sie in diesem Zustand gefunden. Und zwar in deinem Garten. Es kommt doch häufig vor, daß eine junge Frau in der Nähe des Hauses ihres Liebhabers Selbstmord begeht.«
Seine Schwester hatte dergleichen noch nie gehört. Doch auch sie war plötzlich ernüchtert. Ihr Haß auf die andere war der Vernunft gewichen. Sie nickte, müde, am Ende ihrer Kraft.
»Wie du meinst«, murmelte sie.

Am Freitag, dem 17. März 1961, gegen 17.30 Uhr wurde Odile Druard in das Städtische Krankenhaus von Tourcoing eingeliefert – fast auf die Minute genau vierundzwanzig Stunden, nachdem sie die Villa ihrer Rivalin betreten hatte.
»Es sieht schlimm aus, nicht wahr?« fragte Louise Barenne heuchlerisch den diensthabenden Arzt.
Der nickte. »Ja, Madame...«
Um ein Uhr nachts starb Odile Druard – nach zweiunddreißigstündigem Todeskampf.
Bei der Obduktion fanden die Gerichtsmediziner in ihrem Magen Spuren von Gift und Reste eines starken Schlafmittels. Die Kriminalpolizei wurde verständigt.

Als die Beamten den Angaben der drei Geschwister nachgingen, die Odile ins Krankenhaus gebracht hatten, machten sie einige erstaunliche Feststellungen.
Odile sollte im Garten der Barenneschen Villa gefunden worden sein – nirgendwo auf dem Grundstück aber fand sich eine Spur, die darauf schließen ließ, daß hier ein Mensch nahezu vierundzwanzig Stunden gelegen hatte. Dafür fanden die Polizisten bei der Durchsuchung des Wohnhauses aber etwas anderes: ein reiches Sortiment gefährlicher Giftdrogen und Medikamente in Louise Barennes Privatapotheke. Und einen Brief mit merkwürdigem Inhalt in der Schublade von Louise Barennes Kleiderschrank.
Der Brief hatte folgenden Wortlaut:
»Daniel! Ich habe Sie nie geliebt, und ich sterbe Deinetwegen. Odile.«
Der Text war mit verkrampfter Hand geschrieben. Er wies die typischen Merkmale von Odiles Handschrift auf, doch die geschulten Kriminalisten hatten sofort Zweifel an seiner Echtheit.
Sie vermuteten, daß nicht Odile, sondern Louise ihn verfaßt habe. Wäre es ihr gelungen, diesen Brief zusammen mit Odile in deren möbliertes Zimmer zu schaffen – der angebliche Selbstmord der Sekretärin wäre damit perfekt gewesen.
»Sie haben diesen Brief geschrieben, Madame!« sagte der leitende Kommissar Louise Barenne auf den Kopf zu.
Gequält blickte sie zu ihm auf.
»Nein...«
»Warum haben Sie ihn dann im Kleiderschrank versteckt?«
Sie verschränkte die Arme, als ob sie fror.
»Ich fand ihn bei ihr und legte ihn weg, damit er nicht verlorenging.« Schluchzend wandte sie sich ab. »Ich – ich bin froh, daß es vorbei ist...«

Es war nicht vorbei. Am 21. März 1961 wurde Louise Barenne unter Giftmordverdacht verhaftet. Ebenso ihr Bruder und ihre Schwester. Als Louises Mann davon erfuhr, rief er entsetzt: »Wie konnte sie mir das antun? Sie hat meinen Ruf ruiniert! Was wird man nun von mir denken?«
In der Tat wurde der Fall zum Gesellschaftsskandal, denn die Barennes zählen zu den angesehensten Familien ihrer Stadt. Der Tod Odiles hatte nun plötzlich über Nacht ihre bürgerliche Fassade eingerissen: Monsieur hatte eine Geliebte, Madame war vermutlich eine Mörderin.
Vor dem Prozeß gegen sie wurde erregt darüber diskutiert, ob ihre Tat als *crime passionell*, als Verbrechen aus Leidenschaft, anzusehen sei oder nicht. Frauen, die in Frankreich aus Eifersucht, verletzter Ehre oder einem anderen Affekt ihren Ehemann oder Liebhaber töten, können mit Nachsicht und einem milden Urteil rechnen.
Traf aber die Theorie der Polizei zu, dann hatte Louise Barenne nicht unmittelbar aus einem Wirrwarr von Gefühlen heraus gehandelt, sondern kaltblütig, mit Vorbedacht.
Die Verhandlung begann am 18. März 1963 in Lille – mit einer Sensation. Der Verteidiger setzte allen Spekulationen eine völlig neue verblüffende Version des Tatablaufs entgegen.
»Odile Druard starb nicht durch einen Anschlag von Madame Barenne –, sondern durch einen Anschlag auf sich selbst«, erklärte er. »Sie hat sich in der Wohnung der Angeklagten vergiftet!«
Dann entwickelte er seine Vorstellung der tödlichen Teestunde, die ganz erheblich von der Version der Polizei abwich.
»Madame Barenne machte ihrer jungen Rivalin klar, daß sie sich niemals scheiden lassen würde, schon mit Rücksicht auf ihre Kinder.«

Danach, so die Version des Verteidigers, legte sie vier Schachteln eines starken Schlafmittels zwischen Odile und sich auf den gedeckten Tisch, mit den Worten: »Ich sehe nur einen Ausweg – eine von uns beiden zieht die Konsequenz und scheidet aus dem Leben. Sie oder ich!«
Kurz darauf habe Madame Barenne das Wohnzimmer verlassen. Zwei Stunden später kehrte sie zurück. Die junge Sekretärin sei verschwunden gewesen – die vier Schachteln, deren Inhalt, auf einmal genommen, unbedingt tödlich wirken mußte, waren leer.
Folgte man dieser Darstellung, dann hatte Odile Druard die Tabletten entweder in ihre Handtasche gesteckt – oder sie hatte sie geschluckt.
Im zweiten Falle konnte sie nicht weit gekommen sein. Obwohl ihr das klar sein mußte, unternahm Madame – merkwürdig genug – angeblich nichts, um nach ihrer Nebenbuhlerin zu suchen. Ruhig habe sie das Abendessen zubereitet und danach ihre Kinder ins Bett gebracht. Auch sie selbst soll an diesem Abend früh schlafen gegangen sein.
Am nächsten Morgen stand das Telefon bei ihr nicht still. Nacheinander riefen der Vater Odiles, eine Bürokollegin und Daniel Barenne, ihr Mann, an. Sie alle vermißten Odile seit dem gestrigen Nachmittag. Ob sie die junge Frau nicht gesehen habe?
»Nein«, erwiderte sie jedesmal.
Erst daraufhin – so schilderte ihr Anwalt – sei Louise Barenne der Gedanke gekommen, Odile habe sich etwas angetan. Sie suchte die Vermißte und fand sie gegen elf Uhr – auf ihrer Kellertreppe.
Völlig verstört habe sie nicht zunächst einen Arzt, sondern ihre Schwester und ihren Bruder verständigt. Erst nach dem Eintreffen ihrer Geschwister hätten sie dann zu dritt die Sterbende am Nachmittag – ohne jeden Umweg – ins Krankenhaus gebracht.

Nach dieser Schilderung erhob sich mit zweifelnder Miene der Staatsanwalt.

STAATSANWALT: »Und wie kam der Abschiedsbrief Odile Druards in den Besitz der Angeklagten?«

VERTEIDIGER: »Sie fand ihn bei der bewußtlosen Frau auf der Kellertreppe. Mademoiselle Druard muß ihn schon unter der Einwirkung des Schlafmittels geschrieben haben. Nur so sind der etwas konfuse Text und das unklare Schriftbild zu verstehen.«

In diesem Moment war klar: Der Ausgang des Prozesses hing vor allem von diesem Brief ab – von den Gutachten der Schriftsachverständigen.

Konnten sie nachweisen, daß der Abschiedsbrief Odiles nicht von ihr selbst, sondern mit verstellter Schrift von Louise Barenne geschrieben worden war – dann sprach das eindeutig für die an sich durchaus schlüssige Mordtheorie der Polizei.

Ein Nachweis der Urheberschaft Odiles jedoch mußte die verblüffende, im ersten Augenblick recht unwahrscheinlich klingende Selbstmord-Darstellung des Verteidigers stützen.

Mit Spannung wurde das Auftreten der beiden vom Gericht bestellten Graphologinnen erwartet. Es endete mit einem überraschenden Sieg Louise Barennes. Denn beide erklärten in seltener Übereinstimmung:

»Der Brief stammt von der Hand Odile Druards!«

»Ist Ihrer Meinung nach jeder Zweifel daran ausgeschlossen?« fragte der Vorsitzende.

Beide nickten.

»Ja.«

Auch der medizinische Sachverständige wartete mit einer Überraschung auf: Bei der Untersuchung des Gifts, das man in Odiles Magen gefunden hatte, stellte sich heraus, daß dieses Gift Bestandteil fast aller in Frankreich vertrie-

bener Schlankheitsmittel ist. Und Odile hatte ständig gegen ihr Dickerwerden gekämpft.
Mit siegessicherer Miene begann danach der Verteidiger sein Plädoyer.
»Damit steht fest«, so rief er aus, »daß meine Mandantin keinen Giftanschlag auf Odile Druard verübte! Ihre Schuld besteht einzig darin, ihrer Rivalin die Möglichkeit gegeben zu haben, sich selbst umzubringen. Wer aber will ihr das zum Vorwurf machen, nach allen Erniedrigungen, die diese Frau erdulden mußte?
Sie befand sich in einem Zustand tiefster seelischer Depression. Für sie war das Leben nicht mehr lebenswert. Ich habe keinen Zweifel, daß sie bei einer Weigerung ihrer Nebenbuhlerin für sich selbst die tödlichen Konsequenzen gezogen hätte. Immerhin hatte Louise Barenne zu diesem Zeitpunkt schon drei mißglückte Selbstmordversuche hinter sich. – Ich bitte um Milde!«
Der Staatsanwalt hatte nach dem Zusammenbrechen der wichtigsten Indizien die Mordanklage fallenlassen. Er forderte eine Strafe wegen *Vergiftung* – denn für ihn stehe fest, daß Louise Barenne nicht nur passiv, sondern durchaus aktiv am Ende Odile Druards mitgewirkt habe.
Die Richter schwankten lange. Viele Rätsel um den jähen Tod der zierlichen Odile Druard waren ungelöst. Erst nach zehntägigem, zähen Ringen einigten sie sich auf ein Urteil. Der Vorsitzende verkündete es am Morgen des 28. März 1963: »Die Angeklagte Louise Barenne wird wegen Beihilfe zum Selbstmord zu zwei Jahren Gefängnis mit Bewährungsfrist verurteilt!«
Nach der ausführlichen Begründung des Urteilspruchs drehte sich der Verteidiger mit leisem, triumphierendem Lächeln zu der Frau auf der Anklagebank um.
»Ich gratuliere, Madame!«
Auch Louise Barenne lächelte. Das härteste Urteil gegen

sie aber stand noch aus. Es wurde von dem Mann gefällt, den sie durch ihr verzweifeltes Handeln zurückgewinnen wollte – von ihrem eigenen Mann: Daniel Barenne ließ sich kurz nach dem Prozeß von ihr scheiden.

7

Der Fall Helga Zöller

Ende eines Gigolos

Es ist mitten in der Nacht, als Helga Zöller* im Schlaf hochschreckt und das Gefühl hat, tief in den Abgrund eines Traumes zu stürzen. Das hübsche, verzerrt wirkende Gesicht eines Mannes taucht vor ihr auf. Der Mann lacht böse, ballt die Faust, holt zum Schlag gegen sie aus. . . Es ist das Gesicht von Frank. Er ist ihr Geliebter.

Abrupt endet der Traum. Die vierzigjährige Frau setzt sich in ihrem Bett in dem luxuriös eingerichteten Schlafzimmer auf, weint. In hastigen Bildern ziehen die letzten Monate ihres Lebens an ihr vorüber. Irgendwie hat sie das Gefühl, in einem dunklen Tunnel zu sitzen, aus dem kein Weg mehr herausführt. Sie will sich von ihrem jungen Geliebten nicht länger demütigen, quälen lassen. Sie ist am Ende ihrer Kraft. Sie will sich umbringen.

Jetzt, da sie diesen Entschluß gefaßt hat, handelt sie so, wie es ihrer Art als Geschäftsfrau entspricht: kühl und nüchtern. Ihr Plan: Sie will sich in ihre weiße Jaguar-Limousine setzen, in den Wiener Wald fahren und den Wagen mit hohem Tempo gegen einen Baum steuern. Tot soll man sie aus den Trümmern ziehen.

Helga Zöller steht auf, zieht sich an. Für alle Fälle steckt sie ihre Pistole in die Manteltasche. Ein Walther-Modell, Kaliber 7,65 mm.

* Name geändert

Dann macht sie sich in ihrem Haus im 18. Wiener Stadtbezirk auf den Weg in die Garage. Im Treppenhaus stockt plötzlich ihr Schritt. Sie überlegt: Wenn sie bei dem Unfall nicht stirbt, vielleicht als Krüppel überlebt. . . Nein, darauf will sie es nicht ankommen lassen. In einer plötzlichen Eingebung setzt sie sich auf eine Stufe, nimmt die Pistole, richtet die Mündung auf ihre Brust.

Als passionierte Jägerin ist ihr der Umgang mit Waffen vertraut. Sie entsichert die geladene Waffe, zieht ruckartig den Zeigefinger durch.

Aber nichts geschieht. Die Pistole hat Ladehemmung.

Als sie nervös am Abzugshahn zerrt, löst sich plötzlich eine Kugel. Die Detonation erfüllt das Treppenhaus, und schräg über der Schulter der Frau schlägt das Projektil in die Wand. Putz rieselt auf die Stiegen.

»Da hab' ich mit einemmal an meinen Sohn denken müssen«, sagt Helga Zöller später. »Ich hab' die Waffe wieder weggesteckt.« Sie vergißt aber, sie zu sichern.

Nur langsam beruhigt sie sich. Dann geht sie daran, die verräterischen Spuren ihres Selbstmordversuches zu beseitigen. Sie rührt Gips an und verputzt das Loch in der Mauer des Treppenhauses.

Wenig später öffnet sich im Parterre die Haustür. Sie hört schwere Schritte auf den Stiegen – Frank! Der Mann, um dessentwillen sie aus dem Leben scheiden wollte.

Schwankend steht er vor ihr im Schlafzimmer. Wie so häufig ist er betrunken. Mit schwerer Zunge fragt er: »Warum bist du angezogen – mitten in der Nacht?«

Er ist neun Jahre jünger als sie, sieht blendend aus, wenn er nüchtern ist. Ein Frauentyp.

Langsam setzt sie sich auf die Bettkante. Sie sagt ihm das, was sie ihm schon hundertmal gesagt hat, ohne die Konsequenzen zu ziehen: »Es ist aus zwischen uns, Frank. Ich kann nicht mehr!«

Der Zweiunddreißigjährige mit der athletischen Figur läßt sich vor ihr in einen Sessel fallen und beginnt zu lachen. Helga Zöller später: »Es war so hämisch und grauenhaft – er hat in diesem Moment ausgeschaut wie der Teufel!«
Mitten im Lachen unterbricht er sich. »Was du nicht sagst!« ruft er. »Ich bin dir zu teuer! Du kannst dir mich nicht mehr leisten! Aber keine Sorge: Ich heirate eine junge reiche Frau!«
Sie steht auf, tritt auf ihn zu, will ihm mit einer begütigenden Geste über den Kopf fahren. Doch brutal schlägt er ihre Hand zurück. Da ist Helga Zöller am Ende ihrer Nervenkraft. Sie faßt in ihre Manteltasche, reißt die immer noch ungesicherte Pistole heraus und feuert auf den jungen Mann im Sessel, bis das Magazin leer ist.
»Ich habe geschossen, geschossen, geschossen, so lange es gegangen ist«, sagt sie später vor der Polizei. »Ohne etwas zu denken.«
Die erste Kugel durchschlägt das linke Schulterblatt und die Lunge von Frank S. Er flüchtet aus der Wohnung ins Treppenhaus. Wie entfesselt läuft und schießt seine Geliebte hinter ihm her.
Noch zwei Kugeln treffen ihn. Die eine durchschlägt unterhalb der linken Achselhöhle den Brustmuskel. Die zweite Kugel durchtrennt die linke Hüftschlagader. Der Schwerverletzte kann sich noch bis zur Garageneinfahrt schleppen. Hier sinkt er zu Boden.
Während er auf dem Pflaster verblutet, ruft Helga Zöller die Polizei an.
Dann will auch sie sich erschießen. Doch das Magazin ist leer. Fieberhaft sucht sie die Munitionsschachtel. Sie findet sie endlich, lädt mit zitternden Händen. Sie ist noch dabei, als die ersten Polizisten in ihrer Wohnung auftauchen. Einer von ihnen nimmt ihr die Waffe ab. Weinend bricht sie zusammen.

Die Frau wird ins Wiener Sicherheitsbüro gebracht. Man fragt sie nach dem Motiv ihrer Bluttat. Sie zuckt mit den Schultern, sagt: »Ich weiß selber nicht, was ich wollte. Ich war vollkommen leer. Ich wollte ihn einerseits zurückhaben – und andererseits Schluß machen. Deshalb schoß ich, bis alles draußen war...«
Alles – damit meint sie nicht nur die tödlichen Kugeln. Damit meint sie auch den Haß und die Verzweiflung zweier furchtbarer Jahre.

Als Helga Zöller und Frank S. sich im Herbst 1965 kennenlernen, sind sie ein höchst ungleiches Paar.
Sie ist neununddreißig, der Typ der tüchtigen, feschen und resoluten Geschäftsfrau, wie man ihn gerade in Wien häufig antrifft. Aufgeschlossen, lebenslustig, eine Idee zu blond.
Ungewöhnlich für eine Frau: Sie ist mit dem Auto über zwei Millionen Kilometer unfallfrei gefahren. Sie leitet ein vom Vater ererbtes, gutflorierendes Autogeschäft, hat Grundbesitz und eine eigene Jagd im Burgenland. Sie gilt als millionenschwer. Aber hinter der Fassade der tüchtigen Geschäftsfrau, die *ihren Mann steht,* verbirgt sich – wie später die Psychiater feststellen – ein »schwaches, anlehnungsbedürftiges Wesen«.
Frank S., dreißig, ist Student der Medizin, Sohn einer reichen Arztfamilie aus Kansas City, USA. Ein großer und kräftiger, sehr viril wirkender Mann. Dem Anschein nach der Typ, an den sich eine Frau anlehnen kann.
Doch dieser Eindruck trügt. Hinter der Fassade von Kraft und scheinbarer Stärke verbirgt sich in Wirklichkeit ein Schwächling, der in der so resolut erscheinenden Helga Zöller Halt sucht. Aber das soll sich erst im Lauf ihrer Beziehung herausstellen.
Sie begegnet ihm in ihren Geschäftsräumen, wo er sich

nach einem Wagen umsieht. Er taxiert jedoch nicht nur die Autos, sondern auch die blonde Chefin. Als er das nächste Mal kommt, faßt er sich ein Herz und lädt die ältere Frau zum Heurigen ein.

Helga Zöller findet den jungen Studenten nett und sympathisch. Sie geht mit ihm trinken und tanzen. Sie verlieben sich ineinander. Schon am ersten Abend werden sie intim.

Wie blind stürzt die geschiedene Frau sich in diese neue Liebe. Mit der Leidenschaft und der Angst der Frau um die Vierzig, die fürchtet, womöglich bald ihre körperliche Anziehungskraft zu verlieren und allein zu bleiben. Helga Zöller ist damals sehr einsam. Außerdem hat sie viel nachzuholen. Die Zeit in ihrem Leben, in der sie sich anlehnen und Zuwendung empfangen konnte, ist sehr kurz gewesen.

Am 24. November 1926 wird sie in Wien als Tochter eines vermögenden Autohändlers geboren. Der Vater hat sich einen Sohn gewünscht, der später die Firma übernehmen soll. Sein einziges Kind Helga muß diese Rolle übernehmen, sie muß nun seine Hoffnungen erfüllen. Er faßt sie hart an, viel zu hart für ein empfindsames Mädchen. Vor diesem brutalen väterlichen Zugriff flüchtet sie sich in die Welt der Muse.

Sie nimmt Ballettunterricht, studiert Gesang und Klavier. Sie tritt im Raimund-Theater und im Konzerthaussaal auf. Dem Vater gefällt das nicht; er ist dagegen. Auf seinen Wunsch muß sie sich männlicheren Beschäftigungen zuwenden – sie muß den Autoführerschein, den Motorbootführerschein und den Pilotenschein erwerben. Nach Abschluß der Wirtschaftsschule holt der Vater sie – ohne Rücksicht auf ihre Wünsche und Neigungen – in sein Autogeschäft. Hier zeigt sich in der täglichen Arbeit ihr ungeahntes Talent: Bald schon ist sie die tüchtigste Verkäuferin, erzielt die höchsten Umsätze.

Im Krieg lernt sie Ludwig Zöller kennen, einen Maschinenbaustudenten, der sein Studium nicht so ernst nimmt. Er fällt durch alle Examen und muß schließlich als Kraftfahrer arbeiten. Helga verliebt sich in ihn, und er hält bei ihrem Vater um ihre Hand an. Doch der weist ihn ab. Einen verkrachten Studenten kann er als Schwiegersohn nicht akzeptieren. Als der Vater 1947 stirbt, lebt Helga mit Ludwig Zöller ohne Trauschein zusammen. Er hilft ihr bei der Führung ihres Autohandels. Als zehn Jahre später ein Kind unterwegs ist, heiratet sie ihn. Doch schon ein Jahr später zerbricht die Ehe, durch Zöllers Verschulden.
Helga Zöller leitet den väterlichen Betrieb jetzt allein. Mit viel Geschick und Erfolg. In der Liebe dagegen hat sie nur wenig Glück. Ihre Affären hat sie zumeist mit jüngeren Männern. Sie suchen in der so resolut wirkenden Frau eher das Mütterliche als das Weibliche. Auch der Student Frank S. sucht in ihr die mütterliche Frau.
Dazu muß man allerdings wissen: Der junge Amerikaner fühlt sich nicht nur zu Frauen hingezogen, er liebt auch Männer. Er ist bisexuell. Wegen einer homosexuellen Affäre mußte er seine Heimatstadt Kansas City verlassen.
Helga Zöller bekennt später: »Er hat mich mit Männern betrogen.«

Homosexualität, so sagt die Wissenschaft, wurzelt unter anderem in einer überstarken Bindung an die eigene Mutter. Solchen Männern ist keine andere Frau *gut genug*. Die einzig mögliche Verbindung mit einer Frau ist für sie die mit einer mütterlichen Partnerin. Aber auch solche Gemeinschaften sind immer gefährdet.
Helga Zöller ahnt zunächst nichts von der homosexuellen Veranlagung und den komplizierten seelischen Vorgängen ihres jungen Liebhabers. Vom ersten Moment an spürt sie allerdings sein Drängen, sich wieder von ihr zu lösen. Er

läßt sie häufig allein, trifft sich mit Freunden. Er will Schluß mit ihr machen. Sie aber will ihn halten – koste es, was es wolle. Und es kostet viel. Sie gibt ihm nicht nur ihre Liebe, sie gibt ihm auch ihr Geld.

Frank steckt ständig in einer finanziellen Klemme. Von seinen Eltern erhält er aus Amerika jeden Monat einen Scheck über 7000 Schilling, etwa 1000 Mark. Damit kommt er nicht weit. Was ihm fehlt, steckt ihm seine Freundin zu. Und nicht nur das. Wieviel sie ihm schenkte, das enthüllt später die Vernehmung durch die Polizeibeamten im Wiener Sicherheitsbüro.

FRAGE: »Haben Sie diesen Mann ausgehalten?«

HELGA ZÖLLER: »Ich hatte Freude daran, daß er Freude hatte. Deshalb kaufte ich ihm, was er gerne mochte.«

FRAGE: »Was mochte er denn gern?«

HELGA ZÖLLER: »Alles. Schuhe, Krawatten, Anzüge – vom besten Schneider natürlich. Mit Gold- und Silberknöpfen. Maßhemden mit Monogramm. Er hat nur das Allerfeinste getragen. Er hatte wirklich einen ausgesuchten Geschmack. Zum Schluß habe ich ihm noch eine wunderschöne Pelzjacke machen lassen. Aus Wolfsfell.«

FRAGE: »Hat er alle diese Dinge von Ihnen gefordert?«

HELGA ZÖLLER: »Er hat schon gesagt: ›Ich hätte das gerne. Kaufst du mir das?‹ Ich habe das dann jedesmal getan. Ich konnte Frank eben nichts abschlagen.«

FRAGE: »Was waren denn seine teuersten Wünsche, die Sie ihm erfüllten?«

HELGA ZÖLLER, zögernd: »Ein Auto, einen Brillantring, seine Wohnungseinrichtung und dann seine Waffensammlung. Er schwärmte für alte silberbeschlagene Pistolen. Na ja, dazu kamen noch unsere gemeinsamen Reisen, die auch nicht gerade billig waren.«

FRAGE: »Was haben Sie denn insgesamt für ihn ausgegeben?«

Helga Zöller: »Das weiß ich nicht so genau. Es war sehr viel. Aber es hat mir nicht leid getan.«
Frage: »Dankte er Ihnen Ihre finanzielle Großzügigkeit?«
Helga Zöller: »Am Anfang, ja. Er war sehr leidenschaftlich, sehr zärtlich. Deshalb verfiel ich ihm. Aber dann wurde er sehr launisch und ekelhaft. Er fing häufig Streit an, hat mich oft geschlagen.«
Frank hat seinen Spaß daran, seine Freundin mit seelischer Grausamkeit zu behandeln. So erzählt er ihr, wenn er gerade von einem Freund kommt, haarklein seine Betterlebnisse mit ihm und mit anderen Männern. So verreist er ganz überraschend mit einem Freund und schreibt ihr eine Karte: »Wir fahren der Sonne entgegen. Warte auf mich!«
Als sie sich ein Bein bricht, nennt er sie einen Krüppel.
Ende 1966 geht er in ihrer Jagdhütte mit dem Hirschfänger auf sie los. Sie kann ihn abwehren. Wie wild sticht er mit der Klinge in Vorhänge, Schränke und Fensterscheiben. Dann setzt er sich in seinen Wagen und fährt nach Wien. Helga bleibt, noch unter dem Schock, ängstlich und frierend in der Hütte zurück, übersät von den Splittern der von Frank zerschlagenen Scheiben.
Später, im Prozeß gegen sie, fragt sie der Staatsanwalt: »Haben Sie denn nicht irgendwann genug gehabt? Alles hat doch irgendwann seine Grenzen.«
Helga Zöller blickt ihn traurig an, als sie erwidert: »Aber wenn man einen Menschen liebt, Herr Staatsanwalt, dann verzeiht man ihm alles. Immer und immer...«
Zwischen den Ausbrüchen von Haß und Grausamkeit kann Frank ein zärtlicher Liebhaber sein. Reumütig bittet er sie um Verzeihung. Er legt dann den Kopf in ihren Schoß und sagt: »Ich hab' nur dich, Helga. Bitte, wirf mich nicht raus! Hilf mir und bleibe bei mir!« Und jedesmal verzeiht sie ihm.
Sie ist glücklich, als er einmal von einer Reise nach Ame-

rika zurückkommt, ihr einen Ring an den Finger steckt und erklärt: »Jetzt sind wir verlobt. Wir werden bald heiraten.« Ist das die Wende zum Guten?

Nur kurze Zeit hält die Harmonie. Dann beginnt für Helga Zöller die Qual von neuem. Ihr junger Liebhaber prügelt, verletzt und versetzt sie nach Belieben. Aber sie hat nicht die Kraft, sich von ihm zu lösen. Längst ist sie ihm hörig. Nur aus einer solchen totalen Abhängigkeit kann man die schier unerschöpfliche Geduld dieser Frau erklären.

Hörigkeit ist eine krankhafte Übersteigerung der Liebe und Erotik. Sie kommt bei Frauen ebenso wie bei Männern vor. Sie findet sich aber besonders häufig bei labilen Mädchen und Frauen mit mangelndem Selbstgefühl.

Eine Hörige ordnet dem Partner in blinder Ergebenheit ihre eigenen Empfindungen und Gefühle unter. Sie lebt in ständiger hysterischer Angst, ihn zu verlieren. Um das zu verhindern, tut sie alles für ihn, erduldet Erniedrigungen und Schmähungen, die andere, normal empfindende Frauen nur schwer begreifen können.

Für eine Frau, die so kompromißlos, bis zur Selbstaufgabe liebt wie Helga Zöller, ist ein Leben ohne den Partner nicht mehr denkbar. Verläßt er sie, dann hat das Leben für sie keinen Sinn mehr. Ihre chronische Spannung kann sich dann in einem einzigen Augenblick, in einer jähen Gefühlsexplosion entladen.

Das ist der Hintergrund, vor dem sich die Tragödie dieser Frau nun fast zwangsläufig vollzieht.

Das Unglück beginnt mit einem Zwischenfall im November 1967. Eines Abends kommt Frank zu seiner Freundin, von deren Geld er zwei Jahre lang gelebt hat, und hält ihr wütend vor: »Du hast mir 90 Dollar gestohlen!«

Helga Zöller vor Gericht: »Das war eine große Gemeinheit. Ich hatte ihm noch einen Tag vorher bei *Riccardo* einen schönen Anzug gekauft, wobei allein der Stoff 3000 Schilling kostete. Anschließend ging ich mit meiner Bedienerin in seine Wohnung, um sie aufzuräumen. Am nächsten Tag kam er dann zu mir und sagte, ihm fehlten 90 Dollar. Ich hätte sie ihm weggenommen.«

Helga ist empört. Sie will wissen, wo das Geld gewesen ist. Frank erwidert: »In einem Buch. Der Wolfgang hat gesehen, daß es drin war.« Wolfgang ist ein homosexueller Freund des Studenten.

Helga: »Kann der es nicht genommen haben?«

Frank, empört: »Nein, der kommt als Dieb überhaupt nicht in Frage!«

Helga, aufgebracht: »Aber von mir glaubst du das?«

Frank, schreit: »Ja, du bist ja bald pleite!«

Das ist blanker Zynismus. Helga Zöllers Bargeld ist tatsächlich aufgezehrt – durch die teuren Geschenke, die sie ihm gemacht hat. Sie steckt in finanziellen Schwierigkeiten, muß Geld aufnehmen, um ihre Angestellten pünktlich bezahlen zu können. Und ausgerechnet der Mann, dem sie diese Misere zu verdanken hat, wirft ihr das vor!

Sie will den Diebstahl nicht auf sich sitzen lassen. Deshalb verlangt sie eine Aussprache, an der auch ihre Bedienerin und Franks Freund Wolfgang teilnehmen. Bei dieser Zusammenkunft geschieht das für Helga Zöller Unfaßbare: Frank stellt sich vor seinen Freund – und er löst sein Verhältnis mit ihr. Vor den Augen der anderen muß sie ihm seine Wohnungsschlüssel zurückgeben.

Diese neue Erniedrigung ist zuviel für sie. Sie will etwas sagen, bringt aber kein Wort heraus. Als sie geht, ruft Frank höhnisch hinter ihr her: »Wenn du von mir noch was zu bekommen hast, dann nimm es von den gestohlenen 90 Dollar!«

Nach dieser Szene ist Helga Zöller seelisch auf dem Nullpunkt. Sie weint die ganze Nacht.

Sie ist so sehr aus dem Gleichgewicht, daß sie am nächsten Morgen in ihrem Betrieb zu Boden stürzt, als sie gerade einem Kunden ein neues Auto übergeben will. Dabei bricht sie sich den Fuß und muß ins Krankenhaus. Hier verschlimmert sich ihr Zustand durch eine Blutvergiftung.
Vom Krankenbett aus versucht sie verzweifelt, mit Frank alles wieder einzurenken. Sie ruft ihn an, bettelt um seinen Besuch. Er kommt, benimmt sich aber auch in der Klinik ihr gegenüber unmöglich.
Für einen Gigolo ist eine Frau immer dann uninteressant, wenn es bei ihr nichts mehr zu holen gibt. Frank, der verbummelte Student, den man kaum bei Vorlesungen in der Universität findet, und der selten über seinen Büchern sitzt, hat diese Gigolo-Mentalität. Sein Interesse an der reichen Autohändlerin erlahmt mit seiner Erkenntnis, daß sie nun knapp bei Kasse ist.
In den acht Wochen ihres Klinikaufenthaltes besucht er sie sehr selten, obwohl er nur zwei Minuten vom Krankenhaus entfernt wohnt. Selbst am Heiligen Abend läßt er sie allein.
Als er Helga am ersten Weihnachtstag besucht, schenkt sie ihm eine schwere goldene Uhrkette. Zu seinem Geburtstag bekommt er von ihr drei teure Pistolen für seine Waffensammlung. Das versöhnt ihn wieder für einige Zeit mit Helga.
Nach ihrer Entlassung aus dem Krankenhaus geht er zu Sylvester groß mit ihr aus, in dem von ihr bezahlten Smoking, mit dem von ihr geschenkten Schmuck. Und natürlich muß sie wie immer die große Zeche bezahlen.
Danach kühlen sich ihre Beziehungen rasch wieder ab. Frank geht nur noch mit Freunden in die Wiener Abendlokale. Mit Hinweis auf ihren Gehgips, den sie noch tragen muß, sagt er kalt zu ihr: »Einen Krüppel wie dich nehme ich nicht mit!«

Das geschieht zehn Tage vor der Tat.
Wegen Frank läßt sich die unglückliche Frau ihren Gehgips frühzeitig abnehmen. Er verabredet sich mit ihr in der Wiener Volksoper – und läßt sie dort stehen. An ihrem Namenstag.
Das geschieht drei Tage vor der Tat.
Dann kommt der 20. März 1967, ein Mittwoch.
Freudestrahlend humpelt Helga Zöller in Franks Wohnung. Es ist ihr erster größerer Gehversuch ohne Gips. Frank aber will sie nicht sehen. Er sagt: »Ich hab' keine Zeit. Ich muß studieren. Geh!« Statt der Bücher liegt auf seinem Tisch aber nur eine Zeitung. Vor seinem bösen Gesichtsausdruck weicht sie zurück, humpelt nach draußen.
Am Abend hat ein Freund sie beide zum Heurigen eingeladen. Der Wein glättet die Stimmung. Für ein paar Stunden sitzen sie zusammen, als hätte sich nicht längst schon eine große Kluft zwischen ihnen aufgetan.
Nach zwei Stunden brechen Helga Zöller, Frank und der Freund auf. Der Student fährt mit seiner Geliebten nach Hause. In ihrem Haus geht Helga Zöller über die Treppe voran nach oben in den ersten Stock. Frank aber kommt nicht nach. Die Frau hört ihn auf der Straße lachen. Als sie ans Fenster tritt, sieht sie ihn mit ihrem Vetter Toni und dessen Freundin zusammenstehen. Die drei haken sich ein, wollen zusammen weggehen.
Helga Zöller reißt das Fenster auf. Sie ruft: »Frank, bleib bitte hier!«
Doch Frank kümmert sich nicht darum, geht mit den anderen weiter.
»Toni, bitte, geh nicht weg!« ruft sie ihrem Vetter zu, der bei ihr angestellt ist. Aber auch Toni hört nicht auf sie.
Da ruft sie ihm wutentbrannt zu: »Ich kündige dir hiermit zum 1. April!«

Sie wirft das Fenster zu, sinkt weinend aufs Bett. Ihr Herz krampft sich zusammen, es ist ihr, als bekomme sie keine Luft. Als sie aufsteht, um sich auszuziehen, ist es ihr, als schwanke das Parkett unter ihr. Sie hat den Boden unter ihren Füßen verloren.
Später fällt sie in einen kurzen, unruhigen Schlaf. In den schwankenden, schnell wechselnden Traumbildern taucht immer wieder das Bild Franks auf. Einmal ist sein Gesicht böse und nah, dann ist es weit weg, zu weit, um durch die Nebel des Alptraums danach greifen zu können. Als sie mitten in der Nacht wach wird, beschließt sie, ihrem Leben, das ihr ohne Frank sinnlos erscheint, ein Ende zu setzen.
Ihr Selbstmordversuch schlägt fehl. Als Frank dann betrunken in ihr Zimmer kommt und sie verhöhnt, da explodiert das Innere dieser gequälten, gemarterten Frau. Sie reißt die Pistole heraus, sie schießt.

Im Mordprozeß gegen sie im Wiener Justizpalast beteuert Helga Zöller: »Ich habe nicht gezielt – ich habe vor lauter Tränen gar nichts gesehen. Bestimmt wollte ich Frank nicht töten, denn dann hätte ich ihn ja verloren. Aber ich wollte ihn nicht verlieren!«
VORSITZENDER DR. KRAL: »Wenn Sie aus kurzer Entfernung auf einen Menschen schießen, was denken Sie als Jägerin, was dann passiert?«
HELGA ZÖLLER: »Wenn ich gedacht hätte, hätte ich nicht geschossen...«
Die Geschworenen beraten lange über die Schuld der Angeklagten. Ist ihre Tat als Mord zu werten? Die Abstimmung ergibt vier gegen vier Stimmen. Stimmengleichheit gilt als Ablehnung.
Nach Meinung der Geschworenen ist Helga Zöller also keine kaltblütige Mörderin. Dagegen bejahen die Geschwo-

renen die Eventualfrage auf Totschlag im Affekt. Sie billigen der unglücklichen Frau also zu, ein Verbrechen aus Leidenschaft begangen zu haben, mit entsprechenden Milderungsgründen.
Das Gericht verurteilt Helga Zöller zu drei Jahre verschärftem Kerker.

8

Der Fall Styllou Christofi

Maßlose Mutterliebe

Marlene Dietrich ist außer Atem. Sie hat einen Can-Can getanzt. Erregend und hinreißend, trotz ihres fortgeschrittenen Alters. Der Applaus will kein Ende nehmen. Im bläulichen Licht eines Scheinwerfers verbeugt sie sich, immer wieder. Mit der Grazie und der Geschmeidigkeit eines jungen Show-girls.

Als der Beifall verrauscht ist, kündet sie mit tiefer, rauchiger Stimme ihre letzte Nummer an: »Und nun singe ich ein Werk meines Arrangeurs Burt Bacharach.« Sie zeigt dabei auf den jungen, schwarzgelockten Mann am Piano, der sie seit Jahren begleitet. Nicht nur am Klavier.

Lächelnd, sich leicht in den Hüften wiegend, singt sie dann: »I may never go home anymore...« (Ich geh' vielleicht nie wieder heim) – nach der bekannten Melodie »Auf der Reeperbahn nachts um halb eins...«

Auch an diesem Abend des 28. Juli 1954 lassen sich die Gäste des exklusiven Londoner Nachtclubs *Café de Paris* vom Charme und Schwung Marlene Dietrichs anstecken. Sie haken die Arme ineinander und schunkeln mit.

Der Weinkellner Stavros Christofi wippt im Rhythmus der Melodie auf den Zehenspitzen. Er wirft einen Blick auf die Uhr: 23.45 Uhr – die Zeit, die er nie mehr in seinem Leben vergessen soll...

Er wartet Marlenes letzte Verbeugung ab. Dann eilt er in ihre Garderobe, um ihr einen *Bloody Mary* zu bringen, den sie vor ihrem Auftritt bestellt hatte. Ein Katergetränk: Tomatensaft mit Wodka.

Als er eintritt, liegt sie abgekämpft auf der Couch und läßt sich ihre schlanken, langen Beine massieren.

»Du bist ein Engel, Stavros«, sagt sie. In einem Zug trinkt sie das Glas aus. Er will gehen, doch sie hält ihn zurück.

»Setz dich einen Moment zu mir. Erzähl: Wie geht's deiner Frau, den Kindern?«

Marlene mag den stillen, dunkelhäutigen Kellner. Er sieht gut aus, ist immer gleichbleibend freundlich, fast devot. Seine melancholischen Augen strahlen, wenn er von seiner Familie erzählt. Sie strahlen auch jetzt. Er berichtet, daß am nächsten Abend seine Schwiegermutter aus Deutschland zu Besuch komme. Und daß er Frau und Kinder zum festlichen Empfang von Kopf bis Fuß neu eingekleidet habe.

»Woher stammt deine Frau?«

»Aus Wuppertal«, antwortet Stavros.

Sie unterhalten sich ein wenig über Deutschland und über das bevorstehende Ereignis im Hause Christofi. Dann steckt die Künstlerin dem Kellner eine Pfundnote zu. »Für deine Kinder«, sagt sie.

Er bedankt sich, geht zur Tür.

Sie ruft ihn noch einmal zurück, deutet auf eine Riesenbonbonniere, die neben ihr auf dem Schminktisch liegt – eine Aufmerksamkeit eines stillen Verehrers.

»Die nimmst du für deine junge Frau mit!«

»Oh, danke schön... Vielen Dank...«

Lächelnd verbietet sie ihm weitere Dankesbeteuerungen.

»So, nun beeil dich, sonst laufen dir deine Gäste ohne zu zahlen davon.«

Drei Stunden später hat Stavros Christofi seinen Dienst beendet. Er tauscht seinen Frack gegen einen Sommeranzug. Als er auf die Straße tritt, ist es 3.15 Uhr. Im Osten dämmert langsam der Morgen des 29. Juli herauf...

Wie immer läßt er sich von einem Taxi vom Club in der Coventry Street in seine Wohnung nach Hampstead bringen. Er steckt sich eine Zigarette an, lehnt sich bequem in die Polster zurück. Während die Bilder der menschenleeren Stadt an ihm vorbeigleiten, summt er leise ein paar Takte des Liedes: »Ich geh' vielleicht nie wieder heim...«
Still lächelt er vor sich hin. Für ihn trifft der Text nicht zu. Im Gegenteil: Das Taxi fährt ihm viel zu langsam. Er hat es eilig nach Hause zu kommen, zu seinen drei Kindern, zu seiner Frau Hella. Zwölf Jahre sind sie jetzt verheiratet, und er liebt sie noch wie am ersten Tag.
Fünfzehn Minuten später biegen sie in die South Hill Road in Hampstead ein. Stavros sieht ein halbes Dutzend Autos vor seinem Haus stehen – Polizeiautos! Umringt von einer dichten Menschenmenge.
Sein Herz klopft schneller, als er aussteigt, die Konfektschachtel fest unter den Arm geklemmt. Eine dunkle Vorahnung schnürt ihm die Kehle zusammen.
»Was ist los?« fragt er einen Uniformierten, der ihm den Zutritt ins Haus verwehrt.
»Mister Christofi?«
Er nickt. »Jaja, lassen Sie mich doch durch! Ist bei uns eingebrochen worden? Wo ist meine Frau?«
»Die können Sie im Augenblick nicht sehen«, sagt der Polizist.
Er winkt den Arzt heran, der in einer Seitentür steht, die zum Garten führt. Ein mittelgroßer Mann mit straffem, kahlem Kopf und ernsten Augen.
Er setzt zweimal an, ehe er mit leiser Stimme sagt: »Versuchen Sie stark zu sein, Mister Christofi... Ihre Frau – sie ist tot...«
Stavros fährt sich entgeistert mit der freien Hand übers Gesicht, als wolle er einen bösen Traum verscheuchen.
»Tot...?« fragt er fassungslos.

»Ja.« Der Arzt nickt. »Sie wurde... ermordet.«
Manche Tatsachen im Leben, mit denen man jäh konfrontiert wird, erscheinen so unfaßbar, daß man sie nicht wahrhaben will. Der Verstand weigert sich lange, sie zur Kenntnis zu nehmen. Nur allmählich dringen sie in unser Bewußtsein – in den Vordergrund unseres Denkens.
Auch Stavros scheint eine Weile nicht zu begreifen. Dann schwankt er, läßt die Riesenbonbonniere fallen.
»Nein«, sagt er. »Nein...«
Von oben hört er die Stimme seiner Mutter. Langsam geht er zum ersten Stock hinauf, um bei ihr Trost und Halt zu finden, in der großen schwarzen Leere, die ihn plötzlich umgibt.
Mrs. Styllou Christofi, eine kleine ältliche Frau Anfang Siebzig, mit blauschwarzem Haar, brennenden dunklen Augen und einem altmodischen Spitzenschal über dem Kopf, ist umringt von mehreren Scotland-Yard-Beamten. Vergeblich versuchen sie, die Frau zu vernehmen. Sie spricht griechisch und versteht nur wenige Worte englisch.
Inspektor Dorr, einer der Beamten, ein hochgewachsener, dürrer Mann, wendet sich seufzend an ihren Sohn.
»Bitte, würden Sie uns helfen?«
Stavros nickt. Er übersetzt, was seine Mutter zu erzählen hat. Mechanisch, ohne voll zu erfassen, was sie sagt.
»Um fünf Minuten vor eins«, berichtet sie im Zustand höchster Erregung, »wachte ich von einem Geräusch auf. Die Türen standen offen, und ich sah die Gestalten von zwei Männern. Draußen im Garten bemerkte ich ein Feuer. Als ich hinausging, um zu sehen, was da brennt, sah ich Hella am Boden liegen. Um ihre Fußgelenke, um die Knie, an beiden Armen und am Hinterkopf züngelten kleine Flammen... Ich holte eine Schüssel mit Wasser und spritzte es mit der Hand über Hellas ganzen Körper. Ich rief sie beim Namen – aber sie rührte sich nicht...

Ich holte noch mehr Wasser und schüttete es über sie. Als auch das nicht half, lief ich auf die Straße und hielt einen Autofahrer an. Verzweifelt bat ich ihn, mir zu helfen.«
Als sie zu sprechen aufhört, fragt Inspektor Dorr: »Sind Sie sicher, daß es genau fünf vor eins war, als sie wach wurden?«
Die alte Frau nickt.
»Ja, ich sah sofort auf die Uhr.«
»Wo befanden Sie sich, als Sie das Feuer bemerkten?«
Die runzeligen, von Sonne und Wind gegerbten Gesichtszüge Styllou Christofis ziehen sich nachdenklich zusammen. Dann läßt sie durch ihren Sohn antworten: »In meinem Zimmer, neben dem Bett.«
Dorr verläßt den Raum. Eine Minute später kehrt er zurück. Er schüttelt leicht den Kopf.
»Sie müssen sich irren. Von ihrem Zimmer aus kann man die Brandstelle im Garten nicht sehen.«
Die Frau hebt verständnislos die Schultern, als Stavros ihr die Erklärung des Inspektors übersetzt hat. Eine kaum merkliche Veränderung geht mit ihren Mundwinkeln vor. Sie spannen sich, in einer Art verstecktem Lauern. Ihre dunklen Augen bewegen sich schnell.
»Dann habe ich das Feuer zuerst von einer anderen Stelle aus gesehen. Mein Gott, ich war so nervös und ängstlich. Ja: schrecklich ängstlich!«
»Machten Sie Licht, als Sie aufstanden?«
»Nein.«
»Sind Sie sicher?«
»Ja.«
»Merkwürdig.«
»Was ist merkwürdig?«
»Wie konnten Sie dann in der Dunkelheit die Uhrzeit erkennen? Die Uhr auf Ihrem Nachttisch hat kein Leuchtzifferblatt.«

Styllou Christofis Hand, die einen Zipfel ihres schwarzen Spitzenschals hält, krampft sich zusammen. Sie macht einen unsicheren Eindruck. Statt zu antworten, läßt sie durch Stavros sagen: »Das verstehe ich nicht... Zweifeln Sie an meinen Worten?«

Inspektor Dorr winkt beruhigend ab.

»Wir bemühen uns, Irrtümer auszuschalten und Tatsachen herauszufinden, Mrs. Christofi. Bitte, versuchen Sie, sich so genau wie möglich an alles zu erinnern. Sie sind vermutlich die einzige Augenzeugin.«

Sie nickt stumm. In ihren dunklen Augen liegt ein seltsamer, trüber Ausdruck.

»Meine Leute haben festgestellt, daß die Tote im Garten mit Paraffin übergossen worden ist«, fährt Dorr fort. Er zieht prüfend seine Nase kraus. »Das ganze Haus riecht nach Paraffin. Gibt es eine Erklärung dafür?«

»Nein – ich wüßte nicht.«

»In der Küche ist versucht worden, Blutspuren wegzuwaschen...«

Auf ihrer Oberlippe stehen kleine Schweißtröpfchen, als sie erwidert: »Das müssen die beiden Männer gewesen sein, die ich fortlaufen sah.«

Styllou Christofi stützt sich schwer auf ihren Sohn, der mit bleicher, immer noch abwesender Miene neben ihr steht. Ihr Kopf wackelt nervös hin und her.

»Ich kann jetzt nicht mehr! Bitte, entschuldigen Sie... aber das ist alles zuviel für eine alte Frau. Ich muß mich hinlegen... Sonst rede ich nur wirres Zeug...«

Der Inspektor ist einverstanden, und von ihrem Sohn geführt, geht sie. Er bringt sie in ihr Zimmer. Noch in der Tür bricht Stavros zusammen. Es kommen die Tränen und der Schmerz – alles, was sich in den letzten, fürchterlichen Minuten in ihm aufgestaut hat. Styllou kniet neben ihm nieder und zieht ihn zärtlich an sich. Sie fühlt seine heißen

Tränen an ihrer eigenen Wange. Sie spürt seine stoßweisen Atemzüge, sein heftiges Schluchzen und seine tiefe Verzweiflung.
»Weine, mein Sohn«, flüstert sie weich. »Weine nur – es erleichtert dich!«
Er drückt sich fest an sie, wie damals auf Zypern, als er noch ein kleiner Junge war. Die Erinnerung daran verleiht ihren matten Augen plötzlich Glanz. Sie streichelt über sein Haar, scheint beglückt zu lächeln, während der Schmerz ihn überwältigt.
»Weine nur!« wiederholt sie.
Kurz vor elf am nächsten Morgen wird Styllou Christofi zur Vernehmung ins Polizeirevier gebracht. Sie dauert bis zum Abend, mit kurzen Unterbrechungen. Dann erhebt sich der Beamte, der das Verhör geleitet hat. Er geht um den Schreibtisch herum, legt seine Hand auf die knochige Schulter der alten Frau.
»Mrs. Christofi – Sie stehen im Verdacht, Ihre Schwiegertochter ermordet zu haben. Ich verhafte Sie!«

»Ausgeschlossen!« murmelt Stavros, als Inspektor Dorr ihm die Nachricht überbringt. In den Schmerz über den Verlust seiner Frau mischt sich der Schrecken über die Verhaftung seiner Mutter. Über den ungeheuerlichen Vorwurf, den man ihr macht. Ungläubig schüttelt er den Kopf. »Nein, nein – so etwas würde sie mir niemals antun. Niemals!«
»Alles spricht dafür, daß sie es getan hat!«
»Alles?«
»Ja«, erwidert der Inspektor. »Sie verwickelte sich laufend in Widersprüche. Das fing schon gestern abend an – Sie wurden ja Zeuge ihrer Aussage. Dann die Sache mit dem Ehering Ihrer Frau. Wie Sie uns versicherten, pflegte sie den Ring niemals abzulegen – auch beim Waschen nicht. So war es doch?«

Stavros nickt wortlos.
»Sehen Sie, Mr. Christofi, heute morgen fanden wir den Ring. Er war in Pergament eingewickelt und in einer Vase versteckt – im Zimmer Ihrer Mutter!«
»Und darauf stützt sich Ihr Verdacht?«
»Nicht darauf allein.« Dorr runzelt die Stirn. »Gegen sie sprechen noch weitere Indizien. Etwa der blutverschmierte Feuerhaken im Keller. Dann der verknotete und zerschnittene Schal, der Ihrem Sohn Nicholas gehört. Den Ausschlag aber gab etwas anderes...«
Der Beamte entnimmt seiner Aktentasche einen dünnen roten Hefter, öffnet ihn und schiebt ihn Stavros über den Tisch zu.
»Dies! Die Aussage Ihres Nachbarn John Byres Young. Bitte, lesen Sie.«
Nur widerstrebend kommt er der Aufforderung nach. Die Buchstaben tanzen vor seinen Augen, als er den Text liest.
»Am Abend des 28. Juli«, so heißt es da, »mußte ich vor dem Schlafengehen noch mal unseren Hund in den Garten führen. Meine Frau und ich wechseln uns damit immer ab. Es war gegen 23.45 Uhr.
Als ich nach draußen kam, sah ich im Garten des Hauses Nr. 11 einen Lichtschein, wie von einem Feuer... Ich rief hinüber, bekam aber keine Antwort. Da holte ich meine Frau, stieg über den Gartenzaun und durchquerte das Grundstück, das zwischen unserem und dem von Nr. 11 liegt. Von dort konnte ich in den Garten hineinschauen.
Ich sah ein Feuer und mitten drin etwas, was ich für eine Wachspuppe hielt. Einen Kopf konnte ich nicht erkennen. Der mußte wohl unten auf den Stufen zur Hintertür des Hauses liegen. Die Beine lagen in Richtung Garten. Die Arme waren angewinkelt – in merkwürdig steifer Haltung, wie bei einer Schaufensterpuppe.
Ich nahm einen ziemlich starken Wachsgeruch wahr.

Durchs Fenster konnte ich einen Blick in die hell erleuchtete Küche werfen – dort sah ich eine Frau geschäftig hin und her laufen. . .«

Für einen Moment unterbricht Stavros die Lektüre der Aussage. Schwer stützt er seinen Kopf in die Hand. Er ahnt, daß er jetzt unvermeidlich mit der Tatsache konfrontiert werden wird, die er nicht zur Kenntnis nehmen kann, ohne daran zu zerbrechen.

»Die Frau kam in den Garten heraus. Sie beugte sich über das, was ich für eine Wachspuppe hielt und schürte das Feuer. . . In der Frau glaubte ich die Mutter von Mister Christofi zu erkennen. Da dachte ich mir, daß dann wohl alles in Ordnung sei. Ich wandte mich ab, ohne mich weiter um die Frau und das Feuer zu kümmern und ging zurück in mein Haus.«

Stavros blickt auf. Er zittert.

Heiser sagt er: »Vielleicht hat der Mann sich geirrt. . .«

Inspektor Dorr blickt sein Gegenüber mit mitleidiger Miene an. Er kann sich denken, was in dem anderen vorgeht. Mit letzter, verzweifelter Kraft scheint er bestrebt, sich das reine fleckenlose Bild seiner Mutter zu bewahren.

Seufzend legt der Inspektor das Protokoll einer weiteren Zeugenaussage auf den Tisch.

Die Aussage eines gewissen Harry Burstoff, Restaurantbesitzer in Cricklewood – der Autofahrer, den Styllou Christofi in der Mordnacht alarmiert hatte.

Darin heißt es: »Ich fuhr zusammen mit meiner Frau in meinem Wagen so um ein Uhr herum die South Hill Road herunter. Plötzlich kam uns jemand mitten auf der Straße entgegen. Ich erkannte eine ältere Frau. Sie ruderte mit beiden Armen und schrie: ›Taxi, Taxi!‹

Ich mußte stoppen, um sie nicht über den Haufen zu fahren. ›Bitte komm‹, sagte sie. ›Feuer brennt. Kinder schlafen.‹ Sie rannte vor uns her und wir folgten ihr.

Im Haus öffnete sie eine Tür. Meine Frau stieß einen schrillen Schrei aus. Mit weitaufgerissenen Augen starrte sie zur Tür hinaus in den Garten und stammelte: ›Da liegt jemand am Boden!‹ Daraufhin sah ich auch hin. Ich trat näher heran, denn da lag tatsächlich etwas – ich erkannte eine völlig unbekleidete Frau. Sie war angebrannt und offenbar tot... Schnell lief ich zur Telefonzelle und alarmierte die Polizei...«

Dorr wartete, bis Christofi zu Ende gelesen hatte.

»Zwei Aussagen, die den Tatverdacht eindeutig auf Ihre Mutter lenken«, sagte er dann, während er seine dürren Hände langsam ineinander verschränkt. »Denn: um 23.45 Uhr wurde sie erkannt, als sie über Ihrer toten Frau gebeugt stand und das Feuer schürte – aber erst gegen ein Uhr, also rund fünfundsiebzig Minuten später, rief sie ›Feuer‹ und lief schreiend auf die Straße, um Hilfe zu holen! Das ist doch mehr als merkwürdig!«

»Das ist es wohl«, murmelt Stavros.

»Gestützt auf diese Aussage, auf die Indizien und das ärztliche Gutachten muß sich unserer Meinung nach der Hergang der Tat so abgespielt haben:

Mrs. Christofi wartete, bis sich Ihre Frau – die sich ja jeden Abend in der Küche wusch – ausgezogen hatte. Während sie sich über das Waschbecken beugte, trat Ihre Mutter von hinten an sie heran und schlug mit dem Feuerhaken zu.

Dann erdrosselte sie die Bewußtlose mit dem Schal und schleifte die Tote in den Garten. Da sie den verknoteten Schal nicht vom Hals lösen konnte, schnitt sie ihn mit einem scharfen Messer ab – worauf die Schnittwunden am Genick der Ermordeten zurückzuführen sind.

Alsdann umwickelte sie die Tote mit paraffindurchtränktem Toilettenpapier und zündete sie an. Um das Feuer zu schüren, goß sie mehrmals Paraffin nach. Ihr Nachbar, Mr. Young, beobachtete sie dabei. Erst als sie absolute Gewiß-

heit über den Tod Ihrer Frau hatte, lief sie auf die Straße und hielt Mr. Burstoff an.«
Stavros Christofi steht auf. Ein bleiernes Entsetzen lastet auf ihm. Gestern abend um 23.45 Uhr, als Marlene Dietrich im Club ihr letztes Lied sang und mit ihrem Charme die Gäste in Stimmung versetzte, hatte seine Frau wenige Kilometer entfernt ein brutales Ende gefunden – durch die Hände seiner eigenen Mutter.
Sie hatte ihm einst das Leben geschenkt – aber in dieser Nacht hatte sie ihm alles genommen, was sein Leben ausmachte. Sie war eine gemeine, heimtückische Mörderin...
Er spürt, daß sein tiefeingewurzelter Respekt, seine Liebe zu ihr einem anderen Gefühl zu weichen beginnt. Einem Gefühl, das alles andere in ihm auslöscht: Haß.
»Hat sie... gestanden?« fragt er.
»Nein, sie streitet hartnäckig alles ab. Aber es wird ihr nicht helfen. Ihre Schuld liegt ja ziemlich klar zutage. Wir stehen allerdings noch vor einem Rätsel, was ihr Motiv betrifft.« Die Stimme des Inspektors klingt plötzlich lauernd: »Hatte sie ein Motiv, Ihre Frau zu töten?«
Einen Moment preßt Stavros die Zähne zusammen. Er weiß, daß er mit seiner Antwort seine Mutter endgültig der Polizei und der Justiz ausliefern wird. Aber er ist nicht bereit, Rücksicht auf die Frau zu nehmen, die kaltblütig sein Leben zerstörte, um – wie sie meinte – ihr eigenes zu retten.
Rauh sagt er: »Ja – ich kenne das Motiv. Es war Eifersucht!«
Dann erzählt er, stockend zunächst, die Geschichte, die wie ein dunkler Sog schließlich das Drama in der South Hill Road auslöste.

Die Familie Christofi stammt aus einem kleinen Dorf in der Nähe von Famagusta auf Zypern. Sie lebte sehr ärm-

lich. 1937 wanderte Sohn Stavros nach England aus. Erst fünfzehn Jahre später konnte er es sich leisten, seine alte Heimat zu besuchen. Der Vater war inzwischen gestorben. Stolz zeigt er Fotos von Hella und den Kindern. Seine Mutter musterte sie entzückt.
»Oh, ich möchte mit ihnen und dir zusammenleben«, sagt sie. »Nimm mich mit nach London!«
Stavros versuchte, die Mutter umzustimmen.
»Du wirst dich in der Riesenstadt nicht wohl fühlen und krank werden vor Heimweh.«
»Aber ich bin ja dann bei dir.«
»Die alten Bekannten werden dir fehlen.«
»Dafür habe ich die Kinder.«
Sie war bereit, alles in Kauf zu nehmen. Er vertröstete sie auf später. Als er nach London zurückgekehrt war, wiederholte sie brieflich ihre flehentliche Bitte, immer wieder. Am Ende fand sie sogar einen Fürsprecher in ihrem späteren Opfer – in Hella.
»Wir müssen für sie bürgen und für sie aufkommen«, gab Stavros zu bedenken. »Das kostet viel Geld. Wir können uns dann vielleicht nie mehr eine größere Wohnung leisten.«
»Wenn es knapp werden sollte«, erwiderte Hella, »dann gehe ich wieder arbeiten. Laß deine Mutter nur kommen. Wir schaffen es schon!«
Also unterschrieb Stavros schließlich die Einreisepapiere für Styllou Christofi, schickte das Fahrgeld, und bald war sie da. Mit ihrer Ankunft aber schwand bald der Friede in dem kleinen Haus in Hampstead.
Die Sympathie der alten Frau zu ihrer Schwiegertochter kühlte schnell ab. Sie verstanden sich nicht. Einmal im wörtlichen Sinne: Styllou sprach kein Englisch. Sie litt darunter, ihren Sohn und Hella in einer Sprache reden zu hören, die sie nicht beherrschte. Sie witterte Geheimnisse

und Intrigen, wo keine waren. Klingelte das Telefon und Hella sprach freundlich mit dem Anrufer oder lachte gar, so glaubte die alte Mrs. Christofi, sie spräche oder lache über sie.

Sie verstanden sich aber auch in anderen Dingen nicht. Etwa im Haushalt. So bemängelte Styllou, daß Hellas Wäsche nicht weiß genug wäre.

»In Zypern«, klagte sie ihrem Sohn, »bekommt man die Wäsche weißer. Besonders, wenn man sie am Bach mit Steinen klopft.«

»Das ist in einer Stadt wie London eben anders, Mutter«, erwiderte Stavros lächelnd.

Sie aber wollte sich nicht damit abfinden. Sie wusch die Wäsche, wenn sie aus der Wäscherei kam, noch einmal. Dann hängte sie die Teile in allen Zimmern auf, auch im Schlafzimmer, so daß die Wohnung langsam feucht und modrig wurde.

Solche Eigenwilligkeiten vergifteten die Atmosphäre immer mehr. Hella, eine Frau von penibler Sauberkeit, bemühte sich, es der ewig nörgelnden Schwiegermutter recht zu machen. Nie verlor sie die Geduld mit ihr. Aber Styllous verbissene Abneigung gegen sie wuchs – aus einem Grund, den sie nicht kannte.

Wie viele Mütter, die im Sohn Ersatz für den Mann suchen, den sie durch Scheidung oder Tod verloren hatten, war die alte Witwe bestrebt, Stavros eng an sich zu ketten. Mit allen Mitteln versuchte sie, ihn ganz auf ihre Seite zu ziehen. Ein hartnäckiges Tauziehen um ihn begann.

Die Atmosphäre wurde immer gespannter, immer bedrohlicher, je mehr sie einsehen mußte, daß die hübsche, junge Frau dem Herzen ihres Sohnes näher stand als sie vermutet hatte – viel näher als sie selbst.

Stavros tat alles, um ihr zu helfen. Er behandelte sie mit Respekt, bezahlte ihr eine größere Summe Schulden, be-

mühte sich, ihre Mentalität und die Schwierigkeiten des Eingewöhnens zu verstehen.
Eines Tages fand er sie ohnmächtig in der Küche. Er ließ einen bekannten Spezialisten kommen, der feststellte, daß der alten Frau das Klima in London nicht bekomme und empfahl ihr dringend, nach Zypern zurückzureisen. Stavros bot ihr für diesen Fall eine monatliche Rente an, damit sie keine Not leide. Starrsinnig aber lehnte sie ab. Sie wollte bleiben. Um bei ihren Enkelkindern zu sein, und um auf ihre Schwiegertochter *aufpassen* zu können.
Das Verhältnis zwischen den beiden Frauen wurde – durch die Schuld der älteren – immer feindseliger. Stavros sann auf Abhilfe. Und fand sie. Am Tag vor der Tat war es ihm geglückt, in der Nähe seines Hauses eine Zwei-Zimmer-Wohnung für seine Mutter zu mieten. Hier sollte sie ihr eigenes Leben führen.
Aber vermutlich löste dieser fürsorgliche Akt die blutige Katastrophe aus – Styllous Kurzschlußhandlung.
Nicht sie – nein, die andere sollte den Platz neben ihrem Sohn räumen, die Nebenbuhlerin in ihrer Liebe zu Stavros. Das fremde Mädchen, das sie selbst noch während des Prozesses gegen sie mit ihrem Haß verfolgt. Ohne Rücksicht darauf, daß es schließlich für sie um alles geht. Um Leben oder Tod . . .

Als Stavros Christofi in den Zeugenstand tritt, da sehen es alle im Saal: Er ist der kleinen, verhärmten Frau auf der Anklagebank wie aus dem Gesicht geschnitten. Die gleichen breiten Backenknochen, die gleiche Krümmung der Nase, die gleiche Wölbung der Stirn, die gleichen schwarzen brennenden Augen.
Mutter und Sohn . . .
Kaum jemals waren zwei Menschen sich ähnlicher. Kaum jemals waren aber auch die Gefühle zwischen Mutter und

Sohn kälter und feindseliger. An diesem 24. August 1954, dem ersten Tag im Prozeß gegen Styllou Christofi, scheint das einzige Empfinden, das sie noch aneinander bindet, Haß zu sein.
Eine Tote steht zwischen ihnen. Ein Mord, der aus falschverstandener Mutterliebe entstand. Aus einer Liebe ohne Maß und Ziel, die alle Grenzen überschritt und das Leben eines anderen Menschen auslöschte.
»Wie alt war Ihre Frau, als es passierte?« fragt der Richter.
Rote Flecken erscheinen auf Stavros' blassen Wangen. Seine zierliche Gestalt schwankt etwas. Er umklammert die Lehne der Zeugenbank, als er sagt: »Heute wäre sie siebenunddreißig Jahre alt geworden... Heute ist ihr Geburtstag...«
Seine Stimme ist kaum lauter als ein Flüstern. Aber sie rührt alle Menschen, die sie hören. Ergreift sie, wühlt sie auf. Bis auf einen – bis auf seine Mutter.
Sie springt auf und ruft erregt: »Du hättst diese Deutsche nicht heiraten dürfen. Niemals! Ich verzeihe dir nie, daß du es getan hast. Hörst du?«
Rufe des Abscheus werden laut. Im Saal knistert es vor empörtem Flüstern.
Stavros antwortet nicht. Nur die roten Flecke auf seinen Backen werden dunkler. Der Anwalt seiner Mutter blickt verbissen. Mit ihrem Dazwischenfahren hat sie ihm die ganze Verteidigungskonzeption verdorben. Denn damit hat sie selbst dem letzten Zweifelnden ihr Mordmotiv enthüllt: Die Enttäuschung ihres verletzten mütterlichen Herzens... Eine böse Mischung aus Eifersucht und Haß auf die Schwiegertochter...
VORSITZENDER: »Ihre Mutter streitet die Tat nach wie vor ab. Halten Sie sie dieses fürchterlichen Verbrechens für fähig?«

Das Flüstern unter den Zuhörern erstirbt. Atemlos erwarten sie die Antwort, die mehr als alle Indizien, Zeugenaussagen und Beweise den Ausgang diese Verfahrens, das Schicksal Styllou Christofis entscheiden kann. Erwartungsvoll starren sie auf den Mann im Zeugenstand, dessen Kopf sich jetzt langsam zur Seite wendet.
Seine Augen mit dem seltsamen schwermütigen Glanz wandern hinüber zu der kleinen Frau, die seinem Blick mit einer Mischung aus Trotz und versteckter Angst standhält. Er mustert sie kalt, ohne jedes Zeichen von Anteilnahme. Wie eine Fremde.
Stavros, mit fester Stimme: »Sie hat Hella umgebracht. Ich zweifle nicht daran.«
Vorsitzender: »Gab es noch einen anderen Grund als ihre Eifersucht – und ihre Liebe zu Ihnen?«
Stavros erkennt die Brücke, die der Richter seiner Mutter bauen will. Doch er schüttelt den Kopf.
Stavros: »Liebe, die tötet, ist keine Liebe... Sie handelte aus purem Eigennutz, aus Egoismus!«
Vorsitzender: »Machte Ihre Frau ihr das Leben schwer?«
Stavros: »Nein, Hella war die geduldigste Frau der Welt. Eine bessere Schwiegertochter hätte sie nicht finden können. Sie las ihr jeden Wunsch von den Augen ab. Aber sie konnte ihr nichts recht machen... Nichts...«
Er ringt um seine Fassung. Man spürt die Verzweiflung, die seinen Körper durchdringt. Und all seinen Zorn, seine zitternde Wut, alles Bittere, was er für die Frau in der Anklagebank empfindet – all das legt er in das Wort, das er ihr noch einmal wie einen Aufschrei entgegenschleudert: »Nichts!«
Dann verläßt er den Saal, als gebeugter Mann. Er hat alles verloren: seine Frau, sein Glück und außerdem seine Stellung. Die Direktion des *Café de Paris* entließ ihn wegen der

unliebsamen Publicity nach dem Mord in Hampstead. Und mit der Tat hat er auch seine Mutter verloren – die Mörderin.
Niemand zweifelte an ihrer Schuld. Zumal durch Zeitungsberichte bekannt wird, daß sie vor neunundzwanzig Jahren schon einmal in einem Mordprozeß vor Gericht stand. In Famagusta auf Zypern. Damals war sie angeklagt, zusammen mit einer Tante und einer Freundin ihre Großmutter getötet zu haben. Mit Feuer – ähnlich wie auch ihre Schwiegertochter umkam. Die Tat konnte jedoch nicht aufgeklärt werden. Sie wurde aus Mangel an Beweisen freigesprochen.
Diesmal gibt es für sie keinen Pardon. Nach kurzer Verhandlung ist das Urteil nur noch Formsache. Styllou Christofi wird des geplanten Mordes an Hella Christofi für schuldig befunden. Das bedeutet: Tod durch den Strang.
»Danach«, so schließt der Richter mit der Formel des Todes, »soll dein Leib in einem Sündergrab innerhalb des Gefängnisgeländes begraben werden, und möge der Herr sich deiner Seele erbarmen.«
Die Frau mit dem schwarzen Kopftuch sinkt ein wenig in sich zusammen. Sonst zeigt sie keine Regung. Als sie dann gebeugten Hauptes, in der Mitte von zwei Wärterinnen, das Gerichtsgebäude verläßt, murmel sie ungläubig vor sich hin:
»Nein – das ist ein Irrtum... Ich bin unschuldig! Mein Sohn weiß das. Er hätte es sagen müssen...«
Sie wird in die Todeszelle des Holloway-Gefängnisses in London gebracht. Eine von den Türen in dieser Zelle ist die letzte Tür. Hinter einer von ihnen wird es sein...

Die Vorsteherin besucht sie täglich. Eine schlanke, hochgewachsene Frau mit sorgfältig frisiertem Haar und kühler Miene.

In der ersten Zeit spricht Styllou Christofi kein Wort mit ihr. Sie haßt alle Menschen, die ihre letzten Stunden hinter den düsteren Gefängnismauern teilen. Und die in ihrer Einbildung gierig nur darauf warten, sie sterben zu sehen.
Einmal aber sagt sie zu ihr: »Sie sind doch selbst Mutter. Würden Sie nicht auch um Ihren Sohn kämpfen – so wie ich?«
Die Vorsteherin zögert Sekunden. Noch keine der Todeskandidatinnen hat sie als Mutter angesprochen. Ihr sonst so strenges Gesicht wird weich. Plötzlich empfindet sie Mitleid mit der Frau, die ihr klein und unscheinbar gegenübersitzt, die schweren, abgearbeiteten Hände ineinander gefaltet.
»O ja«, erwidert sie dann. »Jede Mutter kämpft schließlich um ihr Kind. Liebe gibt nicht so schnell auf. Aber eine Mutter sollte immer darauf bedacht sein, ihr Kind glücklich zu machen – selbst um den Preis, daß sie dabei unglücklich wird.«
Styllou Christofi begreift nicht. Sie starrt dumpf vor sich hin. Schließlich murmelt sie: »Der Arzt sagt, daß ich verrückt bin. Deshalb habe ich nicht wissen können, daß ich Unrecht tat, als ich Hella ... als ich sie ... umbrachte.«
Die Vorsteherin nickt.
»Ja. Dr. Christie ist dieser Ansicht. Er wird einen Bericht darüber machen. Vielleicht wird man Sie daraufhin begnadigen.«
Energisch schüttelt die alte Frau den Kopf. »Das will ich nicht. Ich habe sie ja nicht umgebracht. Das ist gelogen. Und ich bin nicht verrückt. Ich bin eine einfache Frau ohne Bildung – aber niemals verrückt. Hören Sie? Niemals ... niemals ... niemals ...«
Als die Vorsteherin das nächste Mal kommt, ist sie wieder steif und förmlich. Bei ihrem Eintritt sind die Wärterinnen, die Tag und Nacht in Wechselschicht in der Todeszelle sitzen, auffallend still.
Mit ernster Stimme sagt sie: »Mrs. Christofi –, ich muß

Ihnen sagen, daß der Innenminister Ihre Begnadigung abgelehnt hat. Die Hinrichtung wird am Morgen des 15. Dezembers stattfinden.«
Die Delinquentin schließt stumm die Augen.
»Haben Sie noch einen Wunsch?«
Die alte Frau, die neun Tage vor Weihnachten sterben muß, schweigt lange. Dann, ohne aufzusehen, sagte sie leise: »Ich möchte noch einmal mit Stavros sprechen ... Mit meinem Sohn ...«

Am Nachmittag des 14. Dezembers 1954, pünktlich um sechzehn Uhr kommt Chefhenker Albert Pierrepoint mit seinen Gehilfen ins Holloway-Gefängnis. Im Raum neben der Todeszelle inspiziert er einen neuen Galgen. Wie üblich übt er die Exekution mit einem Sandsack. Gegen zwanzig Uhr legt er sich schlafen.
Die Nacht ist sehr still in Holloway. Kaum ein Laut. Es wird nur im Flüsterton gesprochen. Einunddreißig Jahre sind vergangen, da hier zuletzt eine Frau – die junge, hübsche Edith Thompson – hingerichtet wurde. Sie hatte mit Liebesbriefen ihren Liebhaber zum Mord an ihrem Ehemann angestiftet. Jetzt liegt eine Frau, doppelt so alt wie sie, an derselben Stelle. Auf demselben harten Bett. Die Augen mit demselben schwarzen Tuch bedeckt, um sie vor dem Licht zu schützen, das Nacht für Nacht in der Zelle brennt.
Styllou Christofi hat ihr Leben zwar schon gelebt. Doch auch sie fürchtet sich vor dem gewaltsamen Ende. Vor dem Galgen. Dem Strick. Dem Henker ...
Albert Pierrepoint schläft in dieser Nacht fest und traumlos. Er scheint aus einem anderen Holz geschnitzt zu sein, als John Ellis, der damals Edith Thompson aufknüpfen mußte und schießlich an ihrem Sterben zerbrach, nachdem ihre Hinrichtung zu einer unvorstellbar grausamen Tortur geworden war.

In einer Fernsehsendung darauf angesprochen, verzog Pierrepoint seinen schmalen Mund zu einem verächtlichen Lächeln.
»Bei mir«, erklärte er ein wenig überheblich, »ist immer alles glatt gegangen. Man muß es nur richtig können. Hängen ist allerdings kein Handwerk, das man wie irgendeinen anderen Beruf erlernen kann – es liegt im Blut!«
Und dann hörten seine schaudernden Zuhörer die zynische Philosophie eines Henkers:
»Auch muß man das Hängen, wie ich, für eine heilige Handlung halten. Das wirkt sich auf die Todgeweihten beruhigend aus. Sie gehen dann an der Seite des Henkers viel gefaßter zum Galgen. Das technische Können ist natürlich ebenso wichtig. Ich behaupte: Gekonnt vollzogen ist das Hängen die menschenfreundlichste Tötungsmethode. Schnell und wirksam.
Bei mir dauert die ganze Sache durchschnittlich zwölf bis siebzehn Sekunden. Mein Rekord steht bei neun Sekunden. Vom Zeitpunkt an gerechnet, da ich die Todeszelle betrete, bis zum Ziehen des Hebels, der die Falltür öffnet. Wenn jeder Griff sitzt, geht alles ruck-zuck – und bevor der Verurteilte begreift, was mit ihm geschieht, ist er tot.
Den Massenmörder John Reginald Christie zum Beispiel habe ich schneller aufgehängt, als die Asche von meiner Zigarre fiel. Halbgeraucht ließ ich sie in meinem Zimmer im Pentonville-Gefängnis liegen – und ich konnte sie, ohne sie wieder anzünden zu müssen, nach getaner Arbeit zu Ende rauchen ...«
»Und wie sind Ihre Erfahrungen mit Frauen?« fragte der Reporter, der ihn interviewte. »Fällt Ihnen das Töten weiblicher Delinquenten nicht besonders schwer – wie den meisten Ihrer Kollegen?«
Albert Pierrepoint schüttelte den Kopf.
»Ich habe nie einen Gedanken daran verloren, ob es eine

Frau oder ein Mann war, den ich hinrichten sollte. Für mich waren es immer nur Personen, die ihr Leben verwirkt hatten – und ich vollstreckte ganz einfach ihre Todesurteile.«

Daß er am Morgen des 15. Dezembers nach so langer Pause wieder eine Frau hinrichten muß, stürzt ihn also in keinerlei seelische Konflikte.

Sein Opfer aber, nur wenige Meter von ihm entfernt in der Todeszelle, findet in dieser Nacht keinen Schlaf.

Der Arzt beugt sich über sie. Er fühlt ihren Puls.

»Haben Sie noch nicht geschlafen?«

Styllou Christofi richtet sich auf. Sie weiß nicht, wie spät es ist. Sie hat jedes Zeitgefühl verloren.

»Ich könnte Ihnen etwas geben. Ein gutes Mittel. Es ist noch früh. Erst elf Uhr.«

Sie schüttelt den Kopf. Das grelle Licht der Glühbirne fällt auf ihr graues Haar, das in langen Strähnen herunterhängt und auf ihre Schultern in der dunkelbraunen Strickjacke. Sie wirkt unendlich alt. Und unendlich müde.

»Bald kann ich genug schlafen«, murmelt sie. »Bitte, Herr Doktor, schicken Sie mir den Pfarrer!«

Minuten später betritt der Mann im schwarzen Priesterrock die Todeszelle. Zum zweitenmal in dieser Nacht. Sie starrt ihm mit furchtsamer Erregung entgegen, und er liest die bange Frage in ihren Augen. In seinem ernsten Gesichtsausdruck spiegelt sich schon die Antwort – die Antwort, die sie befürchtet hat.

»Nein«, sagt er. »Sie können Ihren Sohn nicht mehr sehen, Mrs. Christofi. Ihr Sohn – er hat es leider abgelehnt, noch einmal zu kommen.«

Jeder Ausdruck in ihrem faltigen, runzeligen Gesicht erlischt. Nur ein einziges Mal hatte Stavros dem Drängen des Priesters nachgegeben und sie in der Todeszelle besucht. Aber sie schieden, ohne Frieden miteinander gemacht zu haben. Anschließend schrieb Stavros in der Sonntagszeitung *Empire News*:

»Der Geistliche hat mich aufgefordert, für sie zu beten. Ich werde es niemals tun, denn sie hat mein Lebensglück zerstört und mich zum unglücklichsten Menschen der Erde gemacht.

Immer wieder schwor sie mir in der Todeszelle, Hella nicht umgebracht zu haben. Ich aber sagte: ›Willst du mir einreden, daß ein Fremder Hella getötet hat und daß er versuchte, sie im Garten zu verbrennen, anstatt davonzulaufen?‹

›Oh – ihr seid alle im Unrecht!‹ jammerte sie darauf und begann zu weinen. Die ersten Tränen, die ich sie seit der Tragödie vergießen sah. Und sie vergoß sie um sich selbst. Da bin ich gegangen . . . «

Wieder wollen ihr jetzt die Tränen kommen. Aber sie hält sie zurück. Als der Priester gegangen ist, steht sie von ihrem Lager auf. Sie läßt sich Papier und Feder bringen und schreibt einen letzten Brief an Stavros.

Mit ihren rauhen Händen, mit denen sie ihn tausendmal streichelte, als er noch ein kleiner Junge war. Mit denen sie ihn trug, als er noch nicht laufen konnte. Mit denen sie ihn pflegte, wenn er krank war. Mit denen sie ihm schließlich aber auch die Frau nahm, die er mehr liebte als sie, die Mutter.

»Du hast alles getan«, so schreibt sie mit ungelenken Buchstaben, »damit man mich aufhängt, daß man meinen Kopf in die Schlinge steckt, nur, damit du deine Ruhe hast. Du bist schuld an meinem Unglück – an meinem Ende.«

Haß auf den Sohn ist ihr letztes Lebensgefühl.

Als man sie am nächsten Morgen kurz vor neun Uhr aus ihrer Zelle nach nebenan zum Galgen führt, murmelt sie: »Mein Sohn hat mich verraten . . . Oh, mein Sohn hat mich . . .«

Wenig später stülpt Albert Pierrepoint ihr die schwarze Kapuze über den Kopf, legt ihr die Schlinge um den Hals. Seine Bewegungen sind routiniert und schnell.
Seine Hand greift nach dem Hebel.
Ein Druck. Ein kurzer Ruck.
Alles ist vorüber...
Wie vor ihr Edith Thompson blieb auch der Körper Styllou Christofis eine Stunde hängen. Dann verscharrte man auch ihn in einer dunklen Ecke des Gefängnisgeländes. Ohne Gebet und ohne Blumen. Wie alle Gehängten bot sie einen zu grauenhaften Anblick, als daß man sie ihren Angehörigen zur Bestattung hätte übergeben können.
Aber den Leichnam der Styllou Christofi hätte ohnehin niemand haben wollen. Für ihren Sohn war sie längst gestorben, noch ehe sie unter den Händen des Henkers endete.

[illegible]
Kaum daß der [illegible]
seine Bewegungen sind [illegible] und [illegible]
[illegible] nach dem [illegible]
[illegible]
[illegible] vorüber.
Wie [illegible]
[illegible] und [illegible]
[illegible]
[illegible] und [illegible]
[illegible]
[illegible]
Aber den [illegible]
[illegible]
[illegible] und [illegible]

9

Der Fall Pauline Dubuisson

Verlobt ist noch nicht verheiratet

Der Morgen des 17. März in Paris ist weich und mild. Ein sanfter Wind streicht durch die Bäume, Vögel zwitschern. Aber die rothaarige, junge Frau, an einem Eckplatz des kleinen Cafés in der Rue de la Croix-Nivert, hat keinen Blick für die vorfrühlingshafte Stimmung. Aus ihren schrägen, grünen Augen starrt sie durch die Gardine unverwandt auf eine Haustür gegenüber. Es dauert eine Stunde. Dann kommt plötzlich Leben in sie.

Sie sieht einen großen, kräftigen Mann das Haus Nummer 5 betreten. Es ist der Mann, auf den sie gewartet hat, der fünfundzwanzigjährige Student Félix Bailly.

»Zahlen!« ruft sie hastig.

Pauline Dubuisson wartet nicht ab, bis die Kellnerin das Wechselgeld herausgegeben hat. Eilig verläßt sie das Café, überquert die Straße, geht in das Haus, in dem soeben der Student verschwunden ist, fährt mit dem Lift hinauf in den siebten Stock.

Sie läutet, und Félix Bailly öffnet. Als er die hübsche Rothaarige erkennt, blickt er erschrocken, voller Angst. Er will die Tür zuwerfen, doch sie stellt einen Fuß dazwischen.

Vor dem kalten, entschlossenen Ausdruck in ihrem Gesicht weicht er in die Diele zurück. Sie tritt ein, zieht die Tür hinter sich zu.

Eindringlich sagt sie: »Bitte, Félix, komm zu mir zurück. Ich kann ohne dich nicht leben!«

»Nein«, erwidert er. »Niemals!«
»Das ist nicht dein letztes Wort.«
»Doch. Ich bin fertig mit dir.«
Sie öffnet ihre Handtasche, reißt eine Pistole heraus. Kurze Zeit später bellen drei Schüsse auf.
Die erst Kugel fährt ihm in die Stirn. Die zweite durchschlägt seine Lunge. Die dritte trifft ihn, während er zu Boden sinkt, hinter dem rechten Ohr. Jeder der drei Schüsse ist tödlich.
Als zehn Minuten später ein Freund von Félix die Wohnung betritt, sieht er den Studenten tot auf dem Teppich liegen. Der Freund sollte Félix als Leibwächter vor Pauline beschützen. Er kommt zu spät für Félix Bailly, aber noch früh genug für seine Mörderin.
Die Vierundzwanzigjährige findet er in der Küche leblos neben dem Herd, aus dem sie Leuchtgas eingeatmet hat. Spezialisten der Pariser Feuerwehr machen zehn Minuten lang Wiederbelebungsversuche mit ihr. Dann erst beginnt sie sich zu regen. Einer der Feuerwehrleute sagt: »Mein Gott, haben Sie ein Glück!«
Pauline Dubuisson aber flüstert verstört: »Warum haben Sie mich nicht bei Félix gelassen?«

Am nächsten Morgen melden die Zeitungen in großer Aufmachung den Mord in der Rue de la Croix-Nivert. Ein Blatt fragt: »Gibt es bald Arbeit für Monsieur Obrecht?« André Obrecht ist der französische Henker. Mit Ausnahme in der Pétain-Ära ist zu dieser Zeit, im März 1951, seit fünfzig Jahren kein Todesurteil an einer Frau mehr vollstreckt worden. Aber die Stimmung in der Bevölkerung hat sich geändert. Immer mehr Stimmen fordern eine *Gleichberechtigung am Schafott*. Wenn es sich herausstellen sollte, daß Pauline Dubuisson die Tat nicht im Affekt begangen, sondern kaltblütig geplant hat, kann es sie den Kopf kosten.

In den Polizeiverhören macht die junge Medizinstudentin widersprüchliche Angaben. Einmal gibt sie zu Protokoll, sie habe Félix nur mit der Pistole bedrohen wollen, dabei hätten sich die Schüsse versehentlich gelöst. Dann wieder sagt sie, sie habe vor seinen Augen Selbstmord begehen wollen. Er habe sie daran zu hindern versucht. Durch eine Abwehrreaktion sei es zu der blutigen Tragödie gekommen.

Was ist Wahrheit? Was Lüge? Um die Motive der Tat zu entschlüsseln, untersuchen die Kriminalbeamten das Leben der Mörderin und ihres Opfers. Dabei stoßen sie auf eine wirre, höchst merkwürdige Liebesgeschichte.

Als sie sich im Frühjahr 1947 auf der Universität Lille kennenlernten, war Pauline Dubuisson noch keine zwanzig, Félix Bailly gerade zwanzig Jahre alt.

Er saß im selben Hörsaal wie sie, nur wenige Plätze von ihr entfernt: groß, gutaussehend, Sohn eines Arztes aus Saint-Omer. Er galt als blendender Sportler, aber als ausgesprochen schüchtern Frauen gegenüber. In der Liebe hatte er noch keine Erfahrungen.

Pauline dagegen, Tochter eines reichen Bauunternehmers aus Malo-les-Baines nahe Dünkirchen, war alles andere als unerfahren. Ihren ersten Liebhaber hatte sie mit siebzehn, einen deutschen Oberst, Mitte fünfzig. Auch sein Nachfolger war deutscher Offizier. Aus Rache für diese sexuelle Verbrüderung mit dem Feind schnitt ihr nach dem Einrükken der Alliierten auf dem Marktplatz von Dünkirchen eine aufgebrachte Volksmenge das schöne lange, tizianrote Haar ab. Sie verzog dabei keine Miene. Ihr Vater hatte ihr beigebracht, Gefühle und Gemütsbewegungen zu unterdrücken. In seinem Haus war es verpönt gewesen, etwa Freude oder Trauer zu zeigen. Dieses Erlebnis bestärkte sie zudem in ihrem Trotz und ihrem Willen, ein Leben nach

ihrer Fasson zu führen – ohne Rücksicht auf die Meinung anderer.
Sie und der unerfahrene, weichliche Félix waren also krasse Gegensätze, die sich allerdings anzogen. Pauline sorgte dafür, daß er seine Schüchternheit rasch verlor. Sie machte ihn zu ihrem Geliebten. Für ihn war die Liebe eine ernste Empfindung – für sie nur ein flüchtiges Vergnügen. Er blieb nicht der einzige in ihrer Gunst. Neben seinem Namen standen bald auch andere Männernamen in ihrem Tagebuch, in dem sie ihre Abenteuer sorgfältig registrierte.
Zwei Jahre litt Félix wegen ihres leichtfertigen Lebenswandels Höllenqualen. Sie weidete sich an seiner hilflosen Eifersucht. Und sie genoß es triumphierend, daß er – nachdem er sie verlassen hatte – weinend zu ihr zurückkehrte. Es schmeichelte ihrer Eitelkeit und befriedigte ihre Sucht, die sich wie ein roter Faden durch ihr verwirrendes Seelengebäude zieht, und die ihre spätere Tat zum Teil zu erklären vermag: Herrschen- und Besitzenwollen.
Sie wollte ihn nicht ganz verlieren. Aber sie demütigte ihn, wo sie nur konnte, gelangweilt von seiner Unterwürfigkeit. Sie hinterging ihn erst heimlich, dann immer offener.
Auf einem Ball tanzte sie mit allen anderen – nur nicht mit ihm. Sie bevorzugte einen Professor, der ihr für ihr Examen nützlich zu sein schien. Plötzlich war sie mit dem Professor verschwunden. Félix bemerkte es erst weit nach Mitternacht. Mit einem Taxi fuhr er zur Wohnung des Professors, klingelte. Der Professor öffnete im rotseidenen Hausmantel.
»Ich muß Pauline sprechen!« stieß Félix hervor.
Der andere runzelte die Stirn. »Warum kommen Sie da zu mir? Sie ist nicht hier.«
»Doch – ich weiß es. Sie ist bestimmt bei Ihnen!«
»Sie irren sich.«
Gequält fragte Félix: »Geben Sie mir darauf Ihr Ehrenwort?«
»Nein«, erwiderte der Professor: »Aber ich gebe Ihnen einen

guten Rat, junger Mann: Lassen Sie sich nie von einer Frau zum Narren machen!«
Dann schlug er die Tür zu. Er ging zurück ins Schlafzimmer, wo Pauline sich nackt in seinem Bett räkelte. Sie hatte die Unterhaltung mit angehört.
»Dieser Félix ist ein Trottel!« sagte sie. »Er begreift nicht, daß ich nichts mehr von ihm wissen will.« Dann streckte sie die Arme nach ihrem neuen Liebhaber aus: »Komm, Professorchen!«
In dieser Nacht faßte Félix einen verzweifelten Entschluß. Er wollte die ungetreue Geliebte heiraten, in der Hoffnung, sie damit fest und für immer an sich zu ketten. Als er ihr am nächsten Tag den Antrag machte, lachte sie belustigt auf.
»Heiraten? Nein, mein Lieber – ich tauge noch nicht zur Ehefrau.«
Sie lehnte abermals ab, als er seinen Antrag einige Monate später, im Sommer 1949, wiederholte. Ihre verächtliche Reaktion gab ihm die Kraft, sich endlich aus seiner Abhängigkeit von ihr zu lösen. Er sagte: »Dann ist Schluß mit uns – endgültig! Ich werde dir nicht mehr nachlaufen. Im nächsten Semester gehe ich nach Paris.«
Er ließ sich in seinem Entschluß auch nicht beirren, als Pauline ihm aus einer Laune heraus mit Selbstmord drohte. In Paris lernte er ein anderes Mädchen kennen: die Studentin Monique Lombard. Eine junge Frau ganz nach seinem Geschmack: bildhübsch, blond und brav – der krasse Gegensatz zu der exzentrischen Pauline. Er verlobte sich mit der stillen Monique.
Pauline erfuhr davon. Zunächst schien sie unbeeindruckt. Im März 1951 aber setzte sie sich plötzlich in den Zug nach Paris. Sie war fest entschlossen, Félix seiner Braut auszuspannen und ihn für sich zurückzugewinnen.

Einen Tag nach ihrer Ankunft in der Seine-Metropole entdeckte Pauline Félix zufällig im Menschengewühl an der Metro-Station Odéon. In Gedanken versunken, strebte er dem Ausgang zu. Jäh fuhr er herum, als sich ihre Hand von hinten auf seine Schulter legte.

»Hallo, Félix!«

»Du, Pauline – in Paris?« erwiderte er verwirrt. »Was führt dich hierher?«

Sie lächelte, schürzte leicht die vollen Lippen. »Der Grund steht mitten vor mir: du! Ich habe Sehnsucht nach dir.«

Er blickte so ernst, wie sie ihn in Erinnerung hatte. Langsam schüttelte er den Kopf, und seine Stimme klang ein wenig schroff, als er sagte: »Du kommst zu spät, Pauline. Ich habe mich verlobt.«

Pauline zeigte sich unbeeindruckt. »Verlobt ist noch nicht verheiratet!«

Sie hakte sich wie selbstverständlich bei ihm ein, und während sie über die Stufen nach oben gingen, blickte sie ihn verführerisch von der Seite an.

»Auch mir hast du schließlich schon die Ehe versprochen, Félix. Hast du das vergessen?«

Abrupt blieb er stehen, löste ihren Arm von seinem. »Du wolltest nicht! Jetzt ist es vorbei ... Ich liebe Monique. Du weißt, daß wir miteinander fertig sind.«

Ihre Wimpern zitterten etwas. Sonst blieb sie ganz ruhig. »Also schön – du bist vergeben. Aber bitte, laß uns Freunde bleiben!« Wie in alten Zeiten zupfte sie seine Krawatte zurecht. Dann blinzelte sie zu ihm empor. »Da ich nun schon einmal hier bin – laß uns zusammen etwas unternehmen heute abend, ja? Gegen einen Stadtbummel von zwei alten Freunden ist doch wohl nichts einzuwenden?«

Er zögerte. »Tut mir leid. Aber ich habe zu arbeiten.«

»Dann komme ich auf eine Stunde zu dir. Morgen fahre

ich zurück nach Lille – und wir haben uns nach der langen Zeit doch einiges zu erzählen. Bitte, ja?«

Nach kurzem Überlegen gab er nach. »Also gut – eine Stunde.«

Abends schellte sie an seiner Tür. Er öffnete. Niemand weiß, was sich dann in seiner Wohnung abspielte. Niemand weiß, wann sie wieder ging. Im Prozeß sollte diese Frage später eine wichtige Rolle spielen.

Fest steht nur, daß Pauline am nächsten Morgen, am 10. März, zuerst nach Lille und dann zu ihren Eltern nach Malo-les-Bains fuhr. Am 11. März hatte sie Geburtstag. Sie wurde vierundzwanzig. Vom Vater wünschte sie sich Geld. Dafür machte sie sich selbst ein eigenartiges Geschenk: Sie kaufte sich eine Pistole. Eine kleine, handliche automatische Waffe.

Sie nahm sie mit, als sie am 12. März nach Lille zurückkehrte, wo sie noch studierte. Zwei Tage schloß sie sich in ihrem möblierten Zimmer ein. Am 15. März verließ sie es. Mit einem Koffer. Ohne Abschied. Ihre Wirtin, Madame Gérard, fand ein Testament auf dem Tisch. Daneben ein paar Schmuckstücke, die sie ihren Freundinnen vermachte. Madame Gérard erschauerte. Am Abend vorher hatte sie zufällig die Pistole in Paulines Handtasche gesehen und eine Fahrkarte nach Paris. In Paris, so wußte sie, wohnte Félix. Einer anderen Mieterin hatte Pauline erzählt, daß er nichts mehr von ihr wissen wolle. Eine böse Ahnung stieg in der Wirtin auf. Sie eilte zum nächsten Postamt und telegrafierte Félix: »pauline unterwegs nach paris stop höchste vorsicht stop erbitte anruf stop gérard.«

Félix rief Madame Gérard sofort an. Er erschrak, als er von dem Testament hörte und davon, daß Pauline bewaffnet war.

»Danke, Madame«, sagte er. »Ich werde aufpassen.«

Seine Handflächen waren kalt und feucht, als er den Hörer

einhängte. Er zitterte, so stark empfand er seine Angst. Er wußte, daß Pauline zu allem fähig war. Unberechenbar – in ihrer Liebe wie in ihrem Haß. Bisher war er es gewohnt, ruhig und friedlich zu leben. Jetzt stand er plötzlich unter einer unheimlichen Bedrohung. Vorsicht und Mißtrauen schärften seinen Instinkt.

Er verbrachte die Nacht bei einem Freund. Am nächsten Tag ließ er sich von ihm zu seiner Wohnung in der Rue de la Croix-Nivert begleiten. Mit dem Lift fuhren sie nur bis zum sechsten Stock. Dann schlich er die Treppe zu seiner Wohnung im siebten Stock empor. Er spähte um die Ecke – Pauline war nicht zu sehen.

»Vielleicht spielt sie nur Theater, um dich wieder an sich zu binden«, sagte der Freund, der dennoch darauf bestand, bei ihm zu übernachten. »Es wäre nicht das erste Mal.«

Félix zuckte mit den Schultern. »Vielleicht. Aber ich habe das Gefühl, dieses Mal ist es ernst.«

Sein Gefühl täuschte ihn nicht.

Am nächsten Morgen, dem 17. März, klingelte es. Er öffnete die Tür, soweit die Sicherheitskette es zuließ. Pauline stand vor ihm. Er sah ihre bleichen Züge, die dunklen Stellen unter den Augen.

»Ich muß dich sprechen!« sagte sie.

Langsam trat er einen halben Schritt zurück. »Wir haben nichts mehr zu besprechen!«

»Doch. Ich muß dir noch etwas sagen. Etwas Wichtiges . . . Allein.«

»Warum allein?«

»Vielleicht muß ich dabei weinen. Das soll niemand sehen.«

Félix schwankte. Ihre tränenerstickte Stimme rührte ihn. »Also gut«, erwiderte er schließlich. »Aber nicht hier. Und nicht allein. Nur in der Öffentlichkeit. Treffen wir

uns um 9.45 Uhr auf der Place Cambronne. Ich bringe einen Freund mit – vorsichtshalber.«
»Wie du willst!« entgegnete Pauline.
Sie setzte sich in das Café gegenüber. Durch die Gardinen beobachtete sie, wie Félix und sein Begleiter das Haus verließen in Richtung des vereinbarten Treffpunkts. Sie folgte ihnen aber nicht. Sie hoffte, daß Félix nach vergeblichem Warten allein zurückkehren würde – und hatte Glück.
Es dauerte knapp eine Stunde. Dann sah sie seine große, kräftige Gestalt näherkommen. Allein ... Er hatte den Freund, der kurz vor dem Examen stand und arbeiten mußte, weggeschickt. Vorher aber hatte er telefonisch einen anderen Studenten gebeten, sofort zu ihm zu kommen und ihn die beiden nächsten Tage zu bewachen. Für alle Fälle ...
Pauline zahlte hastig, verließ das Café, überquerte die Straße und fuhr hinauf zum siebten Stock. Félix öffnete auf ihr Klingeln. Die Sicherheitskette hatte er nicht eingehängt, denn er dachte, es sei sein neuer Leibwächter. Statt dessen sah er wieder das rothaarige Mädchen vor sich – wie eine schreckliche Unvermeidlichkeit. Blitzschnell schob Pauline einen Fuß zwischen die Tür, trat in die Diele. Eine Minute später war Félix Bailly tot.

Die Hauptverhandlung gegen Pauline Dubuisson am 27. Oktober 1953 endet, noch ehe sie begonnen hat. Im dichtgefüllten Saal des *Cour d'Assises de la Seine* in Paris, ist an diesem Morgen nur ein einziger Platz freigeblieben – der Platz auf der Anklagebank.
In die spannungsgeladene Stille sagt der Gerichtsarzt: »Mademoiselle Dubuisson hat in der vergangenen Nacht einen Selbstmordversuch unternommen! Sie hat sich mit einer Glasscherbe die linke Pulsader aufgeschnitten. Sie wäre beinahe verblutet. Eine Wärterin entdeckte den Vor-

fall im letzten Augenblick. Ehe sie Hand an sich legte, verfaßte sie diesen Brief. Er ist an den Herrn Gerichtspräsidenten gerichtet.«
Mit leichter Verbeugung übergibt der Arzt dem Vorsitzenden Jadin ein blutbeflecktes Blatt Papier. Der überfliegt es erst, liest dann vor:
»Herr Präsident! Ich schreibe diese Zeilen in der nächtlichen Dunkelheit meiner Zelle, und ich weiß nicht, ob Sie sie lesen können.
Ich bereue von ganze Seele, daß ich Félix Bailly getötet habe. Auf mir ruht der Fluch, gerade denen weh zu tun, die ich liebe. Möge seine Familie mir verzeihen . . . In diesem Augenblick habe ich schon viel Blut verloren. Ich weiß, was jetzt auf mich zukommt – aber ich will mich nicht einer würdelosen Justiz unterwerfen, mich nicht vor einer sensationslüsternen Menge verantworten, die mich an die tobenden Massen in den Gerichtshöfen der Revolution erinnert.
Deshalb, und nur deshalb entziehe ich mich durch den Tod diesem Schauspiel. Pauline Dubuisson.«
»Theater – nichts als Theater!« erklärt Staatsanwalt Lindon anschließend. »Ein glatter Bluff.«
Der Arzt schüttelt ernst den Kopf. »Als man sie fand, stand Mademoiselle Dubuisson tatsächlich schon auf der Schwelle des Todes. Nur eine Bluttransfusion konnte sie noch retten!«
»Die Verhandlung wird bis zu ihrer Wiederherstellung vertagt«, erklärt der Vorsitzende.

Am 18. November ist es dann soweit. Wieder drängen sich die Menschen schon während der Nacht vor dem Pariser Justizpalast. Frauen zumeist. Von der Delikatesse des Falles, dem ungeklärten Motiv, dem intimen, geschlechtlichen Hintergrund angezogen wie von einer unwiderstehlichen

Kraft. Als kurz vor neun Uhr die Angeklagte hereingeführt wird, durch das übliche Blitzlichtgewitter der Fotografen, ist der Verhandlungsraum mit nahezu fünfhundert Menschen bis zum letzten Winkel gefüllt.
Pauline Dubuisson, klein und zierlich, trägt ein dunkles Jackenkleid mit offenem weißen Kragen. Sie ist immer noch hübsch. Die zweijährige Untersuchungshaft und ihr letzter Selbstmordversuch aber haben harte Linien in ihr Gesicht gegraben. Sie geben ihrem blassen, hohlwangigen Gesicht mit dem rotgeschminkten Mund einen Ausdruck asketischer Strenge.
»Die Anklage lautet auf Mord«, sagte der Vorsitzende, Richter Jadin. »Bekennen Sie sich in diesem Sinne schuldig?«
Sie zögert, nickt denn entschlossen.
»Ja.«
Ein überraschtes Raunen geht durch den Saal, denn während der Voruntersuchung hat sie hartnäckig behauptet, ihren Freund unbeabsichtigt getötet zu haben. Sie habe vorgehabt, sich vor seinen Augen zu erschießen. Er sei ihr jedoch in den Arm gefallen, um ihr die Pistole zu entreißen. Dabei habe sich ein Schuß gelöst und ihn tödlich getroffen. Nun aber plötzlich dieses Geständnis.
Gebannt lauschen alle ihrer leisen Stimme, die jetzt fortfährt. »Ich will heute die Wahrheit sagen. Ich habe Félix Bailly absichtlich getötet! Ich wußte, was ich tat – und ich wollte mich anschließend auch umbringen. Doch man holte mich wieder ins Leben zurück.«
Die Zuschauer schütteln verwirrt die Köpfe. Sie begreifen nicht. Warum dieser unerwartete Wechsel der Aussage? Das Bekenntnis, eine Mörderin zu sein? Hat sich der Geist der jungen Frau in den zwei Jahren der Untersuchungshaft verdunkelt? Oder will sie bewußt auf die Guillotine? Fordert sie mit klaren Verstand den Tod her-

aus, der ihr aus eigener Anstrengung zweimal versagt blieb? Nur die Juristen im Saal wittern den Schachzug. Mit ihrer ersten Darstellung, so überlegen sie, würde Pauline bei Richtern und Geschworenen zweifellos keinen Glauben finden. Denn immerhin ist Félix nicht durch einen zufälligen Schuß, sondern durch drei gezielte Schüsse getötet worden. Sie würde mit dieser Version keine Sympathie erwecken und es riskieren, ohne Milderungsgründe wegen Mordes zum Tode verurteilt und hingerichtet zu werden.
So aber, mit ihrem überraschenden Mordgeständnis, hat ihr Verteidiger die Chance, ein *Verbrechen aus Leidenschaft* zu konstruieren. Eine Eifersuchtstat, die sie nicht nur vor dem Tode retten, sondern ihr sogar zu einer geringfügigen Strafe, womöglich zum Freispruch, verhelfen kann.
Aber bald schon zeigt sich, daß es auf diesem Weg viele Hindernisse gibt. Hindernisse, die in Paulines Person, in ihrem Charakter und Handeln begründet liegen.
Ihr erstes Liebesverhältnis kommt zur Sprache. Mit dem deutschen Oberst, Chefarzt eines Lazaretts in Dünkirchen, in dem sie 1944 als Hilfsschwester arbeitete.
VORSITZENDER: »Nach kurzer Zeit wurden Sie seine Geliebte?«
PAULINE: »Ja.«
VORSITZENDER: »Der Altersunterschied ist beträchtlich. Sie waren erst siebzehn, und er fünfundfünfzig Jahre alt. Hat er Gewalt angewandt oder Sie verführt?«
PAULINE: »Nein – ich liebte ihn!«
VORSITZENDER: »Hm.«
Dem Oberst folgte ein Liebhaber nach dem anderen. Es stellt sich heraus, daß Pauline zumeist den gleichen Typ bevorzugte: den graumelierten, älteren Herrn. Vielleicht suchte sie dabei unbewußt ein väterliches Idealbild, vielleicht aber bewußt immer nur ihren Vorteil.
VORSITZENDER: »Später traten Sie in intime Beziehungen zu

einem Geschäftsmann aus Lyon. Auch er war wesentlich älter als Sie. Wieder aus Liebe?«
PAULINE: »Er hatte versprochen, mir eine Wohnung in Paris zu beschaffen. Nach Paris wollte ich, um in der Nähe von Félix zu sein.«
VORSITZENDER: »Und womit erklären Sie Ihre intimen Beziehungen zu zwei Liller Professoren?«
PAULINE: »Der eine hatte mir gedroht, mich durchs Examen fallenzulassen, wenn ich mich ihm verweigere. Von dem anderen nahm ich an, daß er mir beim Studium behilflich sein könne.«
Dann kommt ihr Verhältnis zu Félix Bailly zur Sprache – der mit Spannung erwartete prickelnde Höhepunkt des Kreuzverhörs. Zwei Männer stellen sich dabei zum Wortduell. Männer, die sonst auf einer Seite stehen. Dieses Mal jedoch sind sich die beiden Rechtsanwälte Paul Floriot und Paul Baudet, beide Asse der Pariser Anwaltschaft, zwar nahe nach Metern – aber getrennt durch Welten. Maître Floriot vertritt die Eltern des Ermordeten – mit der Absicht, für sie zwei Millionen Franc Schadenersatz herauszuschlagen. Maître Baudet vertritt Pauline – mit dem festen Willen, ihren Kopf zu retten.
FLORIOT, höhnisch: »Sie wechselten Ihre Liebhaber wie andere Frauen die Kleider. Und ausgerechnet ohne Bailly glaubten Sie nicht leben zu können?«
PAULINE: »Ja.«
FLORIOT: »Warum schlugen Sie ihm dann vorher zweimal die Heirat ab?«
PAULINE: »Ich fühlte mich noch zu jung. Aber ich habe nie aufgehört, ihn zu lieben.«
FLORIOT: »Seltsam, daß Sie dann in den achtzehn Monaten zwischen Ihrer Trennung von Bailly und seiner Ermordung nicht versuchten, ihn zu sehen. Statt dessen gingen Sie anderen Liebesabenteuern nach!«

Beinahe genüßlich breitet der Anwalt pikante Einzelheiten aus. Die Zuhörer recken sich auf den Bänken, um sich kein Wort, keine Einzelheit, entgehen zu lassen. Sie erfahren, daß Pauline während dieser Zeit ihren ersten Geliebten, den deutschen Oberst aus Dünkirchen, in Ulm besuchte. Er war inzwischen schon über sechzig, aber nicht abgeneigt, alte Erinnerungen aufzufrischen. Dann lernte sie einen jungen französischen Ingenieur in Österreich kennen. Sie schrieb ihm glühende Liebesbriefe – und betrog auch ihn mit anderen.

STAATSANWALT: »Treue scheint nicht gerade Ihre Stärke zu sein, Mademoiselle?«

PAULINE: »Ich zwang mich dazu, andere zu lieben – um Félix zu vergessen! Doch es gelang mir nicht.«

FLORIOT, mit verächtlicher Ironie: »Sie betrogen ihn also, weil Sie ihn liebten. Das verstehe, wer kann! Es spricht aber nicht gerade für eine ungestüme Leidenschaft, daß Sie eineinhalb Jahre lang die nur zweistündige Eisenbahnfahrt von Lille nach Paris scheuten, um ihn zu treffen.«

PAULINE: »Ich wußte doch nicht, wo er wohnte.«

FLORIOT: »Als Sie sich aber vornahmen, ihn umzubringen – da wußten Sie es!«

Die Angeklagte sinkt in sich zusammen. Nur ihr tizianrotes Haar schimmert über die Balustrade, für einen Moment auffunkelnd unter einem flüchtigen Sonnenstrahl.

Maître Baudet, ihr Verteidiger, eilt ihr zu Hilfe.

BAUDET: »Wie reagierten Sie, als Sie erfuhren, daß Félix sich mit Monique Lombard verlobt hatte?«

Pauline hebt ihr Gesicht wieder hoch. Sie blinzelt angestrengt ins Licht.

PAULINE: »Ich fing an, über uns nachzudenken. Ich wußte, daß unter den Männern, die ich kannte, er der einzige war, der mir etwas bedeutete – viel bedeutete. Ich war nun bereit, ihn zu heiraten.«

FLORIOT: »Weil Sie ihn der anderen nicht gönnten!«
BAUDET: »Nein – weil sie annehmen konnte, daß Félix sie trotz allem noch liebte!« Er dreht sich zu der Angeklagten. »War es nicht so?«
PAULINE: »Ja. Von meiner Studienfreundin Janin Lahouse hörte ich, daß er sich bei einem Kommilitonen sehr interessiert nach mir erkundigt hatte. Daraus schloß ich, daß seine Gefühle für mich noch die alten seien. Kurz darauf fuhr ich nach Paris.«
BAUDET: »Dort trafen Sie ihn, und er lud Sie abends zu sich in die Wohnung ein?«
PAULINE: »Ja.«
BAUDET: »Und wie lange blieben Sie bei ihm?«
Ein winziger Muskel zuckte in Paulines Gesicht. Ihre Antwort fällt in die gedehnte Stille des Schwurgerichtssaals wie ein Funke in ein Pulverfaß.
PAULINE: »Die ganze Nacht! Wir verbrachten sie wie in alten Zeiten. Als Liebende. Er konnte mir nicht widerstehen ...«
Nach diesen Worten springt Staatsanwalt Lindon auf. »Das ist unerhört!« ruft er empört. Auch Maître Floriot ist entrüstet, hebt gestikulierend die Arme, schimpft, erregt sich ebenso wie die Eltern des Toten und der Ankläger. Der Tumult breitet sich aus, erfaßt Geschworene und Zuschauer und ist schließlich nur durch das energische Einschreiten des Vorsitzenden zu stoppen.
VORSITZENDER, zweifelnd: »Die ganze Nacht? Sie wollen uns hier also erklären, daß Félix, anständig und loyal wie er war, sich wie ein Schuft benommen und seine Braut mit Ihnen betrogen hat?«
PAULINE: »Ja.«
STAATSANWALT, aufgebracht: »Vor dem Bild seiner Braut, das neben ihm am Bett stand?«
PAULINE: »Ja.«

Maître Floriot schiebt sich dicht an die Anklagebank, fixiert die junge Frau fest und zupackend. »Er hatte Sie nur auf eine Stunde zu sich eingeladen«, sagt er mit kalter Verachtung. »Ich zweifle nicht, daß er Ihnen nach Ablauf der Stunde sofort die Tür gewiesen hat!«
Pauline weicht seinem Blick nicht aus. Ihre grünen Augen werden eng, ihr kleines Kinn reckt sich stolz empor, als sie erwidert: »Ja, er wies mir die Tür. Aber erst danach . . . Am nächsten Morgen! Erst hatte er seiner Schwäche für mich nachgegeben – und es dann vielleicht bereut.«
Sie unterbricht sich. Zum ersten Mal verliert sie ihre Selbstbeherrschung. Ein heftiges Schluchzen schüttelt ihren Körper. Kaum hörbar fährt sie fort: »Da faßte ich den Entschluß, ihn umzubringen – ihn und mich!«
Tränen ersticken ihre Stimme.

Solange sie stolz und hochmütig auf der Anklagebank saß, nicht furchtlos, aber nicht bereit, ihre Angst zu zeigen – solange stand Pauline Dubuisson im Mittelpunkt eisiger Ablehnung. Jetzt aber, nach ihrem jähen Zusammenbruch, ist ihr das Mitgefühl vieler sicher. Die Männer im Zuhörerraum blicken verlegen zur Seite, Frauen ziehen verstohlen ihr Taschentuch. Ein Geschworener schluckt. Richter Jadin kämpft nur wenige Sekunden mit sich. Dann greift er zur Glocke, unterbricht die Sitzung. Flankiert von zwei Polizisten, wird die zierliche Angeklagte aus dem Saal geführt.
Eine Frage beschäftigt alle, die mit dem Prozeß zu tun haben: Was passierte in jener Nacht, die dem Mord vorausging, tatsächlich in Félix Baillys Zimmer.
Aufmerksamen Beobachtern ist klar: Wenn die Geschworenen Pauline abnehmen, daß sie ihn noch einmal für sich gewann, daß er sie küßte und liebte, ehe er sie verstieß – dann hat sie den Kampf um ihren Kopf vermutlich gewon-

nen. Denn dann werden sie ihr zugute halten müssen, daß sie aus einem unwiderstehlichen Zwang heraus handelte, ausweglos verstrickt in Liebe und Leidenschaft.

Als sie wieder vernehmungsfähig ist, greift Maître Floriot mit einer neuen Attacke diese These an.

FLORIOT: »Sie kamen zu der letzten Aussprache also mit dem Vorsatz, Bailly zu ermorden?«

PAULINE: »Nein«. Sie schüttelte den Kopf. »Ich wollte ihn bitten, zu mir zurückzukehren.«

FLORIOT: »Dazu brauchten Sie die Pistole?«

PAULINE: »Sie war der letzte Ausweg. Ich wußte: Ohne ihn hatte ich nicht die Kraft, weiterzuleben. Ich zog die Waffe als er auf meine flehentliche Bitte nur höhnisch lachte. Was dann geschah, weiß ich nicht mehr...«

FLORIOT, scharf: »Ich kann es Ihnen verraten: Sie schossen auf ihn, – aber nicht wie eine Frau, die von ihrer Erregung mitgerissen wird, sondern eiskalt, wie ein geübter Killer!«

PAULINE: »Nein...«

FLORIOT: »Schon der erste Schuß, im Affekt abgegeben, hätte eine Frau, die ihr Opfer angeblich ›unendlich liebt‹, zur Besinnung bringen müssen. Was aber taten Sie? Sie schossen noch ein zweites Mal. Kaltblütig, ohne zurückzuzucken. Damit nicht genug. Sie gaben noch eine dritte Kugel auf Bailly ab – dieses Mal aus nächster Nähe... Wie uns der Herr Gerichtsarzt bestätigte: einen klassischen Gnadenschuß! – Und Sie wollen nicht mehr wissen, wie alles geschehen ist?«

Sie nickt schwach.

FLORIOT: »Das nimmt Ihnen kein Mensch ab! Und ebenfalls nicht, daß Ihr anschließender Selbstmordversuch echt war. Haben Sie den Gasschlauch nicht erst in den Mund genommen, als Sie hörten, daß jemand in die Wohnung kam?«

Wieder fährt Maître Baudet dazwischen. Er protestiert. Er läßt als Zeugen die fünf Feuerwehrleute bitten, die am 17. März 1951 als erste Félix Baillys Wohnung betraten. »Ich habe Hunderte von Leuchtgasvergiftungen gesehen«, erklärt ihr Kommandant, »und keine von ihnen war echter, als die Pauline Dubuissons. Sie zeigte alle Symptome einer Vergiftung zweiten Grades. Wir mußten über zehn Minuten arbeiten, ehe sie die ersten Lebenszeichen von sich gab.«

Floriot aber gibt sich nicht geschlagen. Seinen größten Trumpf hat er sich bis zuletzt aufgespart. Er beantragt beim Vorsitzenden die Vernehmung der Zeugin Monique Lombard.

In der düsteren Atmosphäre des großen Schwurgerichtssaals stehen sie sich dann zum erstenmal in ihrem Leben gegenüber: Monique, die Braut, und Pauline, die frühere Geliebte des ermordeten Medizinstudenten Félix Bailly. Zwei krasse Gegensätze. Die eine schon äußerlich rein und edel – die andere gezeichnet von ihrer leichtlebigen Vergangenheit.

Pauline hört mit starrer Miene zu, als ihre Nebenbuhlerin mit bewegter Stimme die Vorgeschichte des Morddramas in der Rue de la Croix-Nivert schildert.

MONIQUE: »Ich lernte Félix im Mai 1949 kennen. Er erzählte mir sofort, daß er eine große Enttäuschung mit einer Frau hinter sich habe. Wenige Wochen später waren wir verlobt. Aber schon im Herbst lebte ich in Angst um ihn. Félix sagte mir, daß Pauline nach Paris kommen wolle, um ihn zu ermorden. Tagelang versteckten wir ihn bei Freunden. Wir ließen ihn keinen Schritt mehr allein machen.«

BAUDET, triumphierend: »Aha! Schon 1949 fürchtete Ihr Verlobter eine leidenschaftliche Reaktion meiner Mandantin?«

Monique: »Ja. Er sprach von ihrem verletzten Stolz.«
Das paßt dem Verteidiger nicht ins Konzept. Er versucht, den Satz mit einer flüchtigen Geste wegzuwischen.
Baudet: »Demnach kam die ganze Tragödie später für Sie nicht völlig überraschend?«
Monique: »Doch. Denn nach den Wochen der Angst erfuhr Félix damals, daß Pauline ihn endgültig aufgegeben habe.«
Ihr Kopf senkt sich. Die nächsten Worte kommen stammelnd: »Deshalb war es für mich unfaßbar, daß . . . diese Frau zwei Jahre später . . . Félix . . . so erbarmungslos . . . ermordete . . .«
Die Angeklagte spürt, daß sich alle Blicke auf sie richten. Wie zu Beginn des Prozesses sind es Blicke voller Abscheu und grimmiger Feindseligkeit.
Verzweifelt versucht ihr Verteidiger, gegen diesen Stimmungsumschwung anzukämpfen. Er läßt eine Reihe von Zeugen aussagen, die wenig Zweifel daran lassen, daß Pauline eher selbst ein Opfer als ein Dämon ist – das Opfer einer dämonischen Erziehung.
»Sie wurde von ihrem ehrgeizigen Vater wie ein Junge erzogen«, sagt eine Jugendfreundin. »Sie lernte, ihre Gefühle zu beherrschen. Ihr Vater betrachtete Gefühle als unnützen Ballast. Er war sehr nüchtern und streng und hatte sich nach der Lehre Nietzsches eine eigene verworrene Philosophie zurechtgelegt. So schärfte er Pauline unter anderem ein, daß Selbstmord der beste und edelste Weg sei, aus dem Leben zu scheiden, falls sie jemals unüberwindlichen Schwierigkeiten gegenüberstehen sollte.« Die Zeugin stockt, ehe sie fortfährt: »Daran hat er sich ja auch selbst gehalten.«
Georges Dubuisson schrieb am 19. März 1951, zwei Tage nach Paulines Tat, einen Brief an die Eltern des Ermordeten. Er bat darin um Verzeihung für das Handeln seiner

Tochter. Dann schloß er sich ein und drehte den Gashahn auf. Tot wurde er von seiner Frau gefunden.
Pauline blickt wie abwesend zu Boden, als das Ende ihres Vaters zur Sprache kommt.
Weiter wird sie dann mit der Vergangenheit konfrontiert. Mit Freunden und Bekannten aus ihrer Jugendzeit – der entscheidenden Etappe des Lebens, in der die Persönlichkeit eines Menschen sich formt und geformt wird.
Die Zeugenaussagen decken sich zum größten Teil mit dem Gutachten des Psychiaters, der die psychische Beschaffenheit der Angeklagten untersuchte.
Seine Meinung: »Die Angeklagte ist eine Persönlichkeit ohne ausreichendes moralisches Urteilsvermögen. Sie neigt zu Jähzorn und zu impulsiven Handlungen. Gemütskräfte gehen ihr fast völlig ab. Das ist vielleicht ein Ergebnis ihrer Erziehung, die einseitig auf die Entwicklung ihrer Intelligenz, auf Erfolgsdenken ausgerichtet war – zum Schaden ihrer Moral und ihrer Herzensbildung.«
Deshalb und wegen einer erblichen nervösen Vorbelastung von mütterlicher Seite her müsse man ihr eine Verminderung ihrer Verantwortlichkeit zubilligen.
Erleichtert blicken Pauline und ihr Verteidiger sich an. Mitten in ihr Aufatmen aber fällt die entscheidende Frage des Prozesses.
STAATSANWALT: »Hat die Angeklagte Ihrer Meinung nach im Affekt oder kaltblütig, mit Vorbedacht gehandelt?«
Der Psychiater überlegt lange. Er weiß, daß seine Antwort über das Schicksal der jungen Frau entscheiden kann. Man sieht, wie sehr ihn die Last der Verantwortung drückt. Seine Miene verrät angestrengtes Nachdenken, seine Hände pressen sich fest ans Zeugenpult.
PSYCHIATER, ausweichend: »Ich würde sagen, in einer

Aufwallung von Zorn. Wie gesagt: Sie neigt zu Jähzorn – andererseits aber kann sie in gewisser Weise auch einen kühlen Kopf bewahren.«

Staatsanwalt Lindon ist damit nicht zufrieden. Er reckt sich.

STAATSANWALT, scharf: »Das ist mir zu unklar. Bitte, sagen Sie uns ganz eindeutig: Tötete Pauline Dubuisson im Affekt – oder mit kalter Überlegung?«

Im Saal ist es zu dieser frühen Abendstunde schon nahezu dunkel. Das Licht der untergehenden Sonne dringt für Sekunden durch die aufgerissene Wolkendecke, malt geisterhafte Muster in die Düsternis. Die Fensterbalken werfen lange Schatten auf den Fußboden. Schatten, die an die Konturen des hohen Holzgerüstes der Guillotine erinnern. Eine bedrohliche Stille liegt über der Szenerie. Niemand rührt sich.

PSYCHIATER: »Das ist mit allerletzter Sicherheit nicht zu sagen.«

Damit ist wieder alles offen, und noch pendelt die Waage. Mit ihren Plädoyers versuchen beide Seiten das letzte Gewicht in ihre Schalen zu werfen.

Maître Floriot hat als Verteidiger den Ruf, seine Klienten sogar in aussichtslosen Fällen noch retten zu können. Diesmal, als Nebenkläger, dreht er den Spieß um. Diesmal arbeitet er dem Staatsanwalt in die Hand. Mit all seinem glänzenden rhetorischen Geschick, das seinen Ruf begründet. Er schildert die Qualen, die Félix durch Paulines Untreue erdulden mußte. Und er verliest ihr Tagebuch, in dem sie wie auf einer Art Jagdliste die Namen aller Männer aufführte, die sie eroberte oder von denen sie sich erobern ließ.

FLORIOT: »Mit siebzehn Jahren fingen ihre Liebschaften an. Und seitdem sucht man in ihrem Leben vergeblich nach den Spuren einer Ablehnung. Aus den meisten Beziehungen verstand sie ihren Vorteil zu ziehen, und alle wollte sie besitzen und beherrschen. Als Félix Bailly sich schließlich verweigerte und es ihm mit Hilfe einer anderen gelang, sich ihrem Einfluß zu entziehen – da fühlte sie sich in ihrem Stolz, in ihrer Eigensucht getroffen.«

Der kleine Anwalt reckt sich etwas, als er zum Finale ansetzt.

Floriot: »Mit drei Kugeln zerstörte Pauline Dubuisson jäh das Glück des jungen Mannes mit einer jungen Frau. Die Angeklagte hat diesen Mord sorgsam ausgeführt. Der Kauf der Waffe, die Fahrt nach Paris, das Abwarten der Gelegenheit – das alles hat mit blinder Leidenschaft nicht das Allergeringste zu tun. Hier war keineswegs enttäuschte Liebe im Spiel. Keiner der Zeugen hat uns nur einen Fingerzeig gegeben, daß Pauline Dubuisson sich je vor Sehnsucht nach Félix Bailly verzehrt hätte. Nein – sie wurde zur Mörderin, weil sie nicht duldete, daß eine andere ihr einen ihrer verflossenen Männer streitig machte.«

Staatsanwalt Lindon hat es nach diesem meisterlichen Plädoyer nicht mehr schwer. Er faßt sich kurz. Seine Anklagerede ist »peitschend, ätzend, unerbittlich«, wie es am nächsten Tag die Pariser Zeitungen formulieren werden. Er bezeichnet Pauline als »Monster« – und fordert für sie die einzige Sühne, die ihrem Verbrechen angemessen sei.

Staatsanwalt: »Ich beantrage für Pauline Dubuisson die Todesstrafe!«

Die Erregung im Saal über diesen Antrag – den härtesten seit vielen Jahren – ist noch nicht abgeflaut, als sich Paulines Verteidiger erhebt.

Gegenüber seinem Widersacher Maître Paul Floriot, der mit pathetischen Gesten, mit komödiantischen Tricks und Kniffen arbeitet, wirkt Maître Paul Baudet eher sachlich und schlicht.

Er ist ein tiefreligiöser Mensch. Einige Wochen vor dem

Prozeß zog er sich in ein Kloster zurück, um dort Kraft und Stärke für seinen Kampf zu sammeln. Als er mit dem Plädoyer beginnt, ist es fraglicher denn je, daß er diesen Kampf gewinnen wird. Zu unvorteilhaft ist das Bild, das Paulines Feinde und Freunde, das Zeugen und Sachverständige von ihr gezeichnet haben – ein Seelengemälde, in dem die dunklen, düsteren Farben überwiegen.

Nur eine Möglichkeit ist ihm geblieben, das Messer der Guillotine vielleicht noch von ihr abzuwenden: Er muß versuchen, die Vorurteile gegen sie abzubauen und zu beweisen, daß sie nur aus ihrer asketisch strengen Erziehung heraus jedes öffentliche Anzeichen von leidenschaftlicher Liebe zu Félix unterdrückte.

BAUDET: »Wenn man einen Menschen richten will, muß man zunächst versuchen, ihn zu verstehen. Dieses Verstehenwollen ist leider beim Herrn Ankläger und beim Nebenkläger zu vermissen. Ihre Darstellung des Charakters meiner Mandantin ist oberflächlich und einseitig.« Er richtet seinen Blick auf den Staatsanwalt. »Sie zeigen sich entsetzt darüber, daß der deutsche Oberst, in den sie sich verliebte, ein Fünfzigjähriger war. Würden Sie – selbst ein Fünfzigjähriger! – behaupten, daß Männer dieses Alters ohne jede Anziehungskraft auf junge Mädchen sind?«

Lindon lächelt mit verkniffener Miene. Gelächter im Publikum.

BAUDET: »Sie haben ihr vorgeworfen, daß sie mehr als einen Mann liebte. Sie nennen sie deshalb ein Flittchen. Aber – hätten Sie den Mut, Herr Staatsanwalt, mit mir durch diesen Saal zu gehen und zu schwören, daß Pauline Dubuisson hier die einzige dieser Art ist?«

Empörtes Flüstern auf den Zuhörerbänken. Einige Frauen schütteln den Kopf. Andere blicken nachdenklich.

Baudets Plädoyer ist ein Meisterstück. Er verteidigt, indem er angreift.

Baudet: »Es will Ihnen nicht in den Kopf, Herr Staatsanwalt, daß Pauline achtzehn Monate lang geschwiegen hat, ohne den Versuch, Félix Bailly zu treffen. Daraus schließen Sie, daß ihre Liebe zu ihm erloschen war. Sie vergessen dabei, daß sie dazu erzogen wurde, ihr Inneres gegen den Einblick durch andere abzukapseln. Dieselbe Erziehung, die Stolz und Hochmut in ihr wachsen ließ. Stolz und Hochmut aber waren es, die ihre Liebe zu Félix immer wieder unterdrückten. Die sie, nachdem sie von seiner Verlobung erfuhr, noch einige Zeit zögern ließen, zu ihm zu fahren und ihre Liebe zu gestehen – in der Hoffnung, alles könne zwischen ihnen wieder so werden, wie es einmal war.«
Der nächste Punkt in Baudets Beweisführung ist der entscheidende.
Baudet: »Die Aussage der Angeklagten, sie habe die Nacht vom 7. auf den 8. März 1951 in alter Weise mit Félix verbracht, ist hier als eine Entweihung des Toten betrachtet worden. Warum eigentlich? Wir wissen, daß Félix der Geliebte Paulines gewesen ist. Ist es da unehrenhaft, wenn er ein letztes Mal seiner Schwäche für sie nachgegeben hat – und ist es nicht allzu verständlich, daß sie die Waffen der Frau benutzte, um ihn vor der Hochzeit mit der anderen für sich zurückzugewinnen?«
Mit schnellem Blick erkennt der Anwalt, daß seine Argumente ihre Wirkung nicht verfehlt haben.
Baudet, abschließend: »Ich bitte um Verzeihung und Milde für diese stolze, junge Frau, die in ihrer Verzweiflung lieber in den Tod flüchten wollte, als sich dem Urteil von Menschen zu stellen, die ihr Tun und Handeln, das nur aus ihrer ausweglosen Liebe, aus ihrer komplizierten Persönlichkeit zu verstehen ist, vielleicht nicht ganz zu begreifen vermögen.«
Eine fast andächtige Stille folgt seinen Worten. Unterbro-

chen nur von dem Geräusch seiner Gummisohlen, als er zu seinem Stuhl zurückkehrt.
Nachdem er sich gesetzt hat, berührt Pauline leicht seine Schulter. Er dreht sich um, nimmt ihre Hand. Da zerbricht ihre maskenhafte Starre. Sie weint. Zum zweitenmal in diesem Prozeß – vielleicht auch zum zweitenmal in ihrem Leben.
Der Vorsitzende wartet einen Augenblick. Dann wendet er sich an die Angeklagte.
VORSITZENDER: »Haben Sie noch etwas zu sagen?«
Pauline Dubuisson erhebt sich. Sie stützt sich schwer auf das hölzerne Gatter der Anklagebank.
PAULINE: »Nur dies: Ich möchte die Verzeihung jener erbitten, denen ich soviel Schmerz und Unglück zugefügt habe.«
Richter und Geschworene erheben sich und ziehen sich zur Beratung zurück.

In den Gängen des Justizpalastes diskutieren die Menschen darüber, wie das Urteil ausfallen wird.
Wird man Pauline Dubuisson als Mörderin dem Henker André Obrecht ausliefern, den die Franzosen voller Abscheu *Le Bourreau – Folterer* – nennen und der mit seiner Frau in einer kleinen Wohnung in Auteuil, außerhalb von Paris lebt, umgeben von einer Sammlung verstaubter Puppen? Oder werden die Richter dem Antrag Maître Baudets folgen und Milde walten lassen?
Richter und Geschworene brauchen nicht lange für die Urteilsfindung. Nach kurzer Beratung kehren sie in den Saal zurück. Alle Anwesenden stehen von ihren Plätzen auf.
Der Vorsitzende sagt: »Das Schwurgericht fand die Angeklagte der Tötung mit Überlegung schuldig. Zugleich aber billigte es ihr mildernde Umstände zu. Das Urteil lautet auf lebenslänglich Zuchthaus.«

[illegible]
[illegible]
Nachdem er den gesamten [illegible] Pastor [illegible]
[illegible]
[illegible]
[illegible]

Der [illegible] Hand [illegible]
[illegible]
[illegible] Haben Sie noch etwas zu sagen [illegible]
[illegible]
das [illegible] der Angeklagte [illegible]
[illegible]
[illegible]

[illegible]
[illegible]

[illegible]
[illegible] des Urteils [illegible]
[illegible]
[illegible]
[illegible]
[illegible]
[illegible]
[illegible]
[illegible] lassen.
[illegible]
[illegible]
[illegible]
Der Vorsitzende [illegible]
[illegible]
[illegible]
[illegible]

10

Der Fall Paula Hettchen

Ausweg mit der Armbrust

Der Tag an dem die einundzwanzigjährige Paula Hettchen zur Mörderin werden soll, verspricht schön zu werden. Um 6.30 Uhr steht sie auf, tritt auf den Balkon, blickt nach oben. Der Himmel über Düsseldorf ist an diesem 20. Oktober, einem Sonntag, klar und wolkenlos.

Die brünette, junge Frau mit dem Kindergesicht, pausbäkkig wie ein Barockengel, geht ins Bad, wäscht und kämmt sich. Im Schlaf-Wohnraum nebenan hört sie ihren Geliebten fest und tief schlafen. Es ist der achtundfünfzigjährige italienische Eissalon-Besitzer Giuseppe Palatini, ein kräftiger, weißhaariger Jean-Gabin-Typ. Er schnarcht. Paula überlegt, ob sie ihm Kaffee kochen und ihn dann wecken – oder ob sie ihn töten soll.

Wie unter einem Zwang läuft sie zum Wandschrank in der Diele. Sie öffnet ihn, nimmt eine Armbrust heraus, eine mit einem Zielfernrohr ausgerüstete Sportarmbrust. Paula Hettchen hat sie ein Jahr zuvor für 1095 DM in einem Essener Waffengeschäft gekauft. Auf die Quittung, die sie aufhob, schrieb sie: »Für P.« Gemeint war damit Palatini. Auch die spitzen Fiberglaspfeile, die sie zusätzlich zu den runden Übungspfeilen kaufte, waren »für P.« bestimmt. Tödliche Geschosse, wenn sie von der gespannten Sehne der Armbrust auf einen Menschen abgefeuert werden.

Paula Hettchen sieht die Waffe an. Schon am Abend bevor ihr Geliebter zu ihr in das kleine Appartement in der Lochnerstraße 34 in Ratingen gekommen war, um wie üblich mit ihr zu schlafen, hatte sie die Armbrust gespannt und einen der gefährlichen Dreieckspfeile eingelegt. Nach kurzem Zögern stellt sie jetzt, am nächsten Morgen, die Waffe wieder in den Schrank zurück.

Dreimal noch nimmt sie die gespannte Armbrust wieder aus dem Schrank, geht damit in Richtung zu ihrem schlafenden Geliebten, bringt sie aber jedesmal zurück. Beim vierten Mal aber faßt sie einen Entschluß: Sie geht mit der Waffe in den Wohn-Schlafraum, stellt sich zwischen Doppelbett und Fenster. Leise betet sie: »Lieber Gott, jetzt hilf mir! Nicht mein, sondern dein Wille geschehe!«

Giuseppe Palatini liegt auf der rechten Seite des Bettes, halb auf dem Bauch, unter einer Daunendecke. Immer noch schläft er fest. Einen Moment sieht seine junge Geliebte ihn noch an. Sie denkt: Wenn er jetzt vor dir stehen würde, könntest du es nicht tun. Dann richtet sie die Armbrust mit dem spitzen Pfeil auf seinen Rücken und schießt. Der einundvierzig Zentimeter lange und 0,8 Zentimeter dicke Fiberglaspfeil dringt durch die Decke und bohrt sich dicht neben der Wirbelsäule etwa dreißig Zentimeter tief in seinen Körper. Dabei durchschlägt er den linken Lungenflügel.

Giuseppe Palatini schlägt die Augen auf. Paula Hettchen sieht, daß er den Kopf zu ihr dreht. Er fragt: »Was ist denn?«

Mit der Armbrust läuft sie an ihm vorbei in die Diele. Sie hört ihn aufstehen, ihr folgen. Sie kann die Zimmertür vor ihm zuschlagen, hastig den Schlüssel herumdrehen. Mit letzter Kraft drückt Palatini von innen die Klinke herunter. Paula sagt später: »Etwa zehn- bis zwölfmal.« Hinter der Milchglasscheibe der Tür zeichnet sich sein massiger Körper ab und etwas Rotes. Paula: »Ich dachte, es ist unser Handtuch.« Es ist Blut. Palatini ruft: »Paula!« Dann hört Paula Hettchen ein Husten und Röcheln.

Sie legt einen neuen Pfeil auf die Armbrust, spannt sie.

Selbst jetzt hat sie noch Angst vor ihm. Dann verschwinden seine Konturen hinter dem Milchglas. Sie hört einen dumpfen Fall. Als sie vorsichtig die Tür öffnet, sieht sie viel Blut auf dem Boden. Ein Bein Giuseppe Palatinis ragt zwischen Bett und Fenstertür hervor. An dieser Stelle ist er zusammengebrochen. Er rührt sich nicht mehr.
So wie sie ist, im Nachthemd, rennt Paula Hettchen durch das Treppenhaus zu einer Nachbarin, die einen Stock tiefer wohnt. Sie klingelt. Als die Frau öffnet, wirft sie sich an sie, umklammert sie. Sie ruft: »Schick mich nicht weg! Hol die Polizei! Ich hab's getan!« Auf die Frage der Frau, was sie denn getan habe, antwortet sie: »Ich habe ihn umgebracht!« Frage der Nachbarin: »Wen denn?« Paula Hettchen: »Den Herrn Palatini!«
Die junge Frau zittert vor Erregung. Ihre Nachbarin bettet sie auf die Couch, deckt sie mit einer Strickjacke zu. Um 8.40 Uhr erscheint der Schutzpolizist Schmitz in der Wohnung. Aufgelöst will Paula Hettchen von ihm wissen: »Ist er tot?«
Ein Weinkrampf schüttelt sie, als der Beamte nickt. Kurz darauf sagte sie, seltsam erleichtert: »Es ist alles überstanden, alles vorbei!«

Die Presse berichtet am nächsten Tag in großer Aufmachung über die Tat. Besonders die ungewöhnliche Tatwaffe erregt das Interesse der Öffentlichkeit. Sogar die *Frankfurter Allgemeine Zeitung* druckt eine Meldung unter der Überschrift: »Mit der Armbrust erschossen«.
Für die Düsseldorfer Mordkommission ein klarer Fall: Man hat die Täterin, die Tatwaffe und kennt die Tatumstände. Im *Woyzek* von Georg Büchner lautet der letzte Satz, gesprochen vom Gerichtsdiener: »Ein guter Mord, ein ächter Mord, so schön, als man ihn nur verlangen thun kann, wir hatten schon lange so kein gehabt.«

Alles scheint klar zu sein: das junge Mädchen und der alternde Liebhaber. Ein heimliches Glück mit gemeinsamem Liebesnest. Wie die ersten Verhöre ergeben, hat die Täterin versucht, sich aus dem Verhältnis mit dem Opfer zu lösen. Als ihr das auf normale Weise nicht gelang, sah sie im Schuß mit der Armbrust den letzten Ausweg. Wie es scheint, hat sie kaltblütig und aggressiv gehandelt.
So sagen es jedenfalls die Fakten, die von den Beamten der Mordkommission zusammengetragen werden. Psychologen und Psychiater, die sich mit solchen vordergründigen Tatsachen nicht begnügen und die Seelenlandschaft der Paula Hettchen durchleuchten, kommen zu einem ganz anderen Ergebnis. Für sie war das Verhältnis zwischen Täterin und Opfer bis zur Tat ein Verhältnis im umgekehrten Sinne: die Täterin war ein Opfer. Sie war dem später von ihr Getöteten auf für sie unerträgliche Weise ausgeliefert. Am Ende stand eine *verzögerte Explosion*.
Wie viele Frauen, die töten, so das übereinstimmende Ergebnis der medizinischen Gutachter, sei Paula Hettchen keineswegs aggressiv, sondern besonders gehemmt und angepaßt. Eine junge Frau mit einer höchst komplizierten Persönlichkeit. Ihre Tat sei nur aus ihrer zum Teil krankhaften Entwicklung heraus zu verstehen.
Paula Hettchen wird am 29. Dezember 1963 in Düsseldorf geboren. Als jüngstes von drei Kindern. Der Vater ist Internist, die Mutter praktische Ärztin, die seit der Geburt ihres ältesten Kindes nicht mehr berufstätig ist und sich jetzt mit übergroßem Eifer dem Nachkömmling Paula widmet. Sie gibt dem Kind alle mütterliche Liebe, macht es dabei aber ungewollt von sich abhängig. Das Kind, auf fast übernatürliche Weise auf die Mutter fixiert, hat nur wenig Kontakt zu Gleichaltrigen. Es wehrt sich gegen den Kindergarten, will zu Hause bei der Mutter bleiben. Paula wird im römisch-katholischen Glauben der Eltern erzogen.

Die Einschulung wirft die ersten Probleme auf. Paulas Trennungsangst ist so groß, daß sie ohne die Mutter nicht am Unterricht teilnehmen will. Sie erreicht, daß die Mutter einige Tage zusammen mit ihr die Schulbank drücken muß. Erst als der Vater ihr droht, daß es so nicht weitergehe und sie in ein Internat müsse, geht sie alleine zur Schule. Bis zu ihrem dreizehnten Lebensjahr – sie wechselte inzwischen aufs Gymnasium – ist sie eine fleißige, überaus ehrgeizige Schülerin. Die Freizeit verbringt sie fast ausschließlich mit ihrer Mutter.

Dann geschieht etwas für ihre Eltern und Lehrer Unbegreifliches: Paula Hettchen schließt sich in ihr Zimmer ein und weigert sich, weiter die Schule zu besuchen. Sie will nur wieder gehen, wenn sie eine Klasse zurückversetzt wird. Psychologischer Hintergrund: Sie lehnt es ab, erwachsen zu werden, vom Kind zur Frau heranzureifen.

Man gibt ihr nach, stuft sie zurück. Doch nur wenige Wochen geht sie in die tiefere Klasse. Dann erkennt sie, daß auch damit ihre Probleme nicht zu lösen sind. Sie bleibt wieder zu Hause, kapselt sich ab. Beratung und Behandlung durch einen Kinderpsychiater helfen nicht. In ihrer Abwehr gegen die Welt der Erwachsenen, die sie nicht betreten will, verweigert sie die Nahrungsaufnahme, sie wird magersüchtig.

Ein Martyrium für sie und ihre Eltern beginnt. Mit einem Gewicht von nur noch dreißig Kilogramm wird das damals 1,69 Meter große Mädchen im Frühjahr 1979 in die Poli-Klinik Düsseldorf gebracht. Nach ihrer Entlassung nimmt sie zweimal eine Überdosis von Schlafmitteln. In lebensgefährlichem Zustand kommt sie zur Behandlung ihrer Magersucht in eine Spezialabteilung des Evangelischen Krankenhauses Essen-Werden. Diagnose der Ärzte: »Die Erkrankung der Patientin hängt mit ihrer persönlichen und sexuellen Reifungsproblematik und der damit verbundenen Übernahme der weiblichen Geschlechtsrolle zusammen. Die Abwehr gegen die weibliche Rolle hat auch mit der dominierenden Stellung der Mutter in der Familie zu tun.«

Nach einer Zwangsbehandlung und Zwangsernährung sticht Paula sich zweimal mit einer Nagelschere in Nähe des Herzens in die Brust. Sie will sterben, wird aber gerettet. Gegen den Rat der Ärzte nehmen die Eltern Paula schließlich aus der Klinik und lassen sich weiter von ihr terrorisieren. Auf Reisen, die sie ablenken sollen, ißt sie streng nach einer Kalorientabelle, um bloß nicht zuzunehmen.

Die Eltern glauben, ihrer Tochter durch einen Milieuwechsel helfen zu können. Der Vater kauft eine Eigentumswohnung auf der Weselerstraße in Düsseldorf, in die Mutter und Tochter gemeinsam einziehen. Doch auch hier ist Paula weiterhin bestrebt, ihr geringes Gewicht zu halten, um keine weiblichen Formen anzunehmen. Sie will wie ein Kind, wie ein Junge aussehen. So zieht sie sich auch an. Die Regel ist als Folge der Magersucht bei ihr nicht eingetreten. An sexueller Aufklärung ist sie nicht interessiert. Sie lehnt sie ab.

Im Frühjahr 1982 hat Paula, inzwischen achtzehn Jahre alt, dann die Begegnung, die ihr Leben grundlegend verändern soll. Die sie in einen Taumel ihr noch unbekannter Gefühle und schließlich in den Abgrund stürzen wird.

Über diese Begegnung sagt Paula Hettchen in dem Mordprozeß gegen sie, der am 3. August 1987 vor einem Düsseldorfer Schwurgericht beginnt: »Für mich war es der glücklichste Tag meines Lebens!«

In einer Zeitung hatte sie eine Anzeige der Düsseldorfer Eisdielen-Kette *Palatini* gelesen. Als sie dort anrief, war der Chef selbst am Apparat. Er lud sie ein, sich bei ihm in seinem Hauptgeschäft am Graf-Adolf-Platz vorzustellen.

PAULA HETTCHEN: »Herr Palatini stand hinter dem Tresen, als ich kam. Er fragte mich wegen meiner Magerkeit erstaunt: ›Sind Sie ein Mädchen oder ein Junge?‹ Er lachte. Er war unheimlich nett und herzlich zu mir. Auch seine Angestellten, alles Italiener, empfingen mich freundlich. Wir wurden uns schnell einig. Ich hatte das Gefühl, in eine große italienische Familie aufgenommen zu sein.«
RICHTER: »Wann traten Sie Ihren Dienst bei Herrn Palatini an?«
PAULA HETTCHEN: »Am 19. Februar 1982. Für 1300 Mark netto. Als Eisverkäuferin. Erst im Straßenverkauf, dann überall.«
RICHTER: »Sie fühlten sich wohl dort?«
PAULA HETTCHEN: »Und ob! Ich wurde da ein anderer Mensch. Ich hatte viel Spaß, blieb abends länger, weil es so schön war. Manchmal bis zu sechzehn Stunden. Freie Tage nahm ich nicht. Ich wollte immer im Geschäft sein.«
RICHTER: »Wie waren am Anfang Ihre Beziehungen zu Herrn Palatini?«
PAULA HETTCHEN: »Er war der erste Mensch, mit dem ich reden konnte, der mir zuhörte, der für mich da war. Ein Freund und Vertrauter. Bei ihm fühlte ich mich ungehemmt.«
Auch die übrige Familie, Palatinis Frau und seine beiden Söhne, schließen das junge Mädchen in ihr Herz. Es blüht in der neuen Umgebung auf. Es nimmt an den gemeinsamen Mahlzeiten der Familie teil. Paula ißt jedesmal mit Appetit, bis sie satt ist. Auf Kalorien achtet sie nicht mehr. Mit zunehmendem Gewicht beginnen sich weibliche Formen bei ihr abzuzeichnen. Nun will sie plötzlich auch weiblich und hübsch aussehen. Sie frisiert sich modisch, trägt schicke Kleider.

PAULA HETTCHEN: »Meine Eltern kamen mittwochs und sonntags zu mir ins Geschäft und tranken dort Kaffee. Sie sahen mich und waren glücklich.«
RICHTER: »Irgendwann sprach Herr Palatini mit Ihnen über seine Ehe?«
PAULA HETTCHEN: »Einer seiner Söhne sagte mir, daß er sich mit seiner Frau gestritten hatte. Das war für mich wie ein Schock. So was kannte ich gar nicht. Ich sprach ihn darauf an. Er sagte, seine Ehe sei am Ende. Er könne mit dieser Frau nicht mehr leben.«
Im Oktober 1982 wird das Eisgeschäft saisonbedingt geschlossen. Giuseppe Palatini lädt Paula und ihre Mutter nach Cortina ein, wo er herstammt. Wie sie später dem Hamburger Psychiater Professor Eberhard Schorsch anvertraut, wird ihr Chef hier zum erstenmal zutraulicher. Er berichtet ihr von seiner innigen Beziehung zu seiner verstorbenen Mutter, die er geliebt habe und nimmt Paula mit auf den Friedhof zum Grab.
Traurig fährt sie mit ihrer Mutter zurück nach Düsseldorf. Sie sagt: »Das war eine schlimme Zeit. Ich habe nur geweint, weil Palatini nicht da war. Meine Mutter konnte das nicht verstehen. Sie war wohl auch eifersüchtig.«
Palatini fasziniert sie durch sein stattliches Aussehen und sein gewinnendes Wesen. Sie sieht in ihm einen Ersatz für ihren Vater, zu dem sie ein etwas distanziertes Verhältnis hat. Ihr Chef sieht in ihr nach einiger Zeit aber nicht mehr, wie am Anfang, eine Tochter, sondern eine junge, sexuell begehrenswerte Frau.
RICHTER: »Wann wurden Ihre Beziehungen zu Herrn Palatini enger?«
PAULA HETTCHEN: »Auf einer gemeinsamen Geschäftsfahrt nach Hannover. Herr Palatini sprach von seiner Angst vor dem Alter. Er war so unheimlich traurig und

weinte im Auto. Dann sagte er mir, daß ich ihm so viel bedeuten würde, ob ich ihn denn nicht lieb hätte.«
RICHTER: »Ja?«
PAULA HETTCHEN: »Da merkte ich auch bei mir: Da tut sich doch was, du bist ja ganz anders geworden.« Sie macht eine Pause, ehe sie fortfährt: »Im Parkhaus in Düsseldorf hat er mich zum Abschied dann richtig geküßt, wie mich noch nie jemand geküßt hatte.«
In den nächsten Tagen, so schildert sie weiter, habe sie gefühlt, daß sie ihn »unendlich lieb« hatte.

Ein Jahr später, am 15. April 1984, wird sie seine Geliebte. Palatini ist der erste Mann in ihrem Leben. Später sagt sie: »Er war an diesem Abend sehr zärtlich, sehr besorgt um mich. Das hat sich dann bald geändert.«
Von diesem Moment an treibt das ungleiche Paar, ohne es zu ahnen, auf den Abgrund zu. Palatini befindet sich in einer schweren Lebenskrise: seine Ehe ist zerrüttet, er hat Potenzängste, Angst vor dem Älterwerden und vor dem Tod. Er leidet unter Depressionen. Von der zur Frau aufgeblühten Paula Hettchen fühlt er sich sexuell stark angezogen. Bei der jungen Geliebten kehrt seine Manneskraft zurück. So oft wie möglich will er mit ihr schlafen.
Paula ist davon irritiert. Sie hat keine sexuellen Empfindungen für ihn. Sie hat sich ja lange gegen ihr Frauwerden, gegen die Sexualität gewehrt. Seine Bettgeliebte will sie nicht sein. Sie gibt sich ihm nur hin, um ihm einen Gefallen zu tun. Die Rolle der Tochter, der Freundin und Vertrauten wäre ihr lieber.
Giuseppe Palatini erkennt das nicht. Er ist nur auf seine sexuelle Befriedigung aus, stößt sie mit seinen entsprechenden Wünschen und Praktiken, zu denen auch das Zufügen von Schmerzen gehört, immer mehr ab. Ande-

rerseits fasziniert er sie als Vaterfigur, als Chef, zu dem alle aufschauen. Ein Zustand, der sie überfordert.
Dazu kommt die Isolierung, in die sie durch ihre ungewollte Liebschaft mit dem Eissalon-Besitzer gerät. Er verbietet ihr, mit ihren Eltern über ihre Beziehung zu ihm zu reden. Auch seiner Frau, die Paula mütterlich zugetan ist, darf sie sich nicht anvertrauen. Auf seine Anweisung hin darf Paula mit ihr weder reden noch telefonieren. Qualvoll ist für sie auch der Konflikt, daß sie als gläubige Katholikin Ehebruch begeht und damit im Zustand der Todsünde lebt – sie aber auf sein Drängen hin nicht zur Beichte gehen kann. Er befürchtet, daß ihr mit der Absolution auferlegt werden wird, die Beziehung zu ihm zu beenden.
Das alles nimmt ihr die Luft zum Leben. Eine unbestimmte Angst kommt in ihr auf.
Im März 1985 findet ihre Mutter beim Aufräumen in der Wohnung, in der sie immer noch zusammen mit ihrer Tochter lebt, Notizen von Paula. Sie verraten, daß deren Beziehungen zu Palatini doch viel enger sind, als sie bisher zugegeben hat. Es kommt zu einer schweren Auseinandersetzung zwischen ihr und den Eltern. Sie ruft: »Ohne ihn kann ich nicht leben! Er ist wie ein Guru für mich. Wo er nicht ist, kann auch ich nicht sein.« Sie holt ihre Sachen aus der Düsseldorfer Wohnung, zieht in ein Hotel und schließlich in das Luxus-Appartement, das Palatini für sich und seine junge Freundin als Liebesnest gemietet hat.
Auch in dieser Wohnung ist Paula Hettchen isoliert. Niemand außer Palatini darf sie betreten. Paula kann die Tür nicht absperren. Wenn er kommt, will er mit ihr immer nur ins Bett, während sie sich nach Wärme, persönlicher Nähe, Zärtlichkeit und vertrauten Gesprächen sehnt.
Dreimal versucht sie, sich von ihm zu lösen. Sie reist mit ihrer Mutter nach Monte Carlo und Rom. Unterwegs verspricht sie: »Ich trenne mich von ihm!« Auch nach einem

Klinikaufenthalt nimmt sie sich vor, mit ihm Schluß zu machen und wieder zu ihren Eltern zu ziehen. Doch er kann sie immer wieder umstimmen. Er fällt vor ihr auf die Knie, bettelt, weint wie ein Kind, fleht sie an: »Bleib bei mir – ohne dich kann ich nicht leben!« Und sie bleibt. Sie hängt noch an ihm und hofft, er werde wieder der verständnisvolle, nichts fordernde Freund, wie am Anfang ihrer Beziehung.

Je mehr sie aber erkennen muß, daß ihre Beziehung weiter auf das sie abstoßende sexuelle Niveau abgleitet, um so größer wird ihre diffuse Angst vor seiner Männlichkeit.

Wer Angst hat, versucht sich zu schützen. Paula ruft bei der Polizei an. Sie will wissen, ob es auch Waffen ohne Waffenschein gibt. Als das verneint wird, erinnert sie sich an den Rat eines Klassenkameraden, mit dem sie die Berufsschule besucht, seitdem sie im August 1985 eine Lehre als Bankkauffrau begonnen hat: Sie solle doch eine Armbrust kaufen, die könne man ohne Schwierigkeiten bekommen. Als Achtjährige hat sie eine Holzarmbrust geschenkt bekommen, mit der sie noch mit sechzehn spielte. Die Waffe ist also kein fremdes Gerät für sie.

Nach zwei enttäuschenden Begegnungen mit Palatini kauft Paula Hettchen die spätere Todeswaffe in Essen. Als er die Armbrust sieht, fühlt er sich nicht bedroht. Halb im Spaß sagt er: »Du bringst es doch nicht fertig, mich zu erschießen! Und wenn du es tust, bist du in wenigen Minuten bei mir!« Er meinte, dann würde sie anschließend Selbstmord begehen.

Zusammen mit einem Sohn Palatinis, einem begeisterten Jäger und Sportschützen, hält Paula im Freien Schießübungen mit der Armbrust ab. Alle erschrickt ihre ungeheuere Durchschlagskraft. Paula stellt die Waffe in einen Einbauschrank ihres Appartements, deckt sie mit einem Handtuch ab.

Immer häufiger kreisen ihre Gedanken von nun an um eine gewaltsame Lösung ihrer Beziehung zu Palatini, von dem sie auf normalem Wege nicht loskommt. Ihr Konflikt drängt zur Explosion.

Freitag, 18. Oktober 1985: Paula Hettchen sagt zu Kollegen in der Bank: »Vielleicht bin ich nächste Woche nicht mehr bei euch. Es wird etwas passieren. Denkt dann nicht schlecht von mir.«
Abends besucht sie Giuseppe Palatini in dessen Wohnung. Er drängt sie zum Geschlechtsverkehr, den sie zuerst ablehnt. Sie gibt dann nach, widerwillig.
Samstag, 19. Oktober: Sie ruft eine Arbeitskollegin an, will mit ihr über ihre Probleme sprechen. Alleine wird sie nicht mehr damit fertig. Doch sie erreicht die Kollegin nicht.
Nach einem Anruf bei ihm weiß sie, daß Palatini sie am Abend besuchen wird. Sie denkt an das immer gleiche Ritual, das sich dann abspielt: das Schlafen miteinander, das Wegdrehen des Mannes, wenn seine Gelüste befriedigt sind, seine Wortlosigkeit danach, sein Einschlafen, sein Aufstehen und Weggehen am nächsten Morgen. Sie wird dann wieder einmal alleine zurückbleiben – von ihm *benutzt*. Bei dieser Vorstellung wird ihr übel.
Sie geht zum Schrank, in dem die Armbrust steht, nimmt sie heraus, spannt sie, legt einen spitzen Dreieckspfeil ein. In diesem Augenblick ist sie sich nicht sicher, ob sie die Waffe gegen Palatini benutzten wird. Sie sieht sich die TV-Sendung *Einer wird gewinnen* an. Dabei denkt sie wiederholt daran, den Italiener zu töten.
Er kommt um dreiundzwanzig Uhr. Er zieht sich aus, legt sich zu ihr ins Bett. »In dieser Nacht war er begieriger als sonst nach sexueller Erfüllung«, erzählt sie später den Richtern. Wieder einmal läßt sie seine Praktiken über sich

ergehen, die sie eigentlich abstoßen. Bedrückt und niedergeschlagen fragt sie ihn später: »Hast du mich denn überhaupt noch lieb?« Die Richter in der Urteilsbegründung: »Er reagierte mit Unverständnis und Erstaunen, drehte sich auf die Seite und schlief ein. Paula Hettchen schlief dagegen nicht sofort ein. Sie überlegte, daß sich am nächsten Morgen nach dem Aufwachen noch einmal dasselbe zwischen ihnen abspielen würde, ehe er sie verlassen würde. Sie hatte Angst davor.«
Mit dieser Angst schläft sie ein, wacht sie auf.
Sonntag, 20. Oktober: Um 6.30 Uhr steht Paula Hettchen auf. Vom Balkon aus sieht sie, daß es ein schöner Tag wird. Einige Male läuft sie mit der gespannten Armbrust in der Wohnung hin und her. Schließlich richtet sie die Waffe auf den schlafenden Giuseppe Palatini.
Sie zielt auf seinen Rücken – erschießt ihn.

Der Prozeß vor dem Schwurgericht in Düsseldorf dreht sich vor allem um die Frage: »Hat die Angeklagte mit ihrer Tat einen Mord gezielt vorbereitet?«
Die vier psychiatrischen Sachverständigen sprechen von einer »hochgradigen affektiven Aufladung« der jungen Frau. Von einer »tiefgreifenden Bewußtseinsstörung«, als sie den tödlichen Pfeil abschoß. Drei von ihnen erkennen ihr eine verminderte Schuldfähigkeit zu. Einer der Gutachter, der von der Verteidigung geladene Dr. Spazier, hält sogar die »Schuldunfähigkeit im Sinne des Paragraphen 20 des StGB« für gegeben.
Staatsanwalt Hans-Martin Blaskowitz läßt sich davon nicht beeindrucken. Für ihn ist die Tat Mord. Paula Hettchen habe die Arg- und Wehrlosigkeit ihres Opfers ausgenützt. Sein Antrag: zehn Jahre Freiheitsstrafe.
In ihren Plädoyers greifen die Verteidiger, der bekannte Düsseldorfer Strafverteidiger Hermann Rosenkranz und

Anwalt Dr. Dieter Wessing, den Ankläger scharf an. Er habe das Prozeßgeschehen unsensibel abgehandelt. Dabei habe er weder juristisch noch menschlich in die Tiefe gelotet. Die »kindgleiche« Arzttochter sei dem »satyrhaften« Eissalon-Besitzer in allen Lebensbereichen ausgeliefert gewesen. Als sie ihn dann, von Ängsten und Enttäuschung in abgrundtiefe Verzweiflung getrieben, mit der Armbrust erschoß, sei ihr die Arg- und Wehrlosigkeit ihres Opfers gar nicht bewußt gewesen. Juristisch ließe sich höchstens ein minder schwerer Fall des Totschlags herleiten. Wahrscheinlich sei Paula Hettchen aber überhaupt nicht schuldfähig.

»Sie betrachtet die Tat als ein Unglück, das durch sie geschehen ist«, schließt Anwalt Rosenkranz. »Es bleibt die Ungewißheit, daß eine Schuld und eine Vorwerfbarkeit in der Person Paula Hettchens nicht festzustellen ist. Diese Ungewißheit darf nicht zu Lasten der Angeklagten gehen.«

Antrag der Verteidigung: Freispruch.

Überraschend dann das Urteil: neun Jahre Freiheitsstrafe wegen Mordes.

Ein Naturereignis sei die Tat nicht gewesen, begründet Vorsitzender Wolfgang Hoffs. Es hätte auch den Weg zu einer psychologischen Beratungsstelle gegeben. Palatini habe Paula Hettchen die Luft zum Atmen genommen, doch deswegen sei er kein Mittäter, sondern immer noch das Opfer. Daß Gott nach ihrem katholischen Glauben sowohl den Ehebruch als auch das Töten verbiete, habe sie gewußt. Sie habe die Tat geplant, sei heimtückisch vorgegangen – also Mord.

Sieben Monate nach dem Urteilsspruch, am 8. Juli 1988, wird die von Paula Hettchens Anwälten eingelegte Revision vom Bundesgerichtshof verworfen.